INDIEN
Zu Gast in den schönsten Heritage-Hotels

Olaf Krüger
Edda und Michael Neumann-Adrian

INDIEN
Zu Gast in den schönsten Heritage-Hotels

UMSCHAU

Inhalt

Vorwort – Seine Hoheit Gaj Singh II., Maharaja von Jodhpur

7 Willkommen in Indiens Heritage-Hotels

8 Zu Gast in Heritage-Hotels

I DER WESTEN 12 Rajasthan – die Wüstenregion

Neemrana	18	Neemrana Fort-Palace
Jaipur	22	Rambagh Palace
Jaipur	26	Narain Niwas Palace
Jaipur	30	Samode
Jaipur	34	Alsisar Mahal
Mandawa	38	Castle Mandawa
Bikaner	42	Bhanwar Niwas Palace
Bikaner	46	The Laxmi Niwas Palace
Khimsar	50	Fort Khimsar
Pokaran	54	Fort Pokaran
Jaisalmer	58	Mool Sagar
Jodhpur	62	Umaid Bhawan Palace

II DER WESTEN 66 Grünendes Rajasthan und Gujarat

Mount Abu 72 Palace Hotel
Udaipur 76 Shiv Niwas Palace
Udaipur 80 Taj Lake Palace
Bambora 84 Karni Fort Bambora
Dungarpur 88 Udai Bilas Palace
Delwara 92 Devigarh
Deogarh 96 Deogarh Mahal
Shahpura 100 Shahpura Bagh
Dholpur 104 Raj Niwas Palace Hotel
Bharatpur 108 Laxmi Vilas Palace
Ahmedabad 112 The House of MG

III DER NORDEN 116 Delhi, Himachal Pradesh und Punjab

New Delhi 122 The Imperial
Pragpur 126 The Judge's Court
Shimla 130 The Chapslee

1 Stilvolle Ankunft und Abreise: der Bootssteg des Taj Lake Palace in Udaipur. 2 Hier ist die Zeit stehen geblieben: Erinnerungsstücke in Shimlas Heritage-Juwel The Chapslee. 3 Lichtspiele in grün in einer Suite im Deogarh Mahal.

IV DER OSTEN	134	**West Bengal, Northeast States und Orissa**
Darjeeling	140	Glenburn Tea Estate
Kolkata	144	Oberoi Grand
V DIE MITTE	148	**Madhya Pradesh und Maharashtra**
Gwalior	154	Usha Kiran Palace
Maheshwar	158	Ahilya Fort
Mumbai	162	The Taj Mahal Palace & Tower
VI DER SÜDEN	166	**Karnataka, Goa, Tamil Nadu und Kerala**
Tiracol	176	Fort Tiracol
Siolim	180	Siolim House
Bangalore	184	Taj West End
Kumbakonam	188	Swamimalai Anandham
Karaikudi	192	The Bangala
Karaikudi	196	Visalam
Pondicherry	200	Hotel De l'Orient
Kozhikode	204	Harivihar Heritage Home
Fort Cochin	208	Malabar House
Kanam	212	Serenity
Kumarakom	216	Coconut Lagoon
Periyar-Nationalpark	220	Lake Palace
Kollengode	224	Kalari Kovilakom
VII Katalog	228	185 Heritage-Hotels – Lage, Stil, Geschichte, Ausstattung, Leistungen und Preisklassen
Glossar	264	
Literaturempfehlungen	268	
Das Heritage-Team	270	
Impressum	272	

4 Ruhepol: Buddha-Statue in Devigarh. **5** Kunst aus Spiegelglas: Wandschmuck im Pool-Bereich des legendären Taj Lake Palace in Udaipur. **6** Stolz eines jeden Rajputen: Bediensteter im Umaid Bhawan Palace in Jodhpur mit imposantem Bartschmuck. **7** Feinste Handarbeit: Pfauenpaar im Rambagh Palace. Seite 6: Königliche Prozession: vergoldete Fresken in den ehemaligen Privatgemächern von Udai Singh II im großartigen Juna Mahal hoch über Dungarpur. Seite 8/9: Herzlicher Empfang: fotogener »Doorman« vor New Delhis Imperial-Hotel. Seite 10/11: Seit 1986 gehören die Ruinen von Vijayanagar im südindischen Karnataka zum UNESCO-Weltkulturerbe.

Vorwort

Willkommen

IN UNSEREM HERITAGE, WILLKOMMEN IN INDIEN!

Indien ist nicht nur das Land des Taj Mahal, eines der Weltwunder der Architektur, es steht mit 26 Heritage-Stätten in der Weltkulturerbeliste der UNESCO. *Incredible India* trägt seine reiche und vielfältige Vergangenheit in die Gegenwart, eine lebendige Geschichte, mit der Indien seine Identität und tief verwurzelte Kultur erhält.

Die *Indian Heritage Hotels Association* steht an der Spitze dieses Bestrebens. Diese Vereinigung wurde in den frühen 1990er Jahren von den Besitzern der Forts, der Burgen und Paläste geschaffen, die ihre historischen Wohnsitze in Hotels umgewandelt hatten. Ihr Ziel war es, diese charakteristische Architektur, ihr Ambiente und ihre Geschichte zu bewahren und sie ihren geschätzten, aufmerksam beobachtenden Gästen zu öffnen. Aus den regionalen Ansätzen erwuchs schnell eine nationale Organisation mit über 140 Mitgliedern in ganz Indien. Sie alle führen Hotels in einzigartigen, zeitlich unverwechselbaren Bauten. Sie spiegeln die Vielgestalt der indischen Bautradition und ihrer architektonischen Verbindungen wieder.

Als Vereinigung arbeiten wir vor allem daran, mit den Hotels unserer Mitglieder das reiche kulturelle, historische und architektonische Erbe Indiens zu fördern, zu pflegen und zu neuem Leben zu erwecken. Wir setzen uns zugleich dafür ein, bei der Erneuerung der traditionellen Künste – Malerei, Bildhauerei, Musik, Tanz und Folklore – zu helfen. Künstler wie Kunsthandwerker ermutigen wir, den Rahmen ihrer Kreativität und Kunstfertigkeit zu erweitern und damit auch ihr Einkommen zu verbessern.

Unter unseren Mitgliedern haben viele ihren Standort in ländlichen Gegenden Indiens. Sie schaffen Arbeitsplätze und öffnen ihren Gästen zugleich einzigartige Einblicke in die örtlichen Lebensgewohnheiten. Einige Häuser werden von der Besitzer-Familie betrieben, andere sind verfeinerte *Boutique Hotels* oder auch *Grand Heritage Hotels* an historisch bedeutsamen Plätzen. Was sie alle miteinander eint, ist nicht allein das Verlangen, das architektonische Erbe zu erhalten, sondern zugleich auch das Bestreben, die traditionelle indische Gastfreundschaft zu pflegen.

Wir danken dem Verlag für den großen Dienst, den es dem *Great Indian Heritage* mit der Komposition dieses Buches leistet. Wir hoffen aufrichtig, dass viele Leser begeistert sein werden von unserem Angebot »Willkommen in Indien, willkommen zu der Erfahrung eines Höhepunkts im Leben«! Wir begrüßen Sie als Gast und hoffen, dass Sie sich als unser Freund verabschieden – wie das alte Wort der Veden sagt: *Atithi Devo Bhavah* (Ein Gast ist wie Gott).

SEINE HOHEIT GAJ SINGH II. VON JODHPUR
Präsident der Indian Heritage Hotels Association (IHHA)

Zu Gast in Heritage-Hotels

Indien ist eine neue Größe in der Weltpolitik, in der Weltwirtschaft – und im Welttourismus. Schon gibt es indische Autobahnen, mehr Flüge, viele neue Hotelbauten – und auch immer mehr alte und sehr alte Bauten, deren meist adlige Besitzer sie in Hotels verwandeln. In Heritage-Hotels. Zu deutsch: in »Erbe-Hotels«, Hotels mit historischem Ambiente.

DIE GROSSE HERITAGE-TOUR – IMAGINÄR UND PRAKTIKABEL

Niemand weiß, wie viele Heritage-Hotels es in Indien gibt. Und wer kann sagen, was ein Heritage-Hotel ist? Da ist die IHHA, die *Indian Heritage Hotels Association*: Nach ihrer Regel können Häuser, die über 60 Jahre alt sind, als »Heritage« bezeichnet werden. Voraussetzung ist aber auch, dass mindestens 60 Prozent der alten Bausubstanz erhalten sein muss.

Nicht alles, was Heritage heißt, ist ein Maharaja-Palast. Bauten der britischen Kolonialzeit, von hohen Beamten, Richtern oder Eignern von Teeplantagen können »Heritage« sein. Auch die *Havelis* reicher *Marwari*-Kaufleute in Rajasthan und die *Tharawads* mit hohen Giebeldächern in Südindien. Oder auch Hotels, die von Anfang an Hotels waren. Berühmtestes Beispiel: der Taj Mahal Palace in Mumbai (Bombay), 1903 von Indiens reichstem Industriellen erbaut. Alle miteinander dokumentieren Indiens Kulturen vom Mittelalter bis zur Mitte des 20. Jahrhunderts.

Heritage-Hotels werden offiziell in drei Kategorien eingeteilt: Grand Heritage, Classic Heritage und Heritage. Die Kriterien? – Genaue Auskunft kann die IHHA geben. Ihr Sekretariat hat seinen Sitz in Jaipur/Rajasthan. Der Name »Heritage« ist bereits so zugkräftig, dass nach dem Muster der historischen Paläste und Burgen (»Forts«) eifrig nachgebaut wird: Das ist dann mehr oder weniger geglücktes Neo-Heritage, das hier allerdings keine Erwähnung findet.

Reicher an Heritage-Hotels als jeder andere indische Bundesstaat ist Rajasthan, Indiens westlicher Bundesstaat. Die Rajputen-Fürsten und Kleinfürsten bauten viele Burgen, auch in der gefürchteten Wüste Thar – und gerade dort, wo die Karawanen-Kaufleute für ihren Schutz vor Überfällen zahlten.

DIE STRUKTUR DES BUCHES – UND DIE LUST AM REISEN

Als eine imaginäre Reise, als eine GREAT INDIAN TOUR finden Sie Heritage-Hotels in allen indischen Regionen vorgestellt: von Rajasthan und Gujarat im Westen zuerst in den Norden und Osten, dann in Indiens Mitte und zuletzt in den Süden. Das ist realiter nicht eine Reise, sondern ein Programm für mindestens sechs bis zwölf Reisen. Sie gewinnen Überblick, können vergleichen, treffen Ihre Auswahl. Tempelstädte, Feste, *Adivasi*-Dörfer, Gebirge und Palmenstrände – langsam reisen ist interessanter, lustvoller, lohnender!

Zu den Vorzügen der Heritage-Hotels zählt vor allem die reiche, faszinierende Individualität der Architektur und Einrichtung. Ebenso wichtig und erfreulich ist die von uns so oft erfahrene Vorsorge der Besitzer für ihre Gäste: *Hospitality*, Gastlichkeit, ist eine Grundhaltung der Inder. Kommt noch hinzu, dass manches Heritage-Hotel wie ein Museum reich an Kostbarkeiten und Kuriosa ist.

Der Hauptteil stellt 44 Heritage-Hotels vor, zwischen Himalaja und Indiens Südkap. Im Anschluss daran ein Katalog, in dem wir eine große Anzahl von Hotels kurz beschreiben oder wenigstens die Adresse nennen. Im Katalogteil sind die Städte/Orte alphabetisch geordnet, dabei stehen – wieder nach dem Alphabet – die Namen der Heritage-Hotels. Zur Orientierung sind die Hotels mit ihrer Nummer auf Übersichtskarten eingezeichnet.

UNTERWEGS IN INDIEN

Ungewohntes, Überraschendes: Rechnen Sie mit richtig steilen Treppen und richtig hohen Stufen. Heritage-Hotels stehen meist nicht am Bahnhof, eher am Stadtrand oder auch im Zentrum. In aller Regel wird Ihnen immer jemand die Koffer tragen. Die Hock-Toiletten von einst haben wir in keinem Heritage-Hotel angetroffen. Fernseher stehen meist, aber nicht immer im Zimmer – dass bedauert nur, wer vom Bollywood-Genre noch nicht gesättigt ist. Allerdings bringen BBC und Deutsche Welle ansehnliche Programme. Indische Grundregel, falls sich auf Ihrer Reise ratlose Situationen ergeben sollten, wenn Sie den Weg verloren oder eine Adresse nicht gefunden haben: fragen Sie! Inder sind meist hilfsbereit, notfalls verständigt man sich mit Fingersprache. Mit Englisch kommt man weit, zumindest in den größeren Städten.

Entdecken Sie die Vielfalt der indischen Heritage-Hotels!

Der Westen 13

RAJASTHAN – DIE WÜSTENREGION

Das Königreich der Rajputen, die Wüste und das Meer

Der Westen

DEN SAND ZWISCHEN DEN LIPPEN schmeckt jeder, der durch das »Land der Könige« reist. Rajasthan streckt sich von der Gangesebene weit westwärts in die Wüste Thar, fast bis zum Industal. Einst gefürchtet als Land Marwar, das Land des Todes, war die Wüste Thar eine Region der Räuber, die über die Karawanen auf dem langen Weg vom Arabischen Meer nach Innerasien herfielen. Zugleich war die Wüste die Region der Rajputen, der Burgherren, die an den Schutzgeldern reich wurden. Später gewannen viele selbst einen Ruf als kühne Kaufleute, als *Marwaris*. Heute kommen sie in ihre *Havelis* nur noch besuchsweise, haben ihre stattlichen Handelshäuser längst in Kolkata und Mumbai und kontrollieren einen beträchtlichen Teil der indischen Finanzwelt.

Rajasthan ist so groß wie Deutschland. Das Wüsten-Rajasthan ist das Erlebnis großer Weite. Stunde um Stunde ist man per Bus oder Mietwagen im fast menschenleeren Gelände des Nordens und Westens unterwegs, bis unversehens eine Stadtsilhouette in den Blick kommt. Nur kurze Zeit später und man steckt mitten in einem Altstadtgewühl, zwischen Basar und Bahnhof, Tempeln, Toren, Palästen. Bikaner, Jodhpur, Jaisalmer heißen die prominenten und auch pittoresken Wüstenstädte der Thar, alle drei mit urigen Stadtmauern und starken Forts versehen. Hunderte von Kamelexperten dienen den Touristen ihre *Camel Safaris* in die Dünen des *Desert National Parks* an, mit allen Abstufungen von schlicht bis komfortabel. Eine Verlockung: Im Zelt oder nur im Schlafsack unter dem Sternenhimmel der Wüste zu übernachten!

FEST DER FARBEN UND BILDER
Nördlich von Rajasthans Hauptstadt Jaipur (mit Indiens wohl höchster Palastdichte!) überweht Wüstensand auch die »gemalten Städte« der Shekawati-Landschaft. Unvergesslich, wie man erstmals in diese staubigen Straßen einfuhr, zwischen den bunt bemalten Hauswänden mit Tänzerinnen und Göttern, märchenhaften Fluggeräten und altmodischen Eisenbahnen hindurch. Es lohnt sich, gleich eine Woche lang die Bilderfülle der Shekawati-Distrikte Sikar und Jhunjhunu zu erkunden. Pferdefreunde mögen das sogar im Sattel tun, denn im Shekawati-Land werden heute wieder die *Marwari*-Pferde gezüchtet, erkennbar an ihren Sichelohren, eine Rasse, die zugleich elegant und robust ist.

Rajasthan ist auch Pilgerland und einer der heiligsten Orte ist Pushkar. Keinem geringeren als Brahma selbst, weiß die Legende, verdankt Pushkar seinen von Tempeln umrahmten, von Tempelmusik überwehten heiligen See. Er entstand, als der Gott im Fluge eine Lotosblüte (*pushkar*) fallen ließ. Schon im frühen 5. Jahrhundert hat der chinesische Reisende Fa-hien in seinem Reisebericht über Tibet und Indien auch von der Tempelstadt Pushkar erzählt. Abertausende Besucher aus aller Welt erleben alljährlich die Faszination dieses Ortes.

Die grüne Rajasthan-Überraschung bringt dann die Reise weiter südwärts und ostwärts, in Richtung Udaipur, Kota und Bundi: Der Wüstenstaat zeigt Wälder und Felder! Dank großer Kanalbauten mit Wasser vom Himalaja grünt es jüngst sogar in der Wüste Thar, Bauern siedeln sich an und bringen Ernten ein.

Vorherige Doppelseite: Kamelhirte in der Wüste Thar. **1** Dicht an dicht und strahlend weiß drängt sich das heilige Pushkar um den See, auf 52 *Ghats*, den breiten Treppenstufen, steigen die Pilger ins reinigende Wasser. **2** Junge Mädchen und Frauen bemalen zu Festen ihre Hände farbig und fantasievoll, am prächtigsten zur Hochzeit. **3** Höllisch scharf schmeckt die kräftig chiligewürzte indische Küche – zur Erntezeit decken die trocknenden roten Schoten kilometerweit die Felder. **Nachfolgende Doppelseite:** Wahre Kunstwerke schaffen die *Mahouts*, die Elefantenführer, auf den ihnen anvertrauten grauen Dickhäutern.

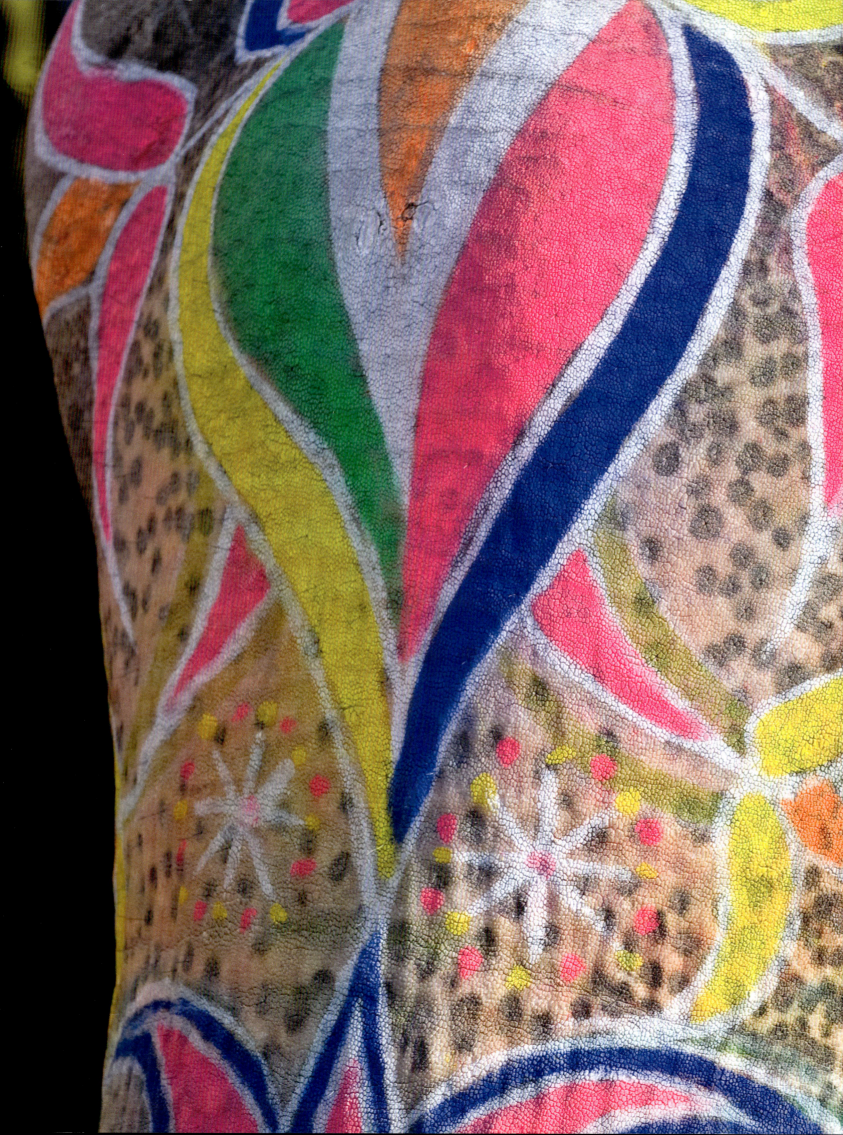

Neemrana

NEEMRANA FORT-PALACE

»Wir lieben Bauten mit einer Vergangenheit.«

Gut 20 Jahre ist das Buch alt, und immer noch eines der besten, das man über Rajasthan finden kann: »Arts and Crafts of Rajasthan« von Aman Nath und Francis Wacziarg. Erst kannten wir das Buch, reisten mit ihm durchs Land der Rajputen, der Wüstenstille und den feurigen Farben. Dann entdeckten wir zu Beginn der 1990er Jahre »Neemrama Fort« (Baujahr 1464 ff.), damals hatten Aman und Francis, die beiden Freunde, es mit zwölf Zimmern gerade den ersten Gästen eröffnet. Schnell wurde das fast 500 Jahre alte Gemäuer für jeden, der aus Delhi kam, zum unstreitig schönsten Eingangstor nach Rajasthan, ein idealer Ort – nach Lage und Ausblick, Landschaft und historischem Gehalt.

SPEKTAKULÄRES GEMÄUER

Wie Francis Wacziarg erzählt, war der Weg wie vorgezeichnet: Die Recherche des Buchautors führte ihn zu sehr alten, sehr schadhaften Forts und mit Aman Nath entschloss er sich, das spektakuläre Neemrana-Gemäuer als Hotel wiederherzustellen. Im Jahr 1986 hatten sie das ruinös verfallende Neemrana Fort erworben, es hatte damals fast vier Jahrzehnte leer gestanden. Sechs Jahre Arbeit kostete allein die Restaurierung der Fassade.

Neemrana Fort zählt zu Indiens Heritage-Hotels mit den meisten Jahrhunderten erlebter Geschichte. Im Mittelalter war es eine Residenz der Chauhan-Herrscher, Nachfahren jenes Prithviraj Chauhan III., der im Abwehrkampf gegen Mohammad Ghori 1192 getötet wurde. Vom Parkplatz steigt man auf steilem Pflaster unter Gewölbedecken hinauf zu den zehnfach in die Höhe gestaffelten Burghöfen, Terrassen, Arkaden und Balkonen. Das kommt der steinernen Wucht der größten Rajasthan-Forts schon recht nahe, dem »Jaisalmer Fort«, dem »Meherangarh Fort« in Jodhpur. Aber weder in dem einen noch im anderen können Sie ein Hotelzimmer beziehen.

GASTLICHKEIT UND SOLIDE BILANZ ...

Heute stehen 40 Zimmer zur Wahl (frühe Reservierung empfohlen!), und die Eigner bedanken sich dafür bei ihren Gästen: »Niemand hat uns Kapital vorgestreckt, die Gäste selber wurden Teil der Restaurierungsphase, sie wussten, dass ihre Buchungen uns das Weitermachen ermöglichten.« Restauriert wird generell schonend: »Wir werden nie ein altes Bauwerk in ein modernes verwandeln.« Oder, wie es Aman Nath sagt: »Das wäre ja, als nähme man eine Großmutter und verpasste ihr einen Minirock.«

»Neemrana Heritage Hotels«, es sind jetzt 15 Häuser, wurden wohl auch gerade darum ein Erfolg, bis weit in den Süden Indiens. Noch immer sprechen Aman (gebürtiger Inder) und Francis (gebürtiger Franzose und indischer Staatsbürger) nicht von ihren Hotels, sondern von *Non-Hotels*. Das soll heißen: Man kann erfolgreicher Geschäftsmann sein und doch eine gastliche Atmosphäre für mindestens ebenso unentbehrlich halten wie eine solide Bilanz. Unter Indiens Heritage-Hoteliers stehen die Neemrana-Eigner mit dieser Non-Hotels-Philosophie übrigens gar nicht allein.
Preise und Auszeichnungen kamen früh, schon 1997 wählte die *Small Luxury Hotels of the World* das Neemrana als ihr erstes indisches Mitglied, und drei Jahre lang blieb es das einzige.

... UND FRANZÖSISCHE OPERN

Sehr aktiv gewinnt die noch junge *Neemrana Music Foundation* während der Saison monatlich indische *Sitar*-Meister, Sänger und Sängerinnen, Tänzer und Tänzerinnen für Auftritte im Neemrana, so wächst die alte Burg zu einem Zentrum indischer Kultur. Die Restaurantsäle und mit Lichternetzen geschmückten Terrassen brauchen die Konkurrenz der Konzertsäle von Delhi und Jaipur nicht zu scheuen, unter den Sternen des Nachthimmels, in der Ruhe der dörflichen Landschaft ist das Musikerlebnis eher noch intensiver. Westliche Musik nicht ausgeschlossen: Klassische Musik bringt zum Beispiel das *New Delhi String Quartet*. Eine spezielle Vorliebe lässt Francis Wacziarg – er nennt sich selbst einen *Franco-Indian* oder *Indian-Frenchman* – berühmte und auch halb vergessene französische Opern des 19. Jahrhunderts aufspüren. Zum Beispiel *Der Fakir von Benares, Die Perlenfischer* und unentbehrlich: *Carmen*.

Für die meisten Gäste aus dem Ausland ein Ort der kurzen, erwartungsvollen Reisepause, kann Neemrana Fort auch ein Platz des Innehaltens werden. Es gibt einen Ayurveda-Arzt aus Kerala, Yoga- und Meditationsangebote, eine Bibliothek ... Vielleicht gönnt man sich auf der Rückfahrt von einer Rajasthan-Tour noch extraschöne Neemrana-Tage. (M) (Katalognummer 61)

Neemrana

Vorherige Doppelseite: *(Bild links)* Abendrot nach Monsunregen. *(Bild rechts)* Kunst auf Schritt und Tritt – Porträt in einer Nische. **1** Schöner Wohnen à la Neemrana. **2** Das Fort ist auch aus der Ferne ein imposanter Anblick. **3** Suite mit Bett als Mittelpunkt. **4** Der Sari sitzt perfekt – auch bei der Arbeit. **5** Wie lebt es sich als *Maharani*? Hier lässt es sich ausprobieren! **6** Ohne Schlüssel ist hier Endstation.

Von Neemrana sind es nur etwa 70 Kilometer südostwärts nach Alwar, einer (fast) noch touristenfreien Großstadt mit einem tausend Jahre alten Fort, Palästen, Grabmonumenten, Cafés und einem hoch vor einer Felswand aufragenden *City Palace* (Sa–Do 9–17 Uhr; Auskunft schräg gegenüber dem Bahnhof). Auch Alwar legt sich im indischen Boom neue Industrie-Gebiete zu, es lohnt vielleicht, es bald zu besuchen. Das Museum im Oberstock des Palastes, vorbei an Aktenbergen der Behörden, zu besuchen, ist kurios und unvergesslich.

Wo ist Rajasthans bestes Hotel? Wir haben Rajasthans Heritage-Hotels gesehen und erlebt und können doch nur so antworten: Es gibt mehrere beste Hotels. Eines dieser besten ist aber mit Sicherheit der »Rambagh Palace« in seinem riesigen, unverbauten 19-Hektar-Parkgelände. Auf einem Landsitz weitab vom städtischen Getriebe wähnt man sich als Gast, ist aber nach Gusto auch binnen zehn Minuten zu Fuß in Jaipurs Stadtzentrum. Wünsche erfüllt der Rambagh Palace zu jeder Tages- und Nachtzeit. Ein Freund, dem wir das Unwahrscheinlichste glauben, berichtete zum Beispiel: In seinem Zimmer hatte er die Wahl zwischen zwölf Kissenarten und als er nachts um zwei Uhr einen Cappuccino bestellte, kam der sofort.

RAMBAGH PALACE
Schön und reich im Grünen

In seiner bald zweihundertjährigen Geschichte spiegelt das anfangs sehr bescheidene Haus Ereignisse und Wendepunkte Jaipurs, Rajasthans und sogar Indiens. Heritage-Hotels haben ihre Schicksale – das gilt mit Sicherheit für Rambagh Palace. Ein schlichtes Gartenhaus, Baujahr 1835: Eine Hofdame, Kesar Badaran, durfte es bewohnen und ihren Garten pflegen, bis die *Maharaja*-Familie das Gästehaus brauchte. Es wurde umgebaut und das größere Gebäude seit 1887 auch als *Hunting Lodge*, als standesgemäße Jagdhütte, genutzt. In den 1920er Jahren, das Haus war etwa 90 Jahre alt, verwandelte Sir Swinton Jacob es in einen indosarazenischen Palast mit Pavillons und Kuppeln, aber auch mit Architekturzitaten aus dem europäischen Barock und Klassizismus. Die letzten 20 Jahre der britischen Kolonialherrschaft waren angebrochen. Nun zog die *Maharaja*-Familie in den Rambagh Palace ein, das einstige Gartenhaus fungierte als offizielle Residenz. Generäle und Diplomaten verhandelten hier im Zweiten Weltkrieg noch um indische Truppenkontingente für den Krieg in Europa, ehe sie 1947 eiligst den eigenen Abzug aus Indien organisierten.

Heller, lebensfreundlicher ist die Erinnerung an die Jugendjahre der Maharani Gayatri Devi. Die Prinzessin aus dem damals schwerreichen Fürstentum Cooch Behar am Himalajarand Indiens heiratete 1940 mit 21 Jahren den *Maharaja* von Jaipur, gegen die starken Vorbehalte ihrer Eltern. Der Rambagh Palace war die Wohnung der jungen Familie, voller Gäste und Feste. Gayatri Devi wurde auch Abgeordnete im indischen Parlament in Delhi und war auf vielen Gebieten aktiv, sie rettete zum Beispiel Jaipurs berühmte *Pink City*. John F. Kennedy nannte sie damals »die Frau mit der verblüffendsten Mehrheit, die je irgendjemand in einer Wahl zusammengebracht hat«.

MAHARAJAS MURRTEN

Doch auch diese couragierte Frau musste 1957 nachgeben, als sie nach fast zwei Jahrzehnten mit ihrer Familie den Rambagh Palace räumen sollte, weil dieser zum Hotel umgebaut wurde. Das war zu der Zeit noch nicht üblich. Indiens *Maharajas* wurden von der Regierung in Delhi zum Ausgleich für die Aufgabe von Herrschafts- und Besitzansprüchen mit Apanagen unterstützt. Warum gab dann dieser Standesgenosse seinen ihm verbliebenen Palast auf? Es dauerte, bis das Murren sich legte, bis sich immer mehr Menschen *Maharaja* Sawai Man Singh II. und seinen Entschluss zum Vorbild nahmen.

Zeitsprung ins 21. Jahrhundert: *Taj Hotels, Resorts and Palaces* sorgen seit bald vier Jahrzehnten für das Management. Seit der jüngsten Renovierung ist die dürftige Rezeptionsecke verschwunden, in der neuen, kostbar ausgestatteten und lichtdurchfluteten Empfangshalle spiegelt sich in festlichster Pracht Indiens Aufschwung. Die 79 Zimmer und Suiten bieten fürstlichen Wohn- und Lebensstil, hochkomfortabel vom begehbaren Kleiderschrank bis zum wunderschönen Himmelbett.

DIE SCHÖNHEITSKÖNIGIN

Ob *Maharani Suite* oder *Prince's Suite:* Wer sich für die Vorbewohner seiner Suite interessiert, stößt auf viel Weltprominenz. *Tour of the Suites* heißt ein spezielles Angebot des Rambagh Palaces.

Als Traditionsstätten sind auch der Speisesaal *Suvarna Mahal*, zwei Restaurants und die legendäre *Polo Bar* zu erleben. Zum heiteren Lebensgenuss kommen Golf, Tennis, die klassizistische Schwimmhalle und anderes Sportliches mehr, dazu Polo zum Zuschauen, Kamelritte und Edelläden. Man möchte das Rambagh Palace die Schönheitskönigin unter Rajasthans Heritage-Hotels nennen. (*Katalognummer 22*)

Vorherige Doppelseite: *(Bild links)* Service auch nach Mitternacht, *(Bild rechts)* Pfauen: um den Rambagh auch lebendig. 1 Blattwerk, das nicht dahinwelkt. 2 Soviel Platz ... und meist beneidenswertes Wetter. 3 Festbeleuchtung frontal. 4 Helle Marmorpracht zum Empfang – und Rosen in Blütenblättern ruhend. 5 Einst das Bad der *Rajmata* Gayetri Devi (1909-2009), heute Prunkstück einer edlen Suite. 6 Lust am unendlichen Dekor.

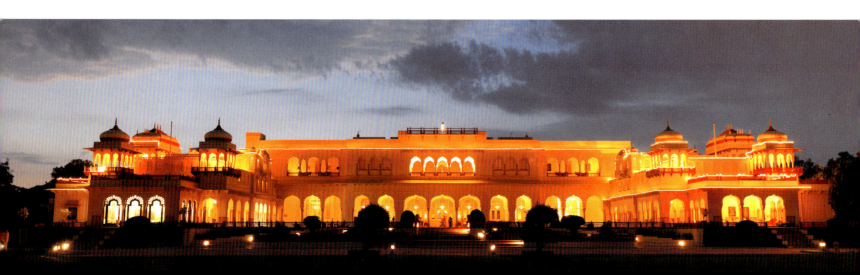

Jaipur

»Steam« heißt eines der Restaurants im Rambagh Palace, mit guten Weinen und guter Küche. Es ist sehr beliebt, auch weil es eine frühe Eisenbahn-Schöpfung enthält, passend zum Namen: nämlich eine bestens erhaltene, leuchtend rote kleine Lokomotive samt Speisesaalwagen. Das Rambagh Palace hat eine Geschichte, die fast ebenso lang ist wie die Geschichte der Eisenbahn – und wie diese im Kleinformat begann.

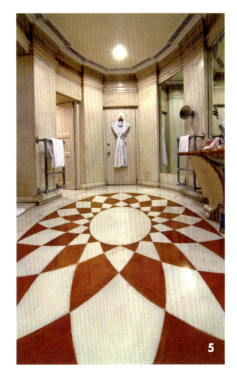

Jaipur

NARAIN NIWAS PALACE

Wo die Pfauen tanzen

Es kommt dem Charme von Rajasthans Hauptstadt Jaipur zugute, dass man mitten in der Zwei-Millionen-Stadt sein Quartier beziehen kann, in Laufweite zu den Kinos, den besten Einkaufsadressen und den Museen – und doch zugleich auch in der Nachbarschaft eines geräumigen, stillen Parks. Zu danken ist das großzügige Grün der bewahrten Kernstruktur aus *Pink City* und den *Civil Lines*, also aus dem ummauerten Stadtzentrum des 18. Jahrhunderts und den ehemals britisch okkupierten Arealen. Einzelne Heritage-Paläste, die jetzt als Hotels geführt werden, sind noch heute in ihre eigenen Parks aus dem 19. Jahrhundert gebettet. Der »Narain Niwas Palace« ist ein Musterbeispiel für eine solche fürstlich prächtige Lage.

Hat die Zeit still gestanden? Was *Thakur* Narain Singh im 19. Jahrhundert begonnen hatte, war anfangs nicht mehr als ein bescheidenes Gartenhaus. Unter seinem Sohn Amar Singh bekam es im Jahr 1928 seine bis heute erhaltene Gestalt. Die kräftig gegliederte Front der Parkresidenz lädt den Gast mit ihren Säulenarkaden in scheinbar unveränderter Schönheit ein. So unglaublich es klingt: Seit 1928 und noch bis zum Zweiten Weltkrieg waren Palast und Park von einem Wald umgeben, in dem der Schlossherr General Amar Singh Bären, Hirschziegenantilopen und auch Panther jagen konnte!

Die Kanota-Familie hatte ihren Wohnsitz östlich von Jaipur im Castle Kanota. Da sie das Vertrauen der *Maharajas* gewann und ministerielle wie auch militärische Verantwortung trug, hatte sie auch ein *Haveli* in der *Pink City*. *Thakur* Amar Singh befehligte die Truppen Jaipurs und war zugleich Minister im nahen Alwar, damals Jaipur zugehörig. Der Narain Niwas Palace, genannt nach dem Vater *Thakur* Amar Singhs, diente der Familie zur Entspannung und Erholung – fast wie heute wieder den touristischen Gästen.

HERITAGE VOM FEINSTEN – UND DER LUXUS DER MODERNE

Den Gästen beschert der Hausherr in den Suiten inmitten aller Pracht des indisch-mediterranen Palaststils auch hochmodernes Zubehör: ein superbreites Bett, eine üppige, komfortable Duschapparatur, den Flachbildfernseher an der Wand. Frisch renoviert glänzt der Palast mit den Farben des fein gemalten Blatt- und Blütendekors auf dem warmen Gelbton. Das gilt gleichermaßen draußen in der offenen Vorhalle – wo man den Tee samt Parkblick genießt – wie drinnen im Speisesaal. Köstlichkeiten indischer, chinesischer und europäisch-kontinentaler Küche werden aufgefahren.

Und in aller Morgenfrühe, noch bevor die Sonne den Park erfüllt, trifft man die Pfauen in Vielzahl, eilig rennen sie unter den hohen alten Bäumen, sie fliegen hinauf in deren Geäst und auf die Dächer. Die Stadt umhüllt den Pfauenpark, bleibt aber fast unsichtbar. Bis man sich selbst auf den Weg macht, etwa zum fantastisch engen Laden des Buchhändlers am Narain Singh Marg, keine hundert Schritt gleich rechterhand der Einfahrt zum Narain Niwas Palace.

Kaum weiter in der Gegenrichtung, also zum *Central Park* und zum einstigen Sommerschloss der *Maharajas* hin, dem »Rambagh Palace«, glitzert es auf höchstem Niveau: Man steht vor einer der namhaftesten unter den Hunderten von Juwelierfirmen Jaipurs. »Buramal Rajmal Surana«, seit rund zwei Jahrhunderten in der *Pink City* etabliert, hat hier eine kleine, feine Außenstelle. Im Angebot ist nicht nur extrem Teures, man kann seine Liebste auch mit Erschwinglichem überraschen. Übrigens gleichfalls schon auf dem Gelände des Narain Niwas Palace. Dort führt seit vielen Jahren verlässlich Herr Anil Kala seinen wohlsortierten Juwelierladen.

FUNDGRUBE FÜR HISTORIKER

Das schöne, ganz von Parkgrün eingerahmte Schwimmbad mit klarem Wasser, das bunte Spektakel einer nächtlich gefeierten Hochzeit, die Puppenspieler, die geduldig aufs Publikum warten, dem sie mit ihren Marionetten Rajasthanlegenden lebendig machen wollen – alles ist dem Narain Niwas Palace zugehörig und in seiner Weise eigen.

Von etwas anderem, das den Bauherrn und General *Thakur* Amar Singh mindestens wohl zu einem indischen Rekordhalter macht, wird man dagegen das erste Mal lesen. Mit einer 44 Jahre währenden Beständigkeit, Ausdauer und Genauigkeit hat Amar Singh Tagebuch geführt: 89 Foliobände mit je 800 Seiten, das sind über 70.000 Seiten! Der Zeitraum von 1898 bis 1942 umfasst die Jahre des *Raj*, der britischen Herrschaft, und die Schilderung des Generals in englischer Sprache ist eine Fundgrube für Historiker der Kolonialgeschichte!

Aber nicht nur für diese, denn an vielen Stellen dieser Tagebücher merken Köche auf. *Thakur* Amar Singh hat Rezepte der königlichen Küche aufgezeichnet, in der Tradition der kulinarischen Treue, die in vielen Familien generationenlang üblich war: »keine Experimente!«. Die spezielle Empfehlung für das Menü des Tages: ein Getränk namens *Chandrahaas*, das aus 80 Pflanzen, Gewürzen und getrockneten Früchten hergestellt wird und in Holzkästen destilliert zur Reife kommt. **(M)** (*Katalognummer 21*)

Vorherige Doppelseite: *(Bild links)* Auf freundlichen Empfang eingestellt – und immer mit Turban. *(Bild rechts)* Europas Antiquitäten – vor hundert Jahren sehr in Mode. **1** Heritage bringt Entferntes locker zusammen: Rokoko-Stühle für die Tischrunde, ein Pavillon wie in der Mogul-Ära. **2** Flaniermeile im Garten – Hier gibt es reichlich Platz für den Nationalvogel. **3** Ein Vorfahr notierte vieles über die »königliche Küche«. **4** Von Kunst umgeben einschlafen – und ausgeruht wieder aufwachen. **5** Glaskunst mit Kristallschliff. **6** Festliche Halle: Marmor, Lüster, buntes Glas.

Jaipur

In und um Jaipur ist die Fülle des Sehenswerten fast unerschöpflich. Ein Abstecher zum »Raj Mahal Palace Hotel« am Fluss Banas lockt romantisch Reisende dennoch. Es gibt übliche Flussfahrten mit Musikern aus den Dörfern, aber angeboten werden auch abendliche Ausfahrten mit Dinner an Bord der Boote, mit Musik, Tanz und Fackelschein.

Was für verwegene Architekten und risikofreudige Bauherren waren das, die vor zwei Jahrhunderten den kostbaren »Samode Palace« in ein dramatisch steiles Tal der Arawallibergkette bauten! Und wie viel Geduld und Verlässlichkeit brachten die Kunsthandwerker und Maler auf, Hunderte von Quadratmetern Wand- und Deckenfläche zu füllen, Tausende von Spiegeln und Spiegelchen exakt an Pfeilern und Säulen zu platzieren. Die Raumgestaltungen im Samode Palace am Gebirgsrand und im jüngeren »Samode Haveli« am inneren Mauerrand Jaipurs sind bewundernswerte Spitzenwerke indischer Palastarchitektur. Beide gehören der Nathawat-Familie. Die führt ihre Ahnentafel bis zu den Kachchwaha-Herrschern von Amber zurück, weit ins Mittelalter.

SAMODE

Der doppelte Glanz: Palace und *Haveli*

Rund um Jaipur wird schon damit begonnen, die Autobahnen auf sechs Spuren zu verbreitern. Unterwegs zum Samode Palace fährt man in Richtung Bikaner auf der NH 11, sehr bald kann man beim Bahnhof Chomun rechts abbiegen, in ruhigeres Gelände. Man durchquert ein liebliches grünes Tal, mit leicht ansteigenden Waldhängen, ebenen Rasenstücken, eine Strecke fast wie in mitteleuropäischen Regionen. Wen wundert es, dass ein Clan, der wohl im 16. Jahrhundert diese Landschaft gefunden und für sich in Besitz genommen hatte, hier einen Stammsitz gegründet hat – wen wundert es, dass dieser Clan gar nicht mehr fortwollte, auch heute nicht fortwill? Der Samode-Clan leitet seine Herkunft von den Kachchwaha-Rajputen her. Die Überlieferung erzählt, deren 17. Prinz sei Prithviraj Singh von Amber gewesen und habe den Samode-Stamm begründet. In Jaipur hat man viel später der Straßenachse nördlich vom »Rambagh Palace« am *Statue Circle* seinen Namen gegeben.

Bis der älteste Teil des Samode Palace gebaut wurde, war das 18. Jahrhundert schon halb vergangen. Kunsthistoriker können auch belegen, dass wichtige Veränderungen und Erweiterungen des Palasts noch in der ersten Hälfte des 19. Jahrhunderts von der Familie vorgenommen wurden, zur Zeit des *Maharajas* Sawai Jai Singh III. (reg. 1819–1835). Bairi Sal und sein Sohn und Nachfolger Sheo Singh trugen beide den Herrschertitel *Rawal*. Damals stiegen die Samode-*Rawale* an der Jaipur-Residenz in der Gunst der Herrscher auf, sie wurden beide Premierminister.

FREITREPPE IN BERGWILDNIS

Nach der letzten engen Kurve der Fahrt zum Samode Palace – der Fahrer hat eben eine wuchtig gemauerte Bastion umrundet, mit einer achteckigen Turmbekrönung – findet man sich im weiträumigen Vorhof des Palastes wieder. Zugleich unerwartet auch inmitten heftiger Kontraste zwischen der Prestigearchitektur und der auf drei Seiten nahen Felslandschaft. Eine festlich breite Freitreppe führt zum Hauptbau hinauf, neben der deutlich höher getürmten Bergwildnis wirkt sie aber nicht verkleinert, sie passt in ihren Proportionen zu den Bauten des Samode Palace. Um drei Höfe

Jaipur

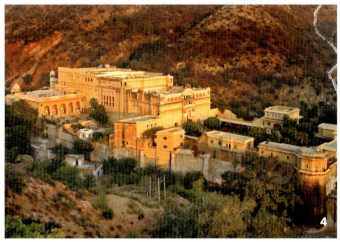

mit hohen Tordurchfahrten bergan gereiht, zeigen die klaren kubischen Palastformen vergleichsweise sparsamen Architekturschmuck, mit den typischen Mogulbögen und Arkadenschwüngen.

Aber auch wenn man schon Fotos gesehen hat von diesem Hochtal – so steil hat man sich die Felswand seitlich zum Palast nicht vorgestellt, die Grate und Kuppen des Gebirges nicht so steinig, harsch und baumarm. An Fußpfaden hinauf fehlt es nicht, man suche sich nur keinen zu heißen Tag ...

Und wieder gibt es eine Überraschung, wenn man in die Säle, Gänge, Hallen kommt: Alle bieten sie sich dar als ein Fest der feinsten Ornamentik, der Bildermalerei und der silbrig funkelnden, kleinen, auch oft nur winzigen Spiegel. Wer hier sein Hotelzimmer bezieht – seit 1985 ist der Samode Palace ein Hotel –, wohnt à la *Maharaja*.

BEVORZUGT UND AUCH BENEIDET

Seit 1985 steht auch das Samode Haveli in Jaipur für Hotelgäste offen. Mancher *Thakur* aus der Shekawati-Region hat die *Rawals* von Samode um ihren Platz innerhalb der Stadtmauer der *Pink City* unverhohlen beneidet (nah der Straße hinaus nach Amber). Erlaubt war der Zuzug, weil die Familienchefs in Diensten des *Maharajas* standen. Hier wie auch im Samode Palace ist der farbige, malerische, spiegelglitzernde Dekor vom Fußboden bis zu den geschmückten Decken in den letzten Jahren sorgfältig renoviert worden. Manche Räume übersteigen noch den bunten Prunk der anderen, aber alle sind bis ins kleinste Detail sorgsam ausgemalt. Besonders schön und reich ist die Bilderfülle an Wänden und Decke des Speisesaals im Samode Haveli. Man möchte es gesehen haben, man staunt, wenn man es mit eigenen Augen sieht. Und man wird es nicht vergessen. (**M**) (*Katalognummer 23*)

Folgenreicher Vertrag: Es war Rawal Bari Sal von Samode, der Bauherr des Samode Havelis und spätere Premierminister des Staates Jaipur, der 1818 einen Vertrag mit der *British East India Company* abschloss. Namens des *Maharajas* Sawai Jagat Singh verpflichtete der Vertrag den Staat Jaipur zur jährlichen Zahlung einer hohen Summe für den militärischen Schutz der Briten. Die *East India Company* herrschte und sackte ein. Doch die Unterschrift Bari Sals ersparte einen Krieg.

Vorherige Doppelseite: *(Bild links)* Abendstimmung zwischen Pool und Bergen. *(Bild rechts)* Krishna, neben Ganesh der beliebteste Gott der Hindus. **1** Blüten, so leichthändig wie formschön gemalt. **2** Prunkstück der Samode-Malerei im *Haveli* in Jaipur. **3** Und Blüten auch in natura zum Empfang. **4** Der Palast – wieder glanzvoll wie einst.

Ein Bouquet von Hotels, einen ganzen Blütenstrauß von Heritage-Hotels hat die *Alsisar Group of Hotels* binnen weniger Jahre zusammengeführt. Es sind nicht weniger als fünf. Das jüngste und zugleich das opulenteste, das »Alsisar Mahal« im Ort Alsisar im Norden der Shekawati-Region, wurde erst im Jahr 2006 in ein Hotel verwandelt. Gern bekennt der Chef der Alsisar-Gruppe, *Thakur* Gaj Singh, dass das neue Leben gerade in diesem Haus ihm ganz besonders lieb und willkommen sei. Alsisar Mahal, das 300 Jahre alte Fort der Familie, bringt mit seinem starken Mauerwerk, Torbauten und Türmen die Erinnerung an die Zeit der Rajputen im Shekawati-Land zurück. Und umgibt seine Gäste in hellen, hohen Sälen zugleich mit Palastglanz.

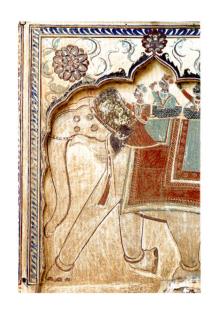

ALSISAR MAHAL
Der weiße Palast – und mehr

Die markanten Bauten der Shekawati-Region sind die Forts der Rajputen, die *Havelis* der Kaufleute und die Tempel der Hindu-Gläubigen. Diese Forts zeugen von den Jahrhunderten der Kriege und Überfälle, denen die Karawanen ausgesetzt waren. Von den Häfen Gujarats an der Arabischen See transportierten die Kaufleute ihre Waren bis nach Afghanistan und China. Um den Banditen im Wüstengelände nicht wehrlos ausgeliefert zu sein, suchten die Kaufleute den Schutz der Rajputen oder später der britischen *East India Company*. Anders als das konsolidierte Reich der Kachchwaha-*Maharajas* von Amber blieben die Herrschaftsgebiete im Shekawati-Land ein bunter Teppich, der sich nie der Macht eines einzigen Herrschers unterwerfen ließ. Zugleich allerdings beriefen sich die Kleinkönige auf einen gemeinsamen Vorfahren, den Namengeber der Region: den nach legendärer Überlieferung 1433 geborenen Rao Shekaji.

ALS REBELLEN ANGESEHEN

Den Kachchwaha-*Maharajas* in Amber blieben die Shekawati-Fürsten lange verdächtig: Auch als Jaipur anstelle von Amber neue Hauptstadt wurde, durften sie keine Häuser innerhalb der Stadtmauer der *Pink City* bauen: »Wir wurden immer als Rebellen angesehen«, kann man noch heute im noblen, baumumstandenen »Alsisar Haveli« an der Sansar Chandra Road in Jaipur hören. Was früher eine Benachteiligung war, ist heute ein Vorteil. Wie für das Alsisar Haveli ist es auch für andere Heritage-Hotels günstig, mitten im neuen Jaipur platziert zu sein, bei den Parks, Kinos, Restaurants, Läden, Bahn- und Busstationen, statt in der extrem eng bebauten *Pink City*.

Ein starkes Kontrasterlebnis zur Großstadt Jaipur ist es, in den prächtigen weißen Palast einzuziehen, der über dem weiträumigen Ort Alsisar nördlich von der Distrikthauptsadt Jhunjhunu thront. In schmalen Gassen verleugnet Alsisar seine dörfliche Vergangenheit nicht, zeigt sich zugleich aber mit sandüberwehten breiten Straßen und stattlichen Bauten auch städtisch. Wer auf der Suche nach Stille ist, abseits von Verkehrs-, Industrie und Medienlärm, geht nicht in das touristisch dominierte Mandawa, sondern genießt die feierliche Ruhe Alsisars. Die großzügige Architektur des Palastes gibt ihren Teil dazu, schafft das intensive Erlebnis einer zeitlosen Distanz zum Rest der Welt – ein Erlebnis, das in Europa kaum noch zu finden ist.

IDEAL FÜR EXKURSIONEN

Mit aller Sorgfalt und mit beträchtlichem finanziellem Einsatz haben die Besitzer den ursprünglichen Glanz wiederhergestellt, zum Beispiel den opulent hohen Speisesaal mit seinen vielarmigen Lüstern. *Royalty revisited* ist ihr Codewort für das Alsisar Mahal, die Erneuerung einer königlichen Vergangenheit. Der Denkmalschutz, an dem es im Shekawati-Land noch immer heftig mangelt, ist hier einmal nach Möglichkeit praktiziert worden. Das extragroße, von Pavillons dekorativ umrahmte und in der Nacht festlich beleuchtete Schwimmbad kannten die Bauherren des 18. Jahrhunderts freilich noch nicht.

Auf Rundgängen im Ort Alsisar werden Gäste noch großäugig bestaunt, nicht alle Kinder stürmen gleich auf sie ein. Mit etwas Glück findet sich an den vereinzelt noch stattlichen *Havelis* ein Verwalter oder Hausmeister, der den Zugang zu Innenhöfen öffnet. Auch bilderreiche Außenfassaden in der typischen Shekawatimischung aus Hindugöttern und fantastischen Fahr- und Fluggeräten sind zu entdecken. Pfauen und Elefanten schmücken das »Khetan Haveli« an der Auffahrt zum Palast. Alsisar Mahal ist ein geografisch günstiger Standort: Den Gästen werden Exkursionen zu den »gemalten Städten« im Umland oder Kamelsafaris angeboten. (M) (*Katalognummer 1*)

Jaipur

Vorherige Doppelseite: (*Bild links*) Perfekt eingepasstes, herrschaftliches Reittier. (*Bild rechts*) Alte Mauern in neuem Glanz – das Alsisar Mahal nach der Renovierung. 1 Der herrschaftliche Pool-Platz am Abend bühnenreif in Szene gesetzt. 2 Beste Aussichten: Indiens Nationalvogel ist sich seiner Stellung bewusst. 3 Das Shekawati ist berühmt für seine opulenten Wandbilder. 4 Königliches Gemach mit Sinn für Form und Farbe. 5 Wenig ist mehr – zeitloses Weiß mit gelegentlichen Farbakzenten unter kräftig-blauem Wüstenhimmel.

Rettet das Bilderland! Wer Shekawatis Bilderland vor 20 Jahren sah, hat viel mehr gesehen, als heute noch zu sehen ist. Zu viel wird zerstört, die bunte Fantasie der Bilder mit kommerzieller und politischer Reklame überklebt und übermalt. Der Denkmalschutz ist ohnmächtig. Kein Gesetz zwingt die Besitzer für den Erhalt der Bilder zu sorgen. Deren kuriose Pracht zeugt vom Staunen über die europäische Technologie des 19. Jahrhunderts – und ist der Magnet, der jüngst zu wachsendem Tourismus verhalf.

Mandawa

Pilger mit gelben Fahnen sind unterwegs, auch die Sarifarben der Frauen leuchten auf in der sandbraunen oder feldgrünen Shekawati-Landschaft: Blau und Orange, Silber und Rot. Schafherden sperren die Straße von Jaipur nach Mandawa. In einem Dorf drängen sich zwei, vier, am Ende sechs Schafherden, die Hirten tragen Turban und langen Stock, ein Eselchen schleppt das notwendigste Zubehör. Mandawa mit seinen 20.000 Einwohnern ist nicht die größte Stadt im Shekawati-Land. Doch im 20. Jahrhundert hat sich Mandawa unstrittig als touristisches Zentrum dieser märchenhaft bunten Bilderlandschaft etabliert. Ein Rang, zu dem schon die geografische Lage verhalf.

CASTLE MANDAWA
Magnet im Norden

Nur gut 150 Kilometer nördlich von Jaipur, etwa halbwegs zwischen der Mega-Metropole Delhi im Osten und dem einstigen Wüstenfürstentum Bikaner im Westen, ist Mandawa das bevorzugte Ziel der Shekawati-Besucher. Der weitsichtige, rasche Zugriff des Stadtgründers *Thakur* Nawal Singh schon in der Gründerzeit 1755/56 erwies sich als folgen- und erfolgreich. Unverzüglich ordnete damals der *Thakur* (Landadliger) den Bau einer Burg an. Sie blieb das Kernstück des »Castle Mandawa«, das seither stattlich gewachsen ist und jüngst noch neue Flügel und Innenhöfe zulegt.

MAUERN VON MEHR ALS ZWEI METERN IM QUERSCHNITT

Die urige Auffahrt, die schweren mit eisernen Spitzen bewehrten Torflügel, der geräumige Vorhof mit den Wache haltenden, prächtigen Turbanträgern – das geht unverkennbar alles noch auf die Zeit zurück, als die Enkel des Gründers die Burg um 1800 palastartig ausbauten. Ebenso die hohe Empfangshalle mit all ihrem sorgsam restaurierten Bilder- und Dekorschmuck! Und nicht zuletzt die steilen und schmalen steinernen Stufen hinauf zu den Terrassen und zu den Zimmern: Manche Mauer ist über zwei Meter stark, es sind 70 Räume und keines gleicht dem anderen. Seit Castle Mandawa gegen Ende des 20. Jahrhunderts in ein Heritage-Hotel umgewandelt wurde, sind es *Standard* und *Deluxe Rooms*, *Luxury* und *Royal Suites*.

Zur Nacht lodern Holzscheite in großen Feuerkesseln mit noch viel größeren schwarzen Abzugshauben, die Tische sind zum *Royal Repast* auf dem Rasen gedeckt, Lichterketten glitzern bunt im Dunkel. Jedes Licht ist in einen winzigen gläsernen Blütenkelch gesetzt, darüber breiten sich undurchdringlich dunkel die Baumkronen. Die hell erleuchtete Portalfassade des Forts ist mit Feinmalerei nach Rajasthan-Art geschmückt, darüber präsentiert sich reich gegliedert die vielstöckige Fassade mit ihren Erkerbogen. Die Kellner servieren in langen roten Jacken, mit weißen *Jodhpurs* und knielanger Weißwäsche.

Und wieder hat der Fackeltänzer mit dem gepflegten Weißbart seinen Auftritt, macht die Runde um die Gästetische, zum vierten Mal wohl erleben wir ihn im Laufe der Jahre. Noch immer gelenkig in Schultern, Hüften und Knien trägt er in jeder Hand eine Fackel, gefolgt von Trommler und Saitenspieler. Verschmitzt und weise beherrscht er die Kunst des langsamen, rhythmischen Ausdruckstanzes, witzig und ein Augenzwinkern lang immer noch wieder ein Stück erotisch.

FANTASTISCHE BILDERWELT

Tagsüber ist Mandawa ein optimaler Platz und Ausgangsort, um Shekawatis wundersame Bilderwelt zu erleben, all die Fassaden mit den merkwürdigen, bunt gemischten Darstellungen von Hindugötterlegenden und den – vor hundert Jahren – neuesten Entwicklungen der europäischen Automobile und Fluggeräte. »Fantastisch!" ist das Mindeste, was man zu diesen Hunderten von Bildern sagen kann, und das Staunen steigert sich weiter, kommt man von einer Straße zur nächsten, von einem Ort zum anderen.

Einen Führer zu haben spart viel Zeit und lange Umwege durch staubige Straßen. Denn viele Bilderwände befinden sich in schlimmem Verfall, sind mit kommerzieller Werbung und politischen Plakaten überklebt und überpinselt. Wie lange bleibt Shekawati wohl noch das Land der Bilderstädte? In mancher zu lang vernachlässigten »gemalten Stadt« schlägt es fünf vor zwölf.

Mandawa

Hoffnungszeichen gibt es jedoch auch. Mandawas touristischer Boom lässt die Nachbarorte aufhorchen. Das Museum, das die reiche Familie Poddar in ihrem *Haveli* in Nachbarort Nawalgarh von einem gescheiten, jungen Kustoden einrichten lässt, soll die Kultur des ländlichen Indiens zeigen, samt den »16 Ritualen im Leben eines Hindus«. Die Schule, die in diesen Räumen ihren Platz hatte, bekommt ein neues Gebäude.

NEUE CHANCEN FÜR DIE MARWARI –PFERDE

Pferdeliebhaber finden eine neue Zucht der leistungsstarken *Marwari*-Pferde, Reiten ist seit je eine Shekawati-Attraktion – auch im Mandawa Castle. *Veer Bhogya Vasundhara* heißt der Wahlspruch im Mandawa-Castle-Wappen, mit Rajputen-Stolz: »Der Tapfere soll die Erde erben.« (M) (*Katalognummer 56*)

Vorherige Doppelseite: *(Bild links)* Gepflegter Rajputen-Stolz: das Barthaar. *(Bild rechts)* Gemütliche Nische, bestens geeignet für die Siesta. **1** Zimmerfüllend – das Himmelbett. **2** Pool im Mandawa Haveli in Jaipur. **3** Hier geht es in eine der Turmsuiten. **4** Offener Raum vor der Rezeption (Mandawa Haveli in Jaipur). **5** Frühstück im Grünen – Castle Mandawas bemalter Speisesaal.

Jahrhundertelang konkurrierten muslimische *Nawabs* und Hindu-Fürsten um die Vormacht in der Shekawati-Region. Ihren Namen hat die Region von dem Enkel eines Kachchwaha-*Maharajas* von Amber, Rao Shekaji, einem Draufgänger des 15. Jahrhunderts, der sich ein eigenes Reich nördlich des Gebiets seiner Vorfahren eroberte, eine Durchzugsstrecke der Karawanen durch die Wüste Thar. Erst um 1730 übernahmen die Shekawati-Rajputen das bis dahin muslimische Jhunjhunu. Ein Vierteljahrhundert später gründeten sie Mandawa.

Bikaner

BHANWAR NIWAS PALACE

Bikaner – Rajasthans Hauptstadt des Nordens

Die nächste Großstadt? 250 oder 300 Kilometer fährt man von Jodhpur oder Ajmer nach Bikaner. Aus ihrer Abgeschiedenheit hinter hohen Mauern wächst die alte Fürsten-, Wüsten- und Karawanenstadt Bikaner heute rasch zu einem der produktivsten Zentren der Region. Lebten um 1990 etwa 300.000 Menschen in Bikaner, sind es heute über 500.000, und Bikaner avancierte zur viertgrößten Stadt Rajasthans. Die geheimnisvolle Aura um die Tore und verwinkelten Gassen der Altstadt blieb davon bis heute dennoch fast unberührt. Viel Heritage-Architektur ist zu bestaunen. Und der Gast hat die Wahl unter mehreren Hotel-Kleinoden: In der Altstadt findet er eines der stattlichsten *Havelis,* draußen vor der Stadt die Palastarchitektur aus der *Raj-Ära.*

Wer zu Fuß in das dicht bebaute Alt-Bikaner kommt, sieht am meisten. Der Kontrast zwischen den vielspurigen Straßen um das grandios reiche, übrigens nie eroberte, »Junagarh-Fort« östlich der Bahntrasse und den dicht an dicht gedrängten Wohnquartieren im historischen Mauerring westlich der Bahn ist heftig.

Maharaja Ganga Singh (reg. 1887–1943) sorgte in Bikaner als einer der ersten indischen Fürsten für Elektrizität, Bewässerungskanäle, Schienenverkehr und – wiederum später als andere Rajputen – auch für Schulen. Eine Zeitwende der Wüste Thar! Denn zugleich sperrten Bikaners Karawanenkaufleute, die *Marwaris,* ihre Altstadt-*Havelis* zu, zogen nach Kalkutta und Bombay, wurden dort noch reicher und lassen sich seither nur selten in ihren alten *Havelis* blicken. Mit etwas Glück findet man heute nicht alle Tore fest verrammelt vor, sondern trifft einen freundlichen Majordomus oder Domestiken. Die schließen für ein paar Rupien Türen auf, zeigen Innenhöfe, Schnitzwerk, Malereien, teils gut instand, teils doch verfallend.

LIEBHABER VERGANGENER ZEITEN

Umso erfreulicher, dass man selbst in eines der großen *Havelis* einziehen kann, in das »Bhanwar Niwas«, das mit mehreren Nachbarbauten der hoch angesehenen Rampuria-Kaufmannsfamilie gehört. So schmal ist der Straßenzugang, dass der Taxifahrer zwischen neugierigen Halbwüchsigen, einer breithüftigen Kuh und Radfahrern einige Mühe mit dem Gepäckentladen hat. So geräumig aber der Hofraum, sodass die abendliche Musik von Trommlern oder auch zarteren Instrumenten wie *Sitar* oder *Sarangi* eine großartige Resonanz hat.

Den Architekten und den Steinschnitzern der Hoffassaden verdankt der Bau des Bhanwar Niwas fast seine ganze Wirkung. Offene Arkadenumgänge und der behutsame Wechsel von Rundbögen und schmaleren, neogotisch anmutenden Spitzbögen prägen über mehrere Stockwerke hin den Palasthofcharakter. Nach draußen, an den Straßenfronten, halten die hohen, fensterarmen Wände den Besucher auf Distanz. Auch diese Wände zeigen Steinschnitzerei, aber mitnichten in der

Bikaner

überbordenden Fülle des Dekors im Innenhof mit seinen vielfach durchbrochenen, floral ziselierten, dunkelrötlichen Steinplatten und den elegant schlanken Steinfiguren von Mensch und Tier.

Erstaunlich, was man über die Baugeschichte erfährt: Das Bhanwar Niwas ist ein Spätling, ein Nachzügler der *Haveli*-Architektur. Offenbar hatten Angehörige der Rampuria-Familie schon länger ihre Geschäfte und Wohnungen in Kalkutta, als damals 1927 einer von ihnen, Seth Bhanwarlal, das Ensemble um diesen Prachtbau vermehrte, ohne Kosten für italienischen Marmor und französische Kunst zu scheuen. Seth Bhanwarlal residierte mit seiner Familie bis zu seinem Tod 1947 hier, danach hielten es seine Angehörigen nicht länger aus, sie wechselten in die Megastadt nach Kalkutta. Bikaner war zwar Residenzstadt, aber im schläfrigen Abseits, wirtschaftlich wie touristisch noch ohne Perspektive.

HERITAGE GENIESSEN

Doch der Ort fasziniert stark. Als wir 1989 zum ersten Mal ins Bhanwar Niwas kamen, regte sich der Tourismus nur als ein zartes Pflänzchen. Doch wieder hatte ein Freund der Künste die Initiative ergriffen: Sunil Rampuria – weit gereist und an europäischen Kulturen interessiert. Seine Neigung zu französischer Kunst – vom triumphalen Empire-Dekor bis zur feinen Salonmalerei des späten 19. Jahrhundert – ist deutlich intensiver als das in Indien sonst vorherrschende Interesse an britischen Werken. Das Bhanwar Niwas mit seinen 26 sehr verschiedenen Zimmern wird unter Liebhabern wegen seiner so besonderen Ausstattung und feinen Küche hoch geschätzt. Übrigens gehört Sunil Rampuria der Jain-Religion an, man speist sehr gut vegetarisch. Es gibt noch so viel mehr: Abendliche Musik, die Bücher, die zum Lesen einladen, ein Altstadtspaziergang im Umkreis von wenigen hundert Metern zu den Tempeln – und bitte noch Zeit mitbringen für das komplette Bikaner-Besichtigungsprogramm vom Junagarh-Fort samt anderen musealen Attraktionen und bis hin zu Bikaners Kamelforschungsinstitut! **(M)** *(Katalognummer 5)*

HERITAGE-HOTELS UND NEO-HERITAGE-HOTELS

»Ich bin glücklich, wenn ich mit Künstlern und Kunsthandwerkern zusammen bin«, sagt uns Sunil Rampuria und kann gleich als Bauherr sprechen. Am Südrand Bikaners, in der freien Landschaft an der Bypass-Road, ist sein neues Hotel entstanden. Ein gebauter Traum, ein Rajputen-Palast wie aus dem 19. Jahrhundert mit aller handwerklichen Treue im Detail – und mit dem kleinen Unterschied namens »Neo«.

Vorherige Doppelseite: (*Bild links*) Indisches Ambiente mit französischem Schlafzimmerbild. (*Bild rechts*) Manieristisch anmutendes Gemälde von Krishna. **1** Goldener Pfau als Lampenschirm … **2** … und silberne Schlange als illustre Hupe. **3** Gefällige Formen: Art-déco-Türen. **4** Schattenspiele im Gang des Innenhofes. **5** Louis-Quinze-Stil in Bikaner.

Bikaner

Damals war es der jüngste Schrei der Architektur, ihre allerneueste Mode und noch in keinem Lexikon zu finden. Heute, ein Jahrhundert später, blättert man auf der Suche nach »indosarazenisch« oft wieder vergeblich. Obwohl es sehr interessant ist, wie man mit einem neuen Baustil Kolonialherrschaft abfedern kann. Warum nicht die eigene Architektur – im viktorianischen England damals gerade die Neogotik – mit traditionellen Stilen des unterworfenen Landes mischen? Also gotische Spitzbögen, islamisches Mogulerbe und Palasthöfe nach Rajputen-Art? Unversehens fanden Indiens *Maharajas* und *Nawabs* sich inmitten indosarazenischer Bahnhöfe, Museen, Gerichts- und Verwaltungsgebäuden wieder. Und schon gaben sie selber indosarazenische Paläste in Auftrag, zum Beispiel »The Laxmi Niwas Palace« in Bikaner.

THE LAXMI NIWAS PALACE

Oder: Was ist »indosarazenisch«?

Golden glänzt der Duschhahngriff zum heißen Wasser, geräumig ist die Höhe des Badevorzimmers, ausreichend für Gymnastik. Festlich ist der Saal fürs Frühstück vorbereitet. Die Nachfrage vom freundlichen Service nach weiteren Wünschen des Gasts kommt wiederholt, und weit streckt sich schon mal der Blick hinaus auf den fast schon sonnenverdörrten Rasen. Auf dem hatten noch in der Nacht zuvor Hunderte von Gästen unter buntem Feuerwerk eine Hochzeit gefeiert.

RAJASTHAN BLIEB VEREINT

Mehr als ein Vierteljahrhundert, von 1896 bis 1926, ist an dem Palastkomplex »Lallgarh« gebaut worden, fast noch einmal so viele Jahre diente er als Privatpalast des *Maharajas* Ganga Singh (reg. 1887–1943). Der regierte mit guter Hand. Ganga Singh hatte auch den Vorsitz in der *Chamber of Princes,* nämlich im Bund der *Maharajas* von Rajputana. So konnte daraus 1948 der neue demokratisch legitimierte Bundesstaat entstehen, Rajasthan brach nicht auseinander.

Wie ein überdimensionaler Gedenkstein ragt die Schaufront des Laxmi Niwas Palace auf, das Werk des britischen Ingenieurs, Offiziers und Architekten Sir Samuel Swinton Jakob. Samuel Swinton Jakob war 16, als Indien gegen die britische Kolonialmacht kämpfte; er war 40, als er seine ersten indosarazenischen Bauten entwarf – zum Beispiel die »Albert Hall« in Jaipur –, und er war 70, als er noch einmal nach Indien reiste, um mit Edwin Luytens und Herbert Baker Englands größtes Bauprojekt voranzubringen: die neue Hauptstadt, New Delhi.

BAUARBEITEN ÜBER JAHRZEHNTE

Ohne Umschweife oder Einschränkung: Als Swinton Jakobs Meisterstück gilt Bikaners »Lallgarh Palace« mitsamt dem Laxmi Niwas Palace. Nicht nur wegen der sehr beträchtlichen Größe der Gesamtanlage zogen sich die Bauarbeiten über Jahrzehnte hin. Überliefert ist wie der Bauherr *Maharaja* Ganga Singh und der Architekt Sir Swinton Jakob ein merkwürdiges britisch-indisches Über-Kreuz-Verhalten zeigten: Der Inder drängte auf mehr europäische Elemente, der Brite ließ sich immer neue Plätze für *Jharokas* (Balkone) und *Jalis* (Sichtblenden) einfallen.

Ohne Anspruch auf Vollständigkeit, nur um die wichtigsten Teile des Lallgarh-Komplexes zu nennen: Das sind die beiden Hotels, der seit Langem mit Restaurant aktive Lallgarh Palace und der Laxmi Niwas Palace, der nunmehr um seinen opulenten Innenhof etwa 60 Zimmer und Suiten anbietet. Hier findet man hohe Räume, mit schön gemalten Decken und reichen Schnitzereien. Da die *Bikaner school of miniature painting* allemal produktiv ist, sind viele Räume mit Originalgemälden samt Vergoldung geschmückt. In den Gängen bebildern Großformat-Fotos das letzte *Maharaja*-Jahrhundert Bikaners. Und seit Langem gibt es im Lallgarh-Komplex noch das »Shri Sadul Museum«, das ebenfalls hervorragend mit historischen Fotos ausgestattet ist: *Maharajas* beim Familienleben, britische Vizekönige zu Gast, *Maharaja* Ganga Singh bei der Signier-Zeremonie des unglückseligen Versailler Vertrags – die Spannweite der Erinnerungsdokumente ist groß.

Aber auch das heutige Ambiente stimmt. Wenn es dunkel wird und das Dinner genussvoll unterm Sternenhimmel endet, zeigen im Innenhof Artisten und Artistinnen ihre Künste, Musiker spielen auf. Nach dem Feuertanz lassen sich die Tänzerinnen feiern. **(M)** *(Katalognummer 10)*

Vorherige Doppelseite: *(Bild links)* Einst immer greifbar, heute nur noch dekorativer Teil der Türsteher-Uniform: das Schwert. *(Bild rechts)* Vielleicht bald die einzige Möglichkeit Shir Khan zu bewundern – der indische Tiger steht leider wieder kurz vor dem Aussterben. **1** *Chattris* als Scherenschnitt. **2** Platzprobleme sind im Laxmi Niwas ausgeschlossen. **3** Licht und Schatten – Jalousien bieten Schutz gegen die sengende Wüstensonne Rajasthans. **4** *Apsaras*, Geister der Wolken, auch göttliche Nymphen, schmücken einen Torbogen. **5** Feuerzauber am Abend. **6** Sisyphus-Arbeit: Die Fassade des Palastes sucht ihresgleichen!

Bikaner

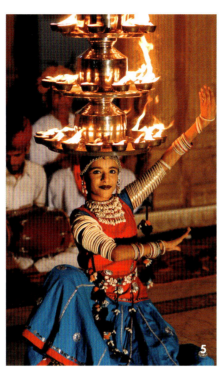

Auch sehr Seltsames gehört zur Heritage-Reise, wie etwa der Tempelbesuch in Deshnok, etwa 30 Kilometer südlich von Bikaner. Dort haben nach Hindu-Überlieferung verstorbene Dichter und Sänger in Rattengestalt bis zur nächsten Wiedergeburt einen Frei-Ort. Oft lassen lebende Sänger hier ihre starken Stimmen hören. Merkwürdig: Im Rattentempel wächst die Zahl der Ratten nicht an, obwohl es ihnen an Nahrung nicht mangelt. Nur der Geruch, der ist manchmal unerträglich.

Die Wüste ist nicht leer. Aus dem Garten- und Feldergrün rund um das weiträumige Khimsar-Areal hat uns der Fahrer ins feinsandige Gelände der Wüste Thar hinausgefahren. Vom Fuß einer lang gestreckten Düne steigen wir auf zur Kammhöhe, Fahrer und Begleiter haben uns Schokoladengebäck und Thermoskannen mit Tee und Kaffee nachgetragen. Im warmen Sand oder auf einem Schemel Platz nehmen, ins Weite schauen, Tee trinken, bis ins Innerste die Ruhe spüren, wie sie wächst. Und unversehens sind uns Schulkinder gefolgt, haben sich drei Meter entfernt in die Wüste Thar gesetzt. Intensiv blicken sie uns an, geduldig und sprachlos, bis wir Schokoladenkekse anbieten, es mit einfachem Englisch versuchen und bald ihre Englischschulbücher zu sehen bekommen.

FORT KHIMSAR
Dünentage und Sternennächte

KOMFORT VOM SPA BIS ZUM PRIVATKINO

Nie, auch nicht bei der fünften Belagerung, heißt es, haben feindliche Heere »Fort Khimsar« erobern können. Das liegt Jahrhunderte zurück, gegründet wurde Fort Khimsar 1523 von Rao Karamsiji, dem achten Sohn des Jodhpur-Gründers Rao Jodhaji. Umso bereitwilliger öffnen die Nachfahren den Touristen den Zutritt. Groß wie ein Stadttor mit hohem Turm ist der Eingang in das weitläufige Gelände. Was sich die Gäste wünschen, weiß man im Fort Khimsar offenbar sehr gut, blickt man auf die baulichen Erweiterungen der letzten Jahre. Es fehlen weder Fitnessstudio noch Spa, und neben der Ayurvedamassage und der Meditation wird den Europäern auch ihre vertraute Sauna angeboten. Viele Gäste begrüßen die gesundheitsförderliche Auswahl. Das Management weiß auch, wie sehr es mancher schätzt, seine Bar nicht allzu weit vom Bett zu haben, darum befindet sich in allen Gastzimmern in Ergänzung zur Hotelbar eine Minibar. Nur in wenigen indischen Hotels eingerichtet, hier vorhanden: barrierefreie Zugänge für Behinderte. Sportliche Gäste können unter mehreren Disziplinen wählen, das Angebot reicht bei täglichem Wechsel fast eine Woche, zum Beispiel können Tennisspieler ihre Bälle entweder beim Tischtennis oder bei kühlerer Temperatur gegen Abend auf dem Flutlichtplatz schmettern.

Hohen Seltenheitswert hat Fort Khimsars *Home Theatre,* nämlich ein Privatkino mit einer beachtlichen Auswahl von DVDs und einem qualifizierten Tonsystem. Das macht auch das Hören von Konzertaufnahmen zum Genuss. Umso mehr, wenn man Zeit genug hat, an einem heißen Tag mal auf eine Exkursion zu verzichten und es sich wohltemperiert in bequemen Sesseln bei einem Film eigener Wahl gut gehen zu lassen. Zu dieser noch jungen Einrichtung und den größeren Erweiterungen der letzten zehn Jahre setzt der geschwärzte Rest einer alten Befestigung, samt Aufgang zum Obergeschoss, an einer der vier Mauerecken den starken architektonischen und historischen Kontrast. Die Feldsteine des Gemäuers sind nur rau zugehauen, das schadhafte Dach über einer achteckigen Halle ist mit ei-

Khimsar

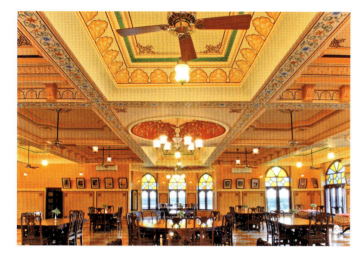

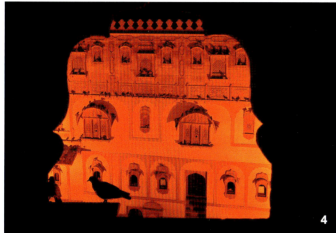

ner Zementdecke überzogen. Jeder kann es versuchen, aber bei den Innenräumen mit ihren grob verputzten Wänden und Arkaden ist nicht leicht zu unterscheiden, was ein Rest der Renaissancearchitektur sein könnte und was deutlich jüngeren Datums ist.

Gerade dies ist das Besondere an Fort Khimsar und kommt auch seinem Heritage-Reiz zugute. Das Wohlfühlambiente der sonnengelben Palastbauten mit ihren Erkern und Balkonen, mit exakter Umrahmung der Fensterreihen und ansehnlichen *Jharokhas* lässt das rußigschwärzliche Mauerwerk umso dramatischer erscheinen. Im Fort Khimsar freuen sich die Gäste an den gepflegten grünen Rasenflächen, am kühlenden Schwimmbad und spüren zugleich die Gegenwart früherer Zeiten.

LOCKENDE EXKURSIONEN

Sich ein paar Tage länger in Fort Khimsar einzuquartieren lohnt, wenn man sich für Paläste und Tempel abseits der großen Städte interessiert. Von Khimsar aus ist Osian nur 60 Kilometer, Nagaur nur 40 Kilometer entfernt, beiden Städten fehlt es aber an einem so angenehmen Hotel wie Fort Khimsar. Landstädte mit sehr engen Straßen sind es, voller Marktleben – und mit kostbaren Zeugnissen der Bau- und Bildhauerkunst. In Osian waren es die *Jains*, die schon im 8. Jahrhundert oder noch früher ihre Tempel mit reicher Figurenfülle schufen. Im größeren Ort Nagaur (70.000 Einwohner) trifft man auf erst jüngst wiedererstandene Paläste, wiederaufgefundene Anlagen zur Wasserversorgung, vor allem aber auf heitere, schöne Wandbilder. *Maharajas* und Mogulherrscher hatten das Fort mit dem zungenbrecherischen Namen »Ahhichatragarh« (*das Fort mit der Kobrabrille*) wechselweise inne, jetzt ist es aufwendig restauriert worden. (M) (*Katalognummer 52*)

NACHTS AUF DEM KHIMSAR-DACH

In keinem anderen Heritage-Hotel konnten wir aufs Dach steigen und das dort installierte Fernrohr benutzen, in einer nächtlichen Ruhe und in der Klarheit und Reinheit der Wüstenluft, wie wir sie kaum noch kennen. Noch eine Bestätigung mehr, dass es im Fort Khimsar überraschend mehr kreative Menschen gibt, als an vielen anderen Plätzen – Menschen, die auf Ideen zugunsten ihre Gäste kommen.

Vorherige Doppelseite: (*Bild links*) Zur Bar gehörig: Sessel und Sofa zum Versinken. (*Bild rechts*) Weit geöffnete Himmelsschleusen sind eine seltene Freude in der Wüste. **1** So schön sind Heritage-Türgriffe. **2** Wehrhaft und uneinnehmbar: Überreste des alten Forts. **3** Großes Restaurant: Hier lassen sich auch indische Hochzeiten feiern! **4** Sandsteinfassade im besonderen Licht. **5** Ruheplatz nach einem langen Rajasthan-Tag voller starker Eindrücke.

Pokaran

FORT POKARAN
Sieben Jahrhunderten auf der Spur

Wer von Bikaner südwärts steuert, kann Nagaur, Khimsar oder Jodhpur als nächstes Ziel wählen. Wen es auf direktem Wege südwestwärts zur »Goldenen Stadt« Jaisalmer zieht, trifft auf der 350-Kilometer-Strecke nur ein großes Fort und einen Ort an: Pokaran (etwa 20.000 Einwohner). Wir empfehlen: Entscheiden Sie sich für Pokaran. So authentisch, so wenig von der Hektik der Moderne beherrscht finden Sie indische Städte nicht mehr oft. »Fort Pokaran« war vor zehn Jahren im internationalen Tourismus nahezu unbekannt. Jetzt wird es von seinen Besitzern behutsam entwickelt und gewinnt von Jahr zu Jahr mehr neue Gäste. Diese entdecken seltene Vögel, archäologische Stätten, einen riesigen Markt und das Gedenken an eine Reinkarnation Krishnas ...

Ein Vorspiel zu Pokaran, genauer ein Naturschauspiel, bietet der kleinere, auf den meisten Karten gar nicht verzeichnete Vorort Phalodi mit dem benachbarten Dorf Kichan. Ein größerer Teich, nach Monsunregen zum See avancierend, ist der Treffpunkt einer speziellen Kranichart mit silbergrauen Flügeldecken und schwarzen Hälsen. Zahllose Generationen dieser eleganten Flieger mit weißen Federbüscheln an den Wangen – als Jungfernkraniche bekannt (Anthropoides virgo) – flüchten vorm zentralasiatischen und osteuropäischen Winter nach Nordindien. Ihre Formationsflüge, ihre mühelos sicheren Schwünge, ihre anmutigen Verbeugungen nach der Landung sind ein Fest für Vogelfotografen, vom Herbst bis zum März, ein starkes Erlebnis für Naturfreunde!

Nicht ganz so alt wie die Reisegewohnheiten der Jungfernkraniche ist Fort Pokaran. Es steht aber doch seit mindestens 700 Jahren schützend an seinem Platz über dem einzigen größeren Ort zwischen Bikaner und Jaisalmer. Der Sohn des Eigners, mit Studium der Politikwissenschaft, Geschichte und Soziologie und dem hoffnungsstolzen Namen *Param Vijay* (Sieger überall und immer), erzählt von den aufwändigen Reparaturarbeiten am historischen Mauerwerk. Und auch von der hervorragenden Führungsposition, die dem *Thakur* von Pokaran im Rat des Fürstenstaats Marwar eigen war, bis zur Gründung des demokratischen indischen Staats 1947. Gern zeigen sich bei Gelegenheit *Thakur* Nagendra Singh und *Thakurani* Yashwant Kumari im schimmernden, farbstarken Rajputen-Habit, geben sich im täglichen Leben aber locker ohne Pracht und Prunk.

NOCH VIEL ÄLTERE RELIEFS ...

Später am Tage führt Param uns über den rauen Fels außerhalb des Ortes zu den *Chattris* der Familie, der Champawat-Dynastie. Groß, zahlreich und stattlich stehen die Gedächtnisbauten mit ihren schlanken Säulen und feierlichen Kuppeln über der steinigen Höhe. Noch viel älter sind wohl die Reliefs, zu denen man in eine Art Felstopf unter vorkragendem Felsdach in ein zumeist trockenes Flusstal hinuntersteigt. Erkennt man im behauenen, von der Zeit abgeflachten Stein eine Fruchtbarkeitsgöttin? *Nahasand Kund* heißt der Platz, wo der Fluss die Steinwüste spaltete. Der Platz ist gefährdet, könnte zum touristischen Rummelplatz werden.

Indiens *Archaeological Survey* hat noch nichts zur Sicherung der Götterreliefs getan. Die Bodenspekulation lässt nun auch die Wüste nicht aus. Für rund 1.000 Euro kann man einen Quadratkilometer Stein- oder Salzwüste erwerben. Pokaran heißt »Land des Salzes«, die Salzflächen werden auch abgebaut.

Höher im Gelände, an einem Platz mit weitem Ausblick, treffen wir einen grauhaarigen Priester vor seinem Tempel. Der ist der mächtigen Göttin Durga geweiht, die als Muttergöttin schon vor der Zeit der Arier verehrt wurde. Heute halten viele Hindus Durga für stärker als Shiva. An der Auffahrt zu ihrem Tempel stehen senkrecht ausgemeißelte Felswände, mit alten Hindi-Inschriften.

AUTHENTISCH BEWAHREN

In diese geschichtsreiche Stein-, Sand und Salzszenerie fügt sich auf seiner Höhe das sandsteinrötliche Fort Pokaran schön und stimmig ein. Zugleich auch dominant: Was für hohe Tore, was für hohe und lange Mauern, was für eine Dachlandschaft über den geräumigen Innenhöfen! Gärtnergeschick lässt Grün sprießen, Blüten erblühen. Schön von Arkaden umgeben ist das verlockend große Schwimmbecken. Auf den Dächern finden sich etliche Ausblick- und Ruheorte. Die Gäste schätzen den schönen Aussichtsplatz auf dem Dach, und die Besitzer konnten so an ihrem Konzept festhalten, die Baugestalt von Fort Pokaran nur geringfügig zu verändern und nur Beschädigtes wiederherzustellen. Die Burg soll erhalten bleiben, wie sie in sieben oft kriegerischen Jahrhunderten gewachsen ist. Im gegenwärtigen Anbauboom ist solche authentische Bewahrung des Ererbten eher die Ausnahme. Im Inneren wird Zimmer um Zimmer individuell entworfen, die größten werden in *Royal Suites* verwandelt. Textilien, Glas und Teppiche bringen Farbe hinein, bedrängen aber nicht mit Fülle. Neben dem Speisesaal mit seinen opulenten *Jharokhas* bieten sich noch mehrere Räume, in denen man sich mit anderen Gästen aufhalten und erholen kann. Besucherattraktion ist das Museum für Geschichte und Volkstraditionen im Fort. Die Töpfer im Basar, die Weber in umliegenden Dörfern, auch Exkursionen zum Vögel-Beobachten locken. Und im September gibt es einen Markt mit Hunderttausenden Besuchern, die als Pilger zum Schrein des *Ramdeoji* drängen. (M) (Katalognummer 64)

Vorherige Doppelseite: (*Bild links*) Flüchtige Farbspiele im Fort. (*Bild rechts*) 300 Jahre alte Handschrift aus Familienbesitz. **1** Familiengrab: Die *Chattris* der Champawat-Dynastie. **2** Blick in eine der Suiten. **3** und **4** Besucherströme fluten das Fort während der Zeit des Ram-Devra-Pilger-Festes. **5** Fantasievolles Pool-Dekor.

Pokaran

RAMDEOJI – FRÜHE STIMME FÜR DEN FRIEDEN

Für die gleichen Rechte aller Menschen wirkte er, alljährlich strömen heute, rund 500 Jahre später, Kasten-Hindus und Kastenlose, *Jains* und Muslime und Menschen vieler anderer Religionen zu seinem Schrein, verehren *Ramdeoji* als eine Inkarnation des Gottes Krishna. Gerade hier, 25 Kilometer nordwestlich von Pokaran, in Khetolai, ließ Indira Gandhi zu Anfang der 1970er Jahre unterirdisch Indiens erste Nukleartests durchführen.

Jaisalmer lässt sich feiern, als *Golden City*, samt ihrem *Golden Sand* und *Golden Dunes*. Durch das feine Geriesel von Myriaden Sandkörnern haben die Kamele Lasten getragen, es hat die Karawanenkaufleute und Könige reich gemacht – jahrhundertelang. Heute locken die Sanddünen die Liebhaber von Kamelsafaris und der Camps unterm Sternenhimmel. Die Wüste Thar drängt sich an Jaisalmer und sein hochgebautes Fort so nah wie an kaum eine andere Stadt Rajasthans. Zur indisch-pakistanischen Grenze sind es nur 80 Kilometer. Dürfte man die heiße Grenze beliebig überschreiten, stünde man bald am Ufer des Indus. Locker erreichbar ist dagegen ein kleines Oasenwunder: der wiederauferstandene Garten »Mool Sagar«. Gäste willkommen!

MOOL SAGAR
Wieder auferstanden: königliches Gartenglück

Alle drei, unser immer verlässlicher Fahrer und wir Autoren, hielten Ausschau. Die Wüste um Jaisalmer ist keine pure glatte Sandfläche. Felsbrocken und stachliges Pflanzengrün haben sich schon seit Urzeiten heimisch gemacht, derzeit rücken Einzelbäume nach. Im Monsun und in den Wochen danach legt sogar die Wüste Thar ein wenig Grün an. Ein Stück abseits der Straße Richtung Südwest zur einstigen Königsstadt Lodurva, so erinnerten wir uns noch von einer früheren Reise, war hinter einer Mauer der Garten Mool Sagar versteckt. Die Mauer ist noch an ihrem Platz, scheinbar immer noch unzugänglich. Aber dann fährt der Wagen vor, es öffnet sich eine altertümliche Tür, die Koffer werden geschultert, zehn Schritt weiter und wir sind in einer anderen Welt. Eine Überfülle der Bougainvilleablüten umfängt herrschaftliche Arkaden, Malven blühen so groß wie nie zuvor gesehen.

MIT DEN ANNEHMLICHKEITEN DES 21. JAHRHUNDERTS

Mool Sagar ist ein romantischer Lustgarten, den Maharawal Mool Raj II. im Jahr 1780 in der Wüste errichten ließ. Brunnen und Pavillons aus reich verziertem Sandstein zeugen noch vom alten Glanz. Die handgefertigten Zelte sind den typischen Sommerlagern der Wüstenfürsten nachempfunden – allerdings mit den Annehmlichkeiten des 21. Jahrhunderts versehen – klärt ein Indienspezialist unter den deutschen Reiseveranstaltern seine Gäste auf.

Von Annehmlichkeiten zu sprechen ist eher noch eine Untertreibung. Man tritt über zwei Stufen zur vorgebauten Terrasse hinauf und durch eine Zeltwandtür in das geräumige Zelt ein. Die Zeltwände sind mit Blütenmustern geschmückt, die im Sonnenlicht aufscheinen. Sonstige Ausstattung: Ein beachtlich breites Doppelbett, ein Schreibtisch, ein Polstersessel, Kaffee und Tee zum Selbstzubereiten, nebenan ein mit Zeltwand abgetrennter Bad- und Toilettenteil. Die Dusche spendet heißes Wasser, die Klimaanlage je nach Jahreszeit Abkühlung oder Wärme, rutscht doch im Januar die nächtliche Wüstentemperatur zuweilen unter den Gefrierpunkt. Ob Rajputenfürsten oder Mogulkaiser, sie zogen bei Frost wohl vor, in ihren Palästen zu residieren.

Für die heißesten Sommertage ließen sie sich in Rajasthan und in Gujarat tief in den Wüstenboden mehrstöckige Stufenbrunnen ausschachten, kunstvoll mit Kammern und Säulen ausgestattet und mit Öllämpchen eher dürftig beleuchtet. Für einen Stufenbrunnen in Mool Sagar hat Jaisalmers Maharawal vor zwei Jahrhunderten auch gesorgt, gleich neben den Zelten und dem modernen Schwimmbad kann man in die dämmrige Tiefe hinabsteigen, wo das Grundwasser glitzert.

Droben leuchten die Gärten in allen Blütenfarben, ein wahres Oasenwunder. Der fürstliche Ruhe- und Prachtplatz Mool Sagar ist größer als der erste Blick vermuten lässt: Der Architekt setzte Pavillonbauten zwischen die üppige Gartenschönheit, grazile Säulen tragen Arkaden und Kuppeln. Unter denen kann auch gespeist werden. Überraschung: Auf der anderen Seite des Pavillons blüht es fast noch üppiger. Erst noch weiter hinten hinaus begrenzt ein von Bougainvillea ummantelter Riegelbau das Areal.

... UND DAZU NOCH WASSERRECYCLING

Wie man eine solche Oase der Ruhe und Erholung schafft? *Maharaja* Gaj Singh von Jodhpur, Präsident der *Indian Heritage Hotel Association*, kennt sich aus im dynastischen Hotelgeschäft. Nach 1947, dem Jahr der endlich erreichten Unabhängigkeit Indiens, waren die Jodhpur-*Maharajas* unter den Ersten, die ihre Paläste in Hotels verwandelten und damit ihre Existenz sicherten – die der Hotels und ihre eigene. Erst vor drei Jahren pachtete *His Highness* von Jaisalmers Maharawal, seinem Verwandten, das verfallene Mool Sagar und ließ es mit 18 Gastzelten neu erstehen. Und zwar wüstengerecht, einschließlich einer modernen Anlage fürs Wasserrecycling. (*Katalognummer 33*)

Jaisalmer

Wüstentourismus lässt schmale Wasservorräte dahinschwinden. Doch künstliche Seen werden schon seit jeher in der Wüste Thar angelegt. Heute trägt der rund 700 Kilometer lange Indira-Gandhi-Kanal Wasser aus den Himalajastaaten in die Wüstenzonen, zudem wurden riesige Grundwasserreserven entdeckt. Das ändert bereits das Landschaftsbild des »Wüstenstaats«, neue Felder beginnen zu grünen.

Vorherige Doppelseite: (*Bild links*) Fürstliches Zeltlager. (*Bild rechts*) »Wollen Sie Ihr Frühstück im Zelt?« **1** Steinschnitzerei mit dem Sonnensymbol. **2** Mool Sagar: ein Weg von Garten zu Garten. **3** Blüten in Fülle, und jede ist schön. **4** Elektrik gibt's auch. **5** Gästebetten im Komfort-Zelt.

Jodhpur

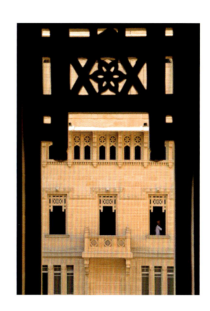

UMAID BHAWAN PALACE

Groß, elegant, luxuriös

Ob der Jodhpur-Besucher erst zum älteren »Meherangarh Fort« oder erst zum jüngeren »Umaid Bhawan Palace« hinaufsteigt, zuerst ins späte Mittelalter oder zuerst ins 20. Jahrhundert, macht keinen großen Unterschied. Von beiden Höhen wird er einen fantastischen Blick über die einstige Hauptstadt haben. Und bestmögliche Orientierung dazu, denn andere Bauten in vergleichbarer Größe und Höhenlage gibt es nicht. Die meisten Dynastien, ob König oder *Maharaja*, haben seit jeher mit demonstrativ auftrumpfenden Bauten markante Erinnerungszeichen in ihre Hauptstädte gesetzt. *Maharaja* Umaid Singhs Entschluss, den neuen Palast zu bauen, war allerdings anders motiviert, und sicherlich nicht von Verschwendungssucht.

Vorherige Doppelseite: *(Bild links)* Unter der 32 Meter hohen Kuppel: die Haupthalle des Art-déco-Palastes. *(Bild rechts)* Strenge Symmetrie setzt Akzente. **1** Bauen gegen die Krise – der Umaid Bhawan war eine Arbeitsbeschaffungsmaßnahme in der Weltwirtschaftskrise. **2** Über die Jahre glatt poliert: wohl geformter Türgriff. **3** Minimalismus: Badezimmer einer Suite. **4** Optimismus: Angestellter mit Jodhpur-typischem Turban. **5** Art-déco-Suite. **6** Unterirdisches Hallenbad.

EIN PALAST GEGEN DEN HUNGER

Ein Abschiedsgruß an die große Ära der indischen Schlossbauten ist der Umaid Bhawan Palace, es war der letzte Großbau eines Schlosses im Auftrag eines *Maharajas* und wurde erst wenige Jahre vor dem Ende der Kolonialzeit vollendet. Das Elend der Arbeitslosigkeit in Hungerjahren nach mehreren schlechten Ernten und nach dem Börsenkrach von 1929 sollte durch den Bau gemindert werden, der über Jahre hin, bis 1943, mehrere Tausend Arbeiter beschäftigte. Etwa 3.000 waren es, andere sagen sogar 5.000, und mit Dankbarkeit wird uns im Palast darüber von denen berichtet, die als Kinder und Heranwachsende diese Krisenjahre noch selbst erlebten.

Rund 200 mal 100 Meter misst der Umaid Bhawan, 32 Meter hoch ragt die Kuppel über den 347 Räumen auf. (Den Namen erhielt er nach dem Tod des Bauherrn, bis dahin hieß er »Chittar Palace«, nach der Höhe, auf der er entstand). Wozu dieser Aufwand? Um 1930 rechnete man in Jodhpur wie im Rest der Welt weder mit dem Zweiten Weltkrieg, noch mit der folgenden Schwäche und dem Machtverlust Großbritanniens. Darum auch nicht so bald mit dem Ende der britischen Kolonialherrschaft und mit Unabhängigkeit. Die Gründung des unabhängigen, international anerkannten indischen Staates löste die Fürstenstaaten mitsamt ihrem Verwaltungsapparat ab. Das führte zu kostspieligen Leerständen.

Maharaja Gaj Singh II., der Enkel von *Maharaja* Umaid Singh, zog die Konsequenzen: Längst ist der Palast dreigeteilt, wurde großenteils ein Luxushotel mit Palastzimmern sowie königlichen und historischen Suiten (seit 1972 im *Taj*-Management). Ein anderer, deutlich kleinerer Teil ist ein Museum, ein dritter wird von der Familie des *Maharajas* Gaj Singh II. bewohnt. Die extrem großzügigen Dimensionen des Palastes lassen den meisten Gästen aus aller Welt gar nicht bewusst werden, dass ihnen ein Flügel nicht zugänglich ist.

Eher kommt man bei den ersten Schritten von der Auffahrt ins Staunen über die Raumfolge vom Entree durch eine elliptische Halle mit geschwungenen Treppenaufgängen, vorbei an seitlichen Hallen hinein in die opulente, enorm hohe Rotunde. Bei jedem Besuch wuchs unser Staunen noch angesichts der Mischung der Stile, die dem britischen Architekten geglückt ist. Auf den ersten Blick ist es eine Renaissancehalle, auf den zweiten entdeckt das Auge die Hindu-Schmuckformen der Pfeiler und Säulen. Erst bei längerem Hinsehen nimmt man die dezent zurückgesetzten Türen zu den Fahrstühlen wahr. Man kann nachlesen, wie *Maharaja* Umaid Singh nach dem Architekten seines Vertrauens gesucht und ihn in dem weit gereisten Londoner Henry Lanchester gefunden hat.

Dem *Maharaja* Umaid Singh war wie vielen seiner Standesgenossen die europäische, insbesondere die britische Welt nicht fremd, er war Schüler in den *Prince's Colleges* gewesen, kannte Eton und Rugby – und hatte als 16-jähriger plötzlich nach Jodhpur zurückkehren müssen. Sein Vater war tödlich verunglückt, er selbst wurde zum *Maharaja* erhoben, bis zu seinem 21. Lebensjahr noch unter Vorbehalt und Aufsicht. Als Umaid Singh den Palastbau beschloss, scheint er eine Symbolik der Architektur gesucht und gewählt zu haben, welche die Hindu-Kultur, die britische und auch europäische Traditionen vereinte, unter Ausschluss der muslimischen Baustile. Ein Ansatz zur Globalisierung, wie sie jetzt im 21. Jahrhundert entsteht, konnte das noch nicht sein.

SOLIDE FÜR DIE ZUKUNFT

Doch setzte Umaid Singh auf die Moderne: Art déco, die Kunst und Innenarchitektur der klaren Form, kann man noch heute in den Sälen und Suiten seiner Schöpfung bewundern. Im unterirdischen Hallenbad ist es etwas dunkler, aber die Halle groß und ebenso elegant wie die intensiv roten Polstersessel im Schlafzimmer des *Maharajas*.

Auf Haltbarkeit ließ er achten, wer genau hinsieht, bemerkt an den Mauern nirgends Zement. Die glatt behauenen goldgelben bis rötlich braunen Steine haben ein System, das mit steinernem Haken Block um Block zusammenhält, zuverlässiger als manche Neubauten unserer Zeit. *(Katalognummer 47)*

Jodhpur

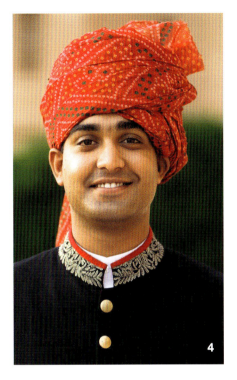

Das Museum im Umaid Bhawan Palace bietet originelle Objekte aus dem Familienbesitz dar, geschätzte Sammelstücke waren zum Beispiel Uhren in vielerlei Größen und Gestalt, ebenso wie die bis in die 1960er Jahre zur Strecke gebrachten Jagdtrophäen. Vor allem sind Exponate zum frühen Flugwesen sehenswert – Jodhpur war dabei.

Der Westen

GRÜNENDES RAJASTHAN UND GUJARAT

Wo der Westen zum Süden wird

Der Westen

RAJASTHAN –
DER GRÜNE TEIL DES WÜSTENSTAATS

Wasser ist Leben. Westlich von Udaipur ist das Aravalligebirge ein schützender Riegel, östlich davon trifft man auf Seen und Flüsse – auf kleinere, die von den Jahreszeiten abhängig ihr Wasser spenden, und auf den großen Chambal. Der fließt von Süden aus dem Staat Madhya Pradesh und erfüllt eine ganze Landschaft mit blühendem Leben. Da bedecken dichte Buschwälder die Hügel, und wenn sie nicht zu Bäumen werden, liegt das an dem Feuerholzbedarf der wachsenden Bevölkerung. Felder erstrecken sich – Baumwolle, Weizen, Reis. Mangobäume stehen bei den Siedlungen.

Schon früh begannen die Herrscher – in Udaipur das mächtige Geschlecht der von Mewar, das noch heute im »City Palace« wohnt – künstliche Seen anzulegen, die Wasser auch in den Hitzemonaten vorhielten. Südöstlich vom Distrikt Chittorgarh wurde einer der größten künstlichen Seen Asiens aufgestaut, der *Gandhi Sagar*.

Udaipur wird oft als schönste Stadt Rajasthans gelobt, der künstlichen Seen wegen, in denen sich Marmorpaläste so märchenhaft spiegeln. Weiter westlich in Kota am Chambal-Fluss hat sich eine lebhafte Industrie entwickelt. Auf dem Chambal kann man Bootsfahrten unternehmen.

Das grüne Rajasthan hat ungezählte Schätze. Burgen zuhauf, die größten sind Kumbalgarh und das legendäre Chittorgarh. Und *Jain*-Tempel, die Kunstwerke des Skulpturenhandwerks sind: Die berühmtesten sieht man in Dilwara auf dem Mount Abu und in Ranakpur. Dazu Paläste vieler Epochen, Schlösser und Festungen, Naturparks und Wildschutzgebiete und in Gebieten, in die kaum je Touristengruppen vordringen, auch Dörfer von Ureinwohnern, den Bhils, mit deren alter Kultur.

GUJARAT: DER ALTE WEG VOM MEER NACH NORDEN

In das fruchtbare Hügelland des Nachbarstaats geht es südlich des Mount Abu und des Aravalligebirges. Gujarat ist ein wohlhabendes Land wegen seiner industriellen Entwicklung, die auch die moderne Landwirtschaft erfasst hat. Die Stadt Ahmedabad war schon im 19. Jahrhundert führend in der Textilindustrie, sie wurde zu einer modernen Großstadt, die dann immer wieder unter Überbevölkerung litt. Neben einer kulturell starken Muslimgemeinde waren die *Jains* wirtschaftlich tonangebend. Sie schufen einen eigenen Typ von städtischen Wohnsitzen.

Großes Heiligtum und Pilgerziel der *Jains* ist der Shatrunjay-Berg bei Palitana, auf dem im Laufe von Jahrhunderten über tausend Marmortempel errichtet wurden.

Viele Touristen kommen als Verehrer Mahatma Gandhis nach Gujarat, er war ein Sohn dieses Landes, 1869 in Porbandar am Meer geboren.

Vorherige Doppelseite: Einladender Hauseingang mit aufgemaltem Tempelchen in Bundi. **1** Regen als Segen: Monsunlandschaft bei Udaipur. **2** Mädchen in der *Rann of Kutch*, Gujarat. **3** Die Kunst des *Bundikalam*: einzigartige Fresken schmücken die Wände des Chitrashalas in Bundi. **4** Morgenröte über Udaipurs Pichola-See und dem mächtigen Stadtpalast. **Nachfolgende Doppelseite:** Neuer Tag, neues Glück – Ladenbesitzer in Dungarpur öffnet seine Türen.

Mount Abu

PALACE HOTEL
Wo die Kühle so kostbar ist

Mount Abu heißt immer noch Mount Abu. Indien hat schon viele seiner englischen oder anglisierten Namen abgeworfen, aber dieser Name haftet, vielleicht, weil er zur Hälfte indisch anklingt. Tatsächlich haben wohl Briten den alten feierlichen Hindunamen *Arbudaranyia* auf das prägnante Abu verkürzt. Britische Truppen im Dienst der *East India Company* lechzten allsommerlich danach, in die kühlere Höhenluft Mount Abus abkommandiert zu werden. Indiens *Maharajas* machten sich den Höhenaufenthalt zur Gewohnheit. Eines ihrer prächtigsten Architekturzeugnisse ist heute das »Palace Hotel«. Früher hieß es bescheiden »Bikaner House« und war die Sommerresidenz der *Maharajas* von Bikaner.

Der gleiche Bauherr, der gleiche Architekt: *Maharaja* Ganga Singh von Bikaner (geb. 1880, reg. 1887–1943) hat sich zu Anfang des 20. Jahrhunderts den großartigen Lallgarh-Palastkomplex von Samuel Swinton Jakob bauen lassen. Als 6-jähriger wurde Ganga Singh nach dem frühen Tod seiner beiden Brüder bereits zum Nachfolger erklärt. Der 13-jährige mag auch schon bei der Planung des Jagdschlosses Bikaner House (1904, heute Palace Hotel) zumindest ein Mitspracherecht gehabt und dafür gestimmt haben, Samuel Swinton Jakob den Bau der Sommerresidenz anzuvertrauen.

Maharaja Ganga Singh ist auf späteren Porträts immer an seinem energisch aufgezwirbelten Schnurrbart zu erkennen. Er profilierte sich früh zu einer führenden Gestalt unter den Rajputenfürsten Rajasthans. Er verstand es, die britischen Kolonialherren für sich einzunehmen, und gewann dadurch Freiraum und politischen Einfluss. Die Truppen Bikaners zogen für Großbritannien nach China, Afrika und Frankreich, auch unter persönlicher Führung Ganga Singhs. Umso entschiedener konnte er auf die indische Selbstverwaltung drängen. Seine Programme gegen Hungerkatastrophen, seine Aktivitäten zum Beispiel Schulen, Straßen und Eisenbahnen zu bauen und mit Kanälen fruchtbares Neuland in der Wüste zu gewinnen, waren beispielhaft und gaben dem wüstenhaften Landstrich im Norden Rajasthans Auftrieb.

Wie oft *Maharaja* Ganga Singh sich in Mount Abu aufgehalten hat, um für eine Weile den Hitzegraden des Flachlands zu entkommen, ist nicht bekannt. Viel länger konnte innerhalb der Grenzen Rajasthans sein Reiseweg nicht sein, an die 500 Kilometer. Dafür ist Mount Abu auf seinem leicht hügeligen Hochplateau (Durchschnittshöhe etwa 1.200 Meter) Rajasthans einzige Zuflucht vor der Hitze, die westlichen Touristen zwischen April und Juni so zusetzt, dass sie sich ohnehin eine erträglichere Reisezeit aussuchen.

FLANIEREN, RUDERN, GENIESSEN

Internationale Touristen sind im Halbjahr Oktober bis März, indische Touristen von März bis Oktober damit beschäftigt, sich zu erholen,

Mount Abu

spazieren zu gehen und auf dem *Nakki Sagar,* dem Nakki-See, im Ortszentrum Boot zu faren. Abends strömt alles zu den beiden *Sunset Points.* Wem der Weg zu Fuß dahin zu lang und der Transport hoch zu Pferd zu gefährlich scheint, zwängt sich in kleine vierrädrige hölzerne Karren und lässt sich unter Gelächter ziehen. Da kommt den Gästen des Palace Hotel die Lage am Ortsrand zugute, die ungestörten Naturgenuss inmitten eines prächtigen Baumparks garantiert. Der geht wie selbstverständlich in noch mehr Grün über, nach Norden und Osten vor allem. Stattlich ist das Palace Hotel im neoklassizistischen Stil mit indischen Anklängen, und doch wurde hier nicht mit solcher Repräsentationspracht aufgetrumpft wie beim Lallgarh-Komplex in Bikaner.

Die beiden Tennisplätze des Hauses, der Billardtisch und Krocket passen ins herrschaftliche Bild, die Räume im Inneren nehmen den Stil der Fassaden auf: geräumige, hohe Zimmer, Säle und Suiten, fast alles jüngst restauriert und wieder von einer soliden Eleganz, einer gepflegten Qualität, die das Lebensgefühl steigert. An den Wänden der Speisesäle findet sich eine Kollektion historisch interessanter Schwarz-weiß-Fotos, dazu noch eine weitere mit indischer Miniaturmalerei.

LAUTER GUTE ADRESSEN

Schönes haben auch die anderen fürstlichen Heritage-Hotels aufzuweisen: das schicke »Jaipur House« mit renovierungsbedürftigem Restaurant auf einer Höhe im Ort, das »Connaught House« der *Maharajas* von Jodhpur in seinem verwunschenen Gartengrün nahe der Stadtmitte, das »Kishangarh House« mit Kolonialambiente und weniger attraktiven neuen Cottages. Nicht zu vergessen das Hotel »Cama Rajputana Club Resort«, ehemals der wichtigste Klub von Mount Abu. Auch heute ist man dort sportlich vielseitig aktiv, hat Gartengrün und Ayurvedamassagen. Was diesen allen das Palace Hotel der Bikaner-*Maharajas* voraushat, ist die Lage zu der kostbarsten Architektur von Mount Abu, nämlich zu den Dilwara–Tempeln der Jains, die vor 800 bis 1.000 Jahren entstanden. *Maharaja* Ganga Singh wählte den Platz für seine Sommerresidenz so weit entfernt vom damaligen Ort Mount Abu, dass der Talblick hinüber zum weißen Glanz der Tempel bis heute unverbaut blieb – und hoffentlich auch bleiben wird. **(M)** (Katalognummer 97)

Jains achten alles Lebendige, sie folgen den Lehren der 24 Tirthankaras, der »Furtbereiter«. Deren letzter, Adinath, stammte vermutlich aus der Gegend von Patna am Ganges und lebte etwa um die gleiche Zeit wie Buddha. Die Lehren der Jains wurden von Gandhi aufgenommen, zum Beispiel *Ahimsa* (die Gewaltlosigkeit), dann auch *Asteya* (nicht stehlen), *Brahmacharya* (Mäßigkeit), und *Aparigraha* (innere Unabhängigkeit von Besitz).

Vorherige Doppelseite: (*Bild links*) Der hundertjährige Bau wurde jüngst innen, wohl bald auch außen aufgefrischt (*Bild rechts*) Eine Ruine im Park. **1** Würdiger Abschluss: *Chattris* krönen das Dach des Palace Hotels. **2** Die Kunst der klaren Formen – ein originell geschaffener Durchblick durch die Mauer im prächtigen Baumpark. **3** Vorsicht, Affen – sie greifen sich gern ganze Beutel und Taschen. **4** Klare Formen auch in den groß bemessenen Badezimmern.

Nobler kann man kaum wohnen. Die Dynastie der Sisodia von Mewar hat viele Jahrhunderte an ihrem Palast über Udaipurs Lake Pichola gebaut. Trotzdem entstand kein bunt gemischtes Konglomerat von Stilen und Materialien, sondern der größte und wohl auch großartigste Palast Rajasthans. Schon der Brite James Tod, zum »Politischen Agenten für die westlichen Rajputen-Staaten« ernannt und bis heute unter Indienkennern berühmt für seine detailliert realistischen Beschreibungen Rajasthans im frühen 19. Jahrhundert, bewunderte den Sisodia-Palast: »Kein anderes Bauwerk des Ostens zeigt eine so beeindruckende und majestätische Gestalt.« Wie ein Ozeandampfer von fantastischen Ausmaßen erstreckt sich der Palast.

SHIV NIWAS PALACE

Bei den *Maharanas* von Mewar

Hoch überragen die flankierenden, achteckigen Türme, die Kuppeln und Erker die Ufergestade des Lake Pichola. Wer einmal per Hubschrauber Udaipur überflogen hat, vergisst das Bild nicht. Riesig umschließt das Mauerwerk aus Granit und Marmor schattige Höfe und Gartengrün. Malerei und feinste Steinschnitzerei, buntes Glas und Kristallüster schmücken Pavillons, Hallen und Kemenaten. Die Ausblicke reichen über den See und seine Inseln, über die Stadtlandschaft Udaipurs, eine der schönsten Indiens, und bis zu den rauen Höhen des Arawalligebirges, zu Forts und anderen Palästen.

TAUSEND JAHRE UND MEHR

Die Augen freuen sich an der Schönheit der Natur und Architektur, zugleich werden die Erinnerungen an die über tausendjährige Geschichte des Landes Mewar gegenwärtig. Die Sisodia-*Maharanas* (ein noch exklusiverer Titel als der *Maharaja*) leiten ihre Herkunft von *Surya*, der Sonne, ab, daher trifft man im Palast immer wieder auf das Sonnensymbol. *Rana* Udai Singh gründete 1559 Udaipur und den Palast (heute: *City Palace*). Doch die erste starke Herrscherpersönlichkeit der Dynastie, Bapa Rawal, lebte schon im 8. Jahrhundert auf der Bergfestung von Chittorgarh, von der ein legendenumwobenes Ruinengelände überdauert, 112 Kilometer östlich von Udaipur.

VOM FEINSTEN: KÖNIGLICHES GÄSTEHAUS

Viel jünger ist der »Shiv Niwas Palace«, der das Areal des *City Palace* südwestlich über einem halbkreisförmigen Grundriss abschließt, gleichsam das starke und hohe Heck des »Ozeandampfers«. Bauherren waren *Maharana* Sajjan Shambhu Singh (reg. 1874–1884) und *Maharana* Fateh Singh (reg. 1884–1935), der unvergessene Reformer und Erneuerer des Mewar-Staats. Anders als die meisten Heritage-Palasthotels wurde der Shiv Niwas Palace als königliches Gästehaus erbaut, mit privaten Terrassen, mit Suiten und Zimmern für die Gäste des *Maharana* rund um die halbkreisförmige *Top Terrace*. Um ihren Marmorbrunnen und das Schwimmbad ist auch Platz für intime Dinner, für 6 bis 30 Gäste.

Im Übrigen ist die Auswahl an Restaurants, Bankettsälen und Terrassen im Palast enorm, für bis zu 3.000 Gäste ist hier Platz. Feste im *Maharana*-Stil können in der benachbarten Durbar-Halle gefeiert werden. Im Bereich des Shiv Niwas Palace bleibt die Atmosphäre privater, abends spielen die Musiker des Palasts auf, Billard und Bar stehen zur Wahl, für speziell Interessierte auch die *Maharana Mewar Special Library*.

Spätestens hier wird der Gast gewahr: Vielfältig strahlen die kulturellen und sozialen Aktivitäten von seiner Majestät Arvind Singh Mewar aus, dem gegenwärtigen Kustoden der Sisodia-Dynastie, viel mehr, als hier aufgezählt werden können. Die *HRH Group of Hotels* umfasst mehrere *Grand Heritage Palaces*, auch *Royal Retreats* in Sanctuaries, mit einer Vielzahl von touristischen Angeboten. Zugleich sorgt der *Maharana of Mewar Charitable Foundation Trust (MMCF)* seit bald vier Jahrzehnten auf der historischen und kulturellen Seite für die Restaurierung und authentische Erhaltung der Heritage-Bauten, von überlieferter Musik, Literatur, Tanz und Kunsthandwerk. Auf der ökologischen Seite geht es vor allem um die Bewahrung indischer Landschaft und Natur.

DAS NETZWERK DER HUMANITÄT

Der Mewar-Palast ist heute vernetzt mit nationalen und internationalen Instituten und Organisationen, vom *Birla Institute for Technology* bis zum *J. Paul Getty Trust*. Philanthropisch unterstützt die Mewar-Stiftung *MMCF* unter anderem Arme und Witwen, sorgt für fundierte Ausbildung und umfassende Gesundheitspflege (www.mewarindia.com). (M) (Katalognummer 119)

Vorherige Doppelseite: (*Bild links*) Kunstvoll: indische Elefanten im Eilschritt. (*Bild rechts*) Nur ein Teil des Stadtpalastes: Fateh Prakash und Shiv Niwas im Lichterglanz. **1** Der gastliche Palast über dem baumgrünen Innenhof mit elegantem Schwimmbecken und Gartenrestaurant. **2** Einlegearbeit treibt Blätter und Blüten. **3** Kühler Kopf ganz ohne Klimaanlage: Wandmalereien schmücken den ganzen Stadtpalast. **4** Auch die Glaskunst ist von Blüten und Blättern inspiriert. **5** Festliche Fahnen. **6** Palastarchitektur, in den Arkaden deutlich vom Mogulstil inspiriert.

Udaipur

Für Udaipurs Besucher ist die Altstadt eine Fundgrube schöner und begehrenswerter Dinge: attraktiver Schmuck, Email- und Silberarbeiten, aus Holz Geschnitztes, gestickte Wandbehänge aus Brokat oder mit Spiegeldekor, Stoffe aus Seide und Baumwolle, Teppiche aus Kaschmir und Hunderte, Tausende von Miniaturmalereien ... Man wird in Werkstätten gebeten, in denen sehr feine Miniaturmalerei nach alter Art kopiert wird, mit haarfeinen Pinseln, während man den Gästen Tee anbietet.

Für zahllose Indien-Reisende war es die schönste Stunde ihres Urlaubs: Von der Höhe des Mewar-Palasts unter Palmwipfeln hinunterzusteigen zur Landestelle der Boote. Im Blick den Glanz des Lake-Pichola, ja fast den ganzen Kreis der Ufer, im Hintergrund das Arawalligebirge. Und inmitten des Sees nehmen sie den Inselpalast wahr, wie ein großes Schiff ist er anzusehen. Das Boot für die Gäste glänzt hochpoliert, beim Einsteigen schwankt es leicht. Das Wasser spritzt auf, mit jeder Minute wird der »Lake Palace« deutlicher, dieses wunderbar weiße Wunsch- und Traumziel. Gleich wird man dort nobel speisen, wird ein oder zwei Nächte im Palast wohnen. Vielleicht ist der rote Teppich ausgerollt? Ankommen ist schön.

TAJ LAKE PALACE
Gute Jahre, schwere Jahre, beste Jahre

Und das Bleiben auch. Bei der Taj-Garde des Lake Palace ist man in guten Händen. Dieses Felseninselchen von etwa 16.000 Quadratmetern ist weltweit derart berühmt, dass jede heftige Gastklage gute Chancen hat, in den Medien kommentiert zu werden. Helligkeit herrscht vor, statt hundertjähriger Palastpatina ist das Girlandendekor auf eierschalenweißen Wänden ganz in frischen Farben gehalten. Keine Farbe fehlt, doch Rot, Dunkelblau und Dunkelgrün lässt man nur am Rande erscheinen, frisches Grün, helles Blau und Gelb dominieren. Man braucht kein Gold und Silber, um zu zeigen, an welchem exklusiven *Maharana*-Ort der Gast weilt.

EINE JUNGE SCHÖNHEIT

Das war nicht immer so. Der Lake Palace gehörte zwar seit je dem Hause Mewar, nur hieß er früher »Jag Niwas«, nach einem *Mewar-Maharana* und war bis über die Mitte des 20. Jahrhunderts auch anders anzusehen. So ist dieser Heritage-Palast eigentlich eine junge Schönheit, die erst im Jahre 2013 ihren 50. Geburtstag feiern kann. Aber sie hatte ein mehr als zwei Jahrhunderte dauerndes voriges Leben. Ein Gartenpalast mit Pavillons wurde 1746 fertiggestellt und von der Hofgesellschaft gern angesteuert, zu Picknicks und Konzerten. Wo zur selben Zeit in Europa nicht gerade Krieg geführt wurde, feierten die Schlossherren ähnlich, nach dem Beispiel der Feste in Versailles. Watteau, Boucher und Fragonard haben sie gemalt.

Schwere Zeiten hatte im 20. Jahrhundert auch Udaipur durchzustehen, wirtschaftlichen und politischen Niedergang, auch nach der Gründung des unabhängigen indischen Staats. Es war dann *Maharana* Bhagwat Singh, der im künftigen Tourismus die beste Chance für Udaipur und die Mewar-Dynastie sah. Mit starkem Selbstvertrauen entschloss er sich 1959, auf der Insel die Reste des alten Palasts abzuräumen und ein ganz neues Luxushotel zu bauen, das erste in Udaipur. Das Selbstvertrauen war unentbehrlich: Ein Angelsachse, der Theatermann Geoffrey Kendal, beschrieb die Palastinsel in den 1950er Jahren als »total verwüstet und verlassen«. Neben den Architekten war ein US-Künstler mit Design-Erfahrung ein sehr wichtiger Helfer: Mr. Didi Contractor. Von ihm sind ähnliche Äußerungen wie von Mr. Kendal überliefert.

SCHON 1963 DIE ERSTEN GÄSTE

Wie wir alle wissen: Der *Maharana* scheiterte trotzdem nicht. 1963 konnten die ersten Gäste im Lake Palace empfangen werden. 1971 übernahmen die »*Taj Hotels Resorts and Palaces*« das Management, erweiterten den bis dato errichteten Bau beträchtlich und machten den Lake Palace zu einem der meistbewunderten Hotels der Erde. Das gelang rasch auch mit Unterstützung der Filmbranche. Denn im damals enorm verbreiteten James-Bond-Fieber hatten sich die Hollywood-Filmleute mit der Taj-Gruppe geeinigt, mehrere Szenen des neuen Streifens »*Octopussy*« in Udaipur und dort speziell im Lake Palace zu drehen. Das wurde zu Anfang der 1980er Jahre realisiert, und die Resonanz war und blieb groß. Das Lake Palace war zu einem Treff der internationalen Prominenz avanciert, und Tausende ohne solche Prominenz folgten ihnen.

Dass sich die einen den anderen nicht zu heftig aufdrängen, gehört eigentlich zum guten Stil. Am weitläufigen Pool lässt sich durch die Arkaden schön der See samt Ufern überschauen, aber auch Prominenz im Liegestuhl beobachten. Mancher Prominente scheut das, und kann den Blick über den See von seinem privaten Sit-out genießen, uneinsehbar für andere.

Die 17 Suiten sind das Beste vom Besten, ähnlich bunt und exotisch eingerichtet wie einige der historischen Räume in Udaipurs »City Palace«. Reiche Malerei an Decken und Wänden, die kunstvolle Steinschnitzerei der Fenster, Einlegearbeiten, farbiges Glas, vielleicht auch eine Schaukel, deren purpurner Sitz an vergoldeten Ketten von der Decke hängt, gebrauchsbereit, all dies und natürlich ihre pure Größe machen den Suiten-Reiz aus. (*Katalognummer 115*)

Vorherige Doppelseite: (*Bild links*) Nur das Beste für die Gäste: mit Rohseide bezogene Kissenrolle. (*Bild rechts*) Traumgleich: Abendliche Einblicke in die Khush Mahal Suite. **1 & 4** Eine der schönsten im Lake Palace ist die Sarva-Ritu-Suite (übersetzt: für jede Jahreszeit). **2** Bemalte Wände: Hirtengott Krishna und seine Gespielin Radha in trauter Eintracht. **3** Der Stadtpalast breitet sich vom Lake Palace aus gesehen in ganzer Pracht aus. **5** Barun, Butler aus Passion, für den es das Wort »unmöglich« nicht gibt! **6** Gläsernes Schmuckelement auf dem Hoteldach.

Udaipur

Die Mewar-Fürsten bestanden in der Kolonialzeit auf dem Rest ihrer Herrschaftsrechte, und zwar viel nachdrücklicher als nahezu alle anderen Rajputen-Fürsten. In der *Mutiny*, wie die Briten den indischen Freiheitskampf 1857 nannten, setzte sich *Maharana* Swarop Singh jedoch für die Rettung der britischen Familien ein, viele fanden damals auf der Jag-Niwas-Insel provisorisch Unterkunft und Schutz.

Wie viel freien Raum Rajasthan doch hat, auch dort, wo die Wüste fern ist! Hügelland, Ziegenland, Steinland. Im Netz der schmalen Straßen zeigt sich da und dort ein Dorf, nicht nur ärmlich, auch mit stattlichen Neubauten. Die *National Highways* sind rar und die wenigen breiten Straßenbänder verlaufen zwischen der stolzen Mewar-Residenz Udaipur und dem Nachbarstaat Gujarat in Nord-Süd-Richtung. So ist auch für *Wildlife Sanctuaries* reichlich Platz. Hervorragende Architektur sucht man eher woanders – und hat dann plötzlich das gerettete »Karni Fort Bambora« im Blick, staunt über den hohen Bau Typ Märchenburg. Bis gegen Ende des 20. Jahrhunderts war das Karni Fort Bambora noch Ruine.

KARNI FORT BAMBORA
Die gerettete Burg

»Den lieb ich, der Unmögliches begehrt!« Das ist eine Zeile aus Goethes »Faust«. Thakur Sunder Singh, rechte Hand des *Maharaja* von Jodhpur, hat in Bambora geleistet, was vielen abwegig, manchen unmöglich erschien. Schwarz-weiß-Fotos zeigen noch den desaströsen Zustand der verfallenen Burg auf dem hohen Hügel über dem Dorf Bambora. Sunder Singh, ein Gentleman von allemal ruhiger Contenance, war vom Anblick der Trümmer über Jahre hin gerührt: Von einem Familienerbe, das die faszinierende, wenn auch kostspielige Aufgabe stellte, die Rettung zu versuchen.

Gemeinsam mit seiner Frau, Thakurani Chanda Kanwar of Sodawas, entschloss sich Sunder Singh in den 1990er Jahren, seinem Jodhpur-Hotel »Karni Bhawan«, einem Heritage-Bau der 1920er Jahre, das opulente Karni Fort Bambora an die Seite zu stellen. Ein zweites Risiko – wer konnte voraussehen, ob hinreichend Gäste in das raue Bauernland rund 45 Kilometer von Udaipur reisen würden, statt lieber länger dort in Rajasthans schönster Stadt der Seen zu bleiben?

FREUDE ÜBER DAS GELINGEN

Wenn wir heute unterwegs nach Bambora sind, steigt die Freude über das Gelingen des Rettungswerks immer neu auf. Bei der Ankunft in der Mittagshitze kühlt und erfrischt der Aufenthalt in der offenen, immer luftigen Halle im ersten Obergeschoss, der Rundblick über die weite, unverbaute Landschaft um das Dorf ist herrlich. Abends hüllt die Sonne das Fort in einen warmen goldgelben Ton, hoch auf dem Dach werden die Tische gedeckt. Mond und Sterne glänzen hier heller als über der elektrischen Beleuchtung nächtlicher Städte. In warmer Nacht noch ein Bad im Freien? Das marmorgefasste, quadratische Schwimmbecken weiter unten am lang gestreckten grünen Hang ist ein Schmuckstück mit seiner Pavilloninsel und den Marmorelefanten an den vier Ecken.

Originelles, auch Buntes gibt den teils jahrhundertealten, teils erneuerten Burgmauern frisches Leben. Thakurani Chanda Kanwar lässt an Stuhl- und Sofabezügen Jaquard-Seide, auf Sitzkissen Satin glänzen, Rot mit goldenen Mustern. Bunte Fenstergläser, wie sie oft in indischen Palästen und auch Privathäusern zu finden sind, dazu mattgoldfarbene Bettgestelle und viele, viele Spiegelchen am übrigen Mobiliar steigern die Wirkung der großzügig bemessenen Räume. In den zehn extragroßen Suiten locken auch kreisrunde Betten, indo-sarazenische Bögen trennen Sitz- und Schlafabteil.

RUNDUM VIEL ZU ENTDECKEN!

Kurz vor der Jahrtausendwende konnte das Hotel Karni Fort Bambora öffnen. Städtische Umtriebigkeit findet fern hinter den Dörfern und Hügeln statt. Die Gäste erleben Stille, ungewohnte, ungestörte Ruhe. Und brechen, wenn sie Zeit genug mitgebracht haben, zu Pferd oder im Geländewagen auf, erkunden die Seen und die *Wildlife Sanctuaries*. Zwei sind in naher Nachbarschaft, das »Jai Samand Sanctuary« (mit Unterkunft auf einer Insel) und das noch größere »Sitamata Sanctuary«. Die Unterkunft im Sitamata Sanctuary im Fort Dharyawad ist herrschaftlich und historisch, eine Gründung viel bewunderten *Maharajas* Pratap im 16. Jahrhundert. Fünf weitere *Sanctuaries*, weiter östlich gelegen, erwarten Gäste, die noch mehr Zeit aufwenden mögen. Die Flüsse der Region, wie der Gomti- und der Mahifluss, wurden aufgestaut und brachten die Landwirtschaft voran. In den Wäldern lebt Rotwild, Rudel von Wildschweinen sind unterwegs, auch Panther und Leoparden.

Als wir vor Jahren Thakur Sunder Singh und die Thakurani fragten, was ihnen Karni Fort Bambora bedeutet, kam die Antwort bündig und familienbewusst: »Dieser Bau ist durchdrungen von Geschichte und verkörpert unsere Familie. Das ist unsere lebende Geschichte.« (**M**) (*Katalognummer 69*)

Vorherige Doppelseite: (*Bild links*) Liebe zum Detail: frische Blumen jeden Tag. (*Bild rechts*) Leseecke à la Maharani. **1** Suite aus 1001 Nacht. **2** Pool mit Pavillon. **3** Sesam öffne Dich – Durchblick aufs Fort. **4** Wandschmuck: Blüten aus Spiegelglas. **5** Bambora-Angestellter als stolzer Vater. **6** Wasserspeier mal anders.

Bambora

Eher klein im Vergleich, aber als Kunstwerk mit großartiger Architektur noch kostbarer ist der Tempel der Ambika Mata (Göttin Durga) in Jagat, gut 20 Kilometer westlich von Karni Fort Bambora. Schon im 10. Jahrhundert erbaut, kam dem Jagattempel seine Abgeschiedenheit am Rande des Orts zugute. So blieb der robuste Bau vor Räuberhänden und religiösen Ultraorthodoxen bewahrt: ein Meisterstück der Bildniskunst, mit grazilen *Apsaras* (halb menschliche, halb göttliche Frauen) und erotischen Figuren.

Dungarpur

UDAI BILAS PALACE
Burg am Berg, Schloss am See

Merkwürdig ist es, dass »Juna Mahal«, eine der ältesten Burgen Rajasthans, samt kostbaren Wandbildern noch immer etwas wie der viel zitierte Geheimtipp geblieben ist, nur gut 100 Kilometer auf schneller Straße von Udaipur entfernt. Verständlicher wird das, soweit die Reisenden mit einem deutschen Reiseführer unterwegs sind, denn in manchen finden sie nicht einmal den Ort genannt. Oder wenn doch, dann ist das hoch über See und städtischer Siedlung aufragende Juna Mahal vielleicht nicht erwähnt. Dem viel kleineren, auf den ersten Blick verwirrend rätselhaften Architekturgebilde *(Foto links)* begegnet man jedoch nicht am Berghang, sondern im Innenhof des wunderschön direkt am See erbauten »Udai Bilas Palace«.

Wir versuchen die Funktion des luftigen Unikats im Palasthof zu erraten, aber es ist weder Tempel noch Badehaus. »That's a pleasure pavilion!«, erklären unsere Gastgeber-Freunde, *Maharawal* Kumar Harshvardhan Singh und seine Gattin Priya. Harshvardhan erzählt von seinem Großvater, der es schätzte, dort mit Freunden und Freundinnen ungestört zu plaudern oder auch ganz solo zu meditieren. Ursprünglich stand der »Palast mit einer Säule« (*»Ek Thambia Mahal«*, ein Hinweis auf die Wendeltreppe zu den Zimmern) im Gartengrün an der Rückseite des Palasts, den *Maharawal* Udai Singh II. (1845–1898) in der zweiten Hälfte des 19. Jahrhunderts hatte erbauen lassen. Unter britischer Herrschaft brauchte man nicht mehr hinter wuchtigen Torbauten in der Burg droben am Berg zu wohnen. Um 1940 erweiterte dann *Maharawal* Laxman Singh den Palast, fügte drei Flügel an und setzte damit den Ek Thambia Mahal ins Zentrum des Palasthofs, beließ aber den Ausblick vom obersten Pavillon.

GENUSSAMBIENTE AM SEE

Seit 1995 ist der Udai Bilas Palace einer der Heritage-Hotelpaläste, in denen Gäste willkommen sind, die fürstlichen Eigner aber auch ihre Wohnung haben. Die Nähe von Gästen und Gastgebern gibt dem Aufenthalt im Udai Bilas eine sehr sympathische Atmosphäre. Dies auch dank des Genussambientes am See, zum Beispiel mit einem attraktiven Schwimmbecken, das scheinbar in den See übergeht. Die Ruheplätze im Park, die herrlichen Bäume im angrenzenden Privatwald, die Bootsfahrten steigern noch das Wohlgefühl. Übrigens haben wir Namen und Qualitäten der Bäume nirgends so verständlich erklärt gefunden wie an den Tafeln hier.

Die Gastgeber selber sprechen von dem »Old World Charme des fürstlichen Indiens«, von der Ruhe und Erholung in der Landschaft, von einem Paradies der Gastlichkeit ohne Hast und Eile, von Exkursionen, um das Leben der Bhil-Dörfer kennenzulernen und die Vielfalt der Vögel. Was alles zu bestätigen ist. Nur den letzten Hinweis haben wir nicht geprüft: Ein sehr guter, romantischer Ort für einen *Honeymoon* sei es zudem ...

NOCH DROHT TOTALVERFALL

Seit dem 12. Jahrhundert hat die Familie der Guhilot-Ahara-Dynastie, ein Zweig der Mewar-Dynastie, in dieser Region um Dungarpur die Herrschaft innegehabt. Umkämpft war die Herrschaft immer wieder, 1282 übernahm sie *Rawal* Veer Singh Dev vom Anführer der hier lebenden Bhils. Dank des umfangreichen Archivs der fürstlichen Familie ist sogar noch das genaue Datum der Grundsteinlegung für Burg und Stadt bekannt, der 14. Oktober 1283. Anfangs war es eine bescheidene zweistöckige Burg, knapp unterhalb vom Hügelkamm. Jetzt sieht man die Schmalfront des Burggemäuers hinter einer Feldsteinmauer aufragen, sieben Stockwerke hoch. Weder auf große Schätze noch auf Restaurierungsarbeit scheint das weiß-bräunliche Mauerwerk zu deuten.

Ist man in den Hof eingetreten, und beginnt dann die schmalen, steilen Treppen zu ersteigen, beginnt auch der Augenschmaus. Zugleich aber auch schon das Wechselbad zwischen der Bewunderung des Erhaltenen hier, des Beklagens dort, über so viel Beschädigtes und Verlorenes. Schon vor Jahrzehnten wurden die Säle, Kabinette und Kemenaten leer geräumt. Doch in den leeren Sälen überdauern kleine und sehr große Wandgemälde, man tritt in Spiegelgemächer ein, staunt über einen Raum, welcher an den Wänden, an der Decke, am Fußboden von Glas und Spiegelglas glänzt und schimmert. Müsste der Staat nicht helfen, diese Zeugen der Dungarpur-Vergangenheit vor dem Totalverfall zu retten? In manchem Saal sehen wir Vögel ungehindert ein- und ausfliegen. Doch seit unserem letzten Besuch zeigen sich erste konservatorische Ansätze, auch hat Harshvardhan Singh dafür gesorgt, dass Schrifttafeln die Funktionen der einzelnen Bereiche erklären. Bis auf das Dach kann man die Burg ersteigen, von dort zur Stadt und zum See hinüberblicken. (M) (*Katalognummer 80*)

Vorherige Doppelseite: (*Bild links*) Fantastische Architektur: Der »Palast mit einer Säule«, aus dem 19. Jahrhundert. (*Bild rechts*) Wandmalerei in der siebenstöckigen alten Burg. Den badenden Milchmädchen hat Krishna die Kleider weggenommen, jetzt hängen sie im Baum, nachher werden sie alle tanzen. **1** Detailverliebtes Stillleben. **2** Auf Brokatmustern ruhen, darüber lauter Spiegelglas. **3** Mit Booten fährt man zum Familientempel. **4** Die Glaskunst im Udai-Bilas-Palast – märchenhaft! **5** Rajputenfürst mit seinen Getreuen. **6** Der Charme der Art-déco-Kunst.

Dungarpur

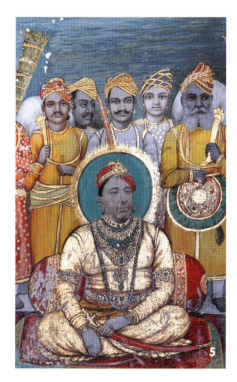

Fragt man den Führer, öffnet er zwei niedere Türen, leicht gebückt schaut man auf Bilderwände und sieht, was im Kamasutra schon im 4. Jahrhundert beschrieben wurde: Mann und Frau in zärtlichen Umarmungen und in akrobatischen Übungen der Lust. Indiens Schleier über der Sexualität ist im neuen Jahrtausend in den Megastädten dünner geworden. Eine gewisse Scheu bleibt, nur eine schmale »verwestlichte« Minderheit plädiert dafür, die Schleier alle fallen zu lassen.

Delwara

DEVIGARH
Design oder ein Spiel mit Kontrasten

Der Regensturm peitscht die Auffahrt hinauf, prasselt zwischen den Mauern und reißt dem Pagen fast den Schirm aus der Hand, mit dem er uns zu schützen versucht. Rajasthan ist zu dieser Jahreszeit sonst wüstenhaft trocken. Noch verblüfft über dieses Wetterabenteuer nehmen wir auch wahr, dass wir erstmals in einem Heritage-Hotel, das früher eine Festung war, mit einem Fahrstuhl befördert werden. Aber ein Fahrstuhl verändert ein historisches Bauwerk nicht so, wie es ein kreativer Designer notfalls mit einem Minimum Material zu tun vermag. Genau das sollten wir in »Devigarh« erleben. Zum Beispiel an der scheinbar provisorischen Wandgestaltung *(Bild links)*, mit ihren wie zufällig arrangierten Frucht- und Blütengehängen!

So mächtig ist dieser Bau, dass man schon deutlich Abstand nehmen muss, um seine Größe richtig wahrzunehmen. Steigen wir also die lange Rampe hinunter und drunten im Dorf Delwara auf der anderen Hangseite wieder hinauf. Was wir dann vor uns sehen, ist ein mindestens fünfstöckiger, annähernd rechteckiger, durch die Baumasse klotziger Block, immer noch weitaus höher aufragend als unser Standort. Seine Außenansicht wirkt entschieden abweisend, trotz der offenen, teils umlaufenden überdachten Veranden an den oberen Stockwerken. Selbst die mächtige Burganlage von Kumbalgarh, von Devigarh rund 80 Kilometer nördlich, hat keine einzelne Burg von diesen Ausmaßen.

DAS SCHLACHTFELD HALDIGHATI IST NICHT WEIT

Die Baugeschichte war lang. Mühsam verteidigten die Herrscher der Mewar-Dynastie im 16. Jahrhundert ihre Selbstständigkeit gegen die Angriffe der Mogulstreitmacht. Der Mogulkaiser Akbar war ein überstarker Gegner, der *Mewar-Maharana* Pratap Singh hatte ihm zu wenig entgegenzusetzen. Zu einem Schlüsselereignis wurde die *Schlacht von Haldighati* im Jahr 1576 (etwa 20 Kilometer nördlich von Devigarh, westlich der Straße Udaipur-Ajmer, Gedenkstätte mit Museum).

Die Mithilfe eines Nachbarherrschers, Sajja Singh von Gujarat, bewahrte Pratap Singh vor dem Schlimmsten, dafür belohnte ihn dieser mit Devigarh. Vermutlich gab es dort bereits eine kleinere Burg. Die große Burg Devigarh entstand wohl erst seit 1760, unter anderen Besitzern. Doch um 1960 wollte oder konnte niemand mehr den Devigarh Fort Palace halten. Der Staat übernahm die monströs große, baufällige Immobilie, mit der Folge, dass sie weiter verfiel. Zum Glück kam sie schließlich in den Besitz der Familie Poddar aus der Shekawati-Region.

Die Poddars, überaus reiche Kaufleute und Unternehmer, auch immer wieder zu Stiftungen bereit, setzten große Summen ein, gaben einem jungen Designer eine Chance und erreichten einen immensen Erfolg. Allerorten wird die minimalistische Innenarchitektur mit modernem Mobiliar, dem sparsam eingesetzten Schmuck von Edel- und Halbedelsteinen und der Luxus der Suiten bewundert.

Die Neuausstattung in den alten Mauern war nämlich nicht darauf ausgelegt, den Heritage-Palast wieder in seiner historischen Gestalt herzustellen. Den Kontrast zwischen altem Mauerwerk und modernen Elementen auszuspielen war das Ziel; einen Kontrast, der das eine wie das andere in neuem Licht erscheinen lässt. Die Möglichkeiten zu solchen Gegenüberstellungen sind zahllos, leicht streift man den Kitsch, leicht fällt durch, was zu oberflächlich ausgewählt ist. Dagegen werden die Ringelblumengirlanden mit den eingeflochtenen Mangoblättern über dem blütenblätterbestreuten Bett immer wieder in Magazinen und Büchern abgedruckt.

SZENENWECHSEL PER DESIGN

Ihre Leichtigkeit scheint vielleicht in einer alten Burg manchem fehl am Platze, andere spüren aber, wie die Blätterleichtigkeit mitsamt den hellen Wand- und Bodenfarben aus dem kriegerischen Gemäuer einen Raum schafft, in dem man sich gerne aufhält. Mit Ausnahme vielleicht von gestrengen Denkmalschützern, weil hier ein Heritage-Bauwerk umgewidmet worden ist – nur die äußeren Mauern wurden restauriert, im Hotelbereich wurde ein Szenenwechsel praktiziert: Neu stiehlt Alt die Show. (M) (Katalognummer 77)

Vorherige Doppelseite: (*Bild links*) Realer und illusionistischer Blütenschmuck. (*Bild rechts*) Geschenk des Monsun – üppiges Grün rund um Devigarh. **1** Nicht alltäglich: Tisch aus Lapislazuli. **2** Entspannen bei einer Behandlung im Ayurveda-Spa. **3** Doppelt schön: Devigarh wenige Minuten nach Sonnenaufgang. **4** Traumhafte Lage: das »Fort der Göttin« (Devigarh) thront über einer der schönsten Landschaften Rajasthans. **5** Sanskrit-Verse – heilig und dekorativ zugleich. **6** Alt und neu: Ganesha-Fresko und modernes Mobiliar ergänzen sich im Speisesaal.

Delwara

Die großartige Waldlandschaft der Aravallihöhen darf nicht vergessen werden! Auf drei Seiten ist sie von Devigarh und dem Dorf Delwara zu sehen. Auch dieses satte Baumgrün bis zum Horizont, das zum Wandern lockt, passt in das Kontrastkonzept der Luxusherberge: Vor der Fülle der Natur draußen erscheinen die zumeist kleinformatigern Designobjekte, die rätselhaften Schriftzeichen, die Keramikvasen in den großen Suiten mit wenig Mobiliar umso kostbarer.

Deogarh

DEOGARH MAHAL
Familienburg und doch ein Luxusquartier

Wenn William Dalrymple, der Autor sehr interessanter Bücher über Indien, ein Heritage-Hotel so enthusiastisch in einer Audiotour schildert, verlockt das umso mehr zu einem Aufenthalt. »Deogarh Mahal«, der Palast, liegt für Rajasthan-Reisende aus allen Himmelsrichtungen fast gleich günstig. In Luftlinie wenig mehr als 100 Kilometer sowohl von Jodhpur im Osten wie von Udaipur im Süden, von Chittorgarh im Südosten und von Ajmer im Norden entfernt, waren die Möglichkeiten der Kommunikation seit je überdurchschnittlich. Heute kommt das dem Tourismus zugute – Stadt und Palast liegen etwa zehn Kilometer östlich der NH 8, also leicht erreichbar, aber ungestört vom Fernverkehr. Es lohnt, statt nur zu einer kurzen Pause für mehrere Tage im Deogarh Mahal einzukehren.

Bald 400 Jahre alt ist der Deogarh-Palast. So prächtig der gelbe Sandstein der Palastfassade unter der indischen Sonne glänzt, in seiner Geschichte hat es Höhen wie Tiefen gegeben. Die eingangs beschriebene zentrale Lage trug dazu bei, das Herrschaftsgebiet enorm zu vergrößern. Mit über 210 Dörfern beherrschten die *Rawats* von Deogarh, heißt es, zeitweise die viertgrößte Landfläche Rajasthans.

Nach dem Abzug der britischen Truppen und der Gründung des unabhängigen Indiens die Territorialherrschaft zu verlieren, bedeutete eine umso tiefere Krise. Tatsächlich gab die Familie für Jahrzehnte den Palast auf, weil er einfach zu groß war. Rawat Nahar Singh II. (der Titel *Rawat* bedeutet so viel wie Herrscher oder König), seit Langem Oberhaupt der Familie und heute weit in den Siebzigern, wurde Lehrer am renommierten »Mayo College« in Ajmer. Er ist zudem ein hoch angesehener Historiker.

EINE HERKULESARBEIT

Von der Mitte der 1960er bis in die 1990er Jahre war der Palast einem langsamen Verfall überlassen. Die Familie hielt aber zusammen, und sie hielt die Augen offen. Als der Indien-Tourismus schneller zu wachsen begann, sorgten der Vater und die heranwachsenden Söhne samt ihren Verwandten dafür, dass die geschwärzten Fassaden wieder Glanz zeigten.

Um mehrere Höfe erbaut, hat das Deogarh Mahal reichen architektonischen Dekor, mit Balustraden und Pavillons, mit Terrassen, Erkern, *Jharokhas* und Kuppeln. Im weitläufigen, teils auch labyrinthisch anmutenden Inneren sind im Lauf der Jahre 60 Gästezimmer und Suiten entstanden, jede mit ihrem eigenen Schmuck, meist in kräftigen Farben, eine Herkulesarbeit. Allein an einem Tor, erzählt man uns beiläufig, hat man zwölf Jahre gearbeitet. Die Einfahrtstore zum Palast sind schmal, das hat seine Ursache in den kriegerischen Zeiten, als der Gegner an einem schmalen Eingang eher abgewehrt werden konnte als an einem breiten. Statt in großen Reisebussen kommen Gruppen in Geländewagen oder Kleinbussen an.

Zahlreich übernachten Gruppen im Deogarh Mahal, viele reisen in aller Morgenfrühe weiter. Sie wissen gar nicht, was ihnen entgeht an Erlebnissen im Basar und draußen in der Landschaft. Zum Beispiel fährt ein auch schon historischer Aussichtszug drei Stunden lang durch das hügelige Land (*Rural Railway*). Oder man macht sich zu Fuß auf den Weg, erkundet die Hügelflanke oberhalb der prächtigen Schlossanlage, trifft auf wohl noch ältere Baureste, romantisch verfallendes Gemäuer. Da ist noch viel Platz, weiter in die Höhe zu bauen.

Die Möbel im eigenen Zimmer sind so historisch-solide gefertigt, dass man einen Stuhl kaum anheben kann. Der Kachelboden ist schön ornamental, die cremeweiße Decke wird von geschnitztem, dunklem Balkenwerk getragen. Die Größe ist erstaunlich, es gibt ein Haupt- und ein Nebenzimmer, dazu den Terrassenvorraum, und das Bad ist so groß wie eine kleine Schwimmhalle.

TREFF UNTERM STERNENHIMMEL

Was das einstige Fort, der heutige Palast durchgemacht hat, was den Gästen gefällt oder auch nicht – bei einem nachmittäglichen oder frühabendlichen Treff mit der Familie des Hauses wird alles lebhaft und höflich besprochen, bei Tee oder Whisky, ein angenehmer Brauch. Nachher treffen sich die Gäste zum Dinner wieder, meist unter dem Sternenhimmel. Folkloremusik ist angesagt, es wird getanzt. Das nächste Mal bleibt man länger! **(M)** (*Katalognummer 78*)

Vorherige Doppelseite: (*Bild links*) Was hilft gegen indische Hitze? Kühlende Buttermilch, ein Ventilator und dicke Mauern! (*Bild rechts*) Zugiger Zimmername: »Hava Mahal – Palast der Winde« **1** Bhopal Singh, zwischen 1930 und 1955 *Maharana* von Udaipur. **2** Auch in Deogarh meisterhaft praktiziert: die indische Gewürzkunst. **3** Palastlandschaft aus Kuppeln, Balkonen und Arkaden. **4** Kehrwoche in Kuppelnähe. **5** *Sheesha*, arabische Wasserpfeife. **6** Farbspiele in der *Maharaja*-Suite.

Deogarh

Wer ein kleineres, ruhigeres Hotel vorzieht und für Luxus auch Luxuspreise zahlen kann, findet bei Colonel Randhir Singhji of Deogarh in der Nachbarschaft das Gewünschte: Das einstige kleine Fort am stillen Seeng Sagar hat nur vier Zimmer. Die erlesene Einrichtung, das Baumgrün um die Terrasse und der See mit pittoresken Uferfelsen schaffen ein exklusives Ambiente. Vom Deogarh Mahal nur fünf Kilometer entfernt, kann der Gast aber auch dort alle Angebote wahrnehmen.

Shahpura

SHAHPURA BAGH
Rajasthan wie vor Jahrzehnten

Das Bild hatte uns fasziniert. Ist dies auch Indien, wirklich Rajasthan? Ein Wald großer alter Bäume im Vollbesitz reichen Laubs, das eine weiße Villa umschattet, im Hintergrund ein See – es passte so wenig zu unseren doch eher steinigen, sandigen Rajasthan-Erfahrungen zwischen Bikaner, Pokaran und Jodhpur. Nun, es war eine unserer ersten Reisen und unsere Indiensuche noch am Anfang. Die gute Nachricht: Shahpura und sein ländliches Leben haben sich inzwischen kaum geändert, aber es gibt seit Neuerem eine gastliche Adresse für Liebhaber ländlichen Lebens und guten Essens sowie für Freunde anregender, heiterer Gespräche. Lauter Vorlieben, die auch der Familie im »Shahpura Bagh« (*Shahpura-Garten*) und ihren Angehörigen eigen sind.

Vorherige Doppelseite: (*Bild links*) Selten im Wüstenstaat Rajasthan: Baumschatten am Pool. (*Bild rechts*) Shahpura ist von Seen umgeben. **1** Selbst das größte Bett wirkt klein in diesen Räumen! **2** Britisches Erbe: Stilvoll wird der Tee serviert. **3** Waldwunder – Shahpuras alter Baumbestand schafft ein Mikroklima. **4** Romantisches Badevergnügen. **5** Tafeln unter den Blicken der Ahnen.

Ihre Gäste haben die Wahl zwischen zwei Heritage-Häusern: dem »Nahar Niwas«, erbaut 1880, und dem »Umaid Niwas«, einem Bau des 18. Jahrhunderts. Helle Wände, große Fenster, etliche mit den typischen Bogenformen der Mogul-Ära, augenscheinlich alles frisch renoviert, schaffen einen großzügigen, gepflegten Wohnstil. Für die Wände haben die Besitzer in ihrem Familienbesitz alte Gemälde und Fotos gefunden, den Heritage-Charakter verstärkend.

Im Nahar Niwas wohnt man mit der Familie unter einem Dach, das Umaid Niwas steht mit sechs Suiten und vier Deluxe Rooms ganz den Gästen zur Verfügung. Ähnlich wird es mit den Mahlzeiten gehalten, man speist gemeinsam mit der Gastfamilie oder allein respektive mit anderen Gästen. Schon das Frühstück erntet Extralob: Je nach Jahreszeit kommen frische Papaya mit Weizengebäck, knuspriges Hirsebrot und hausgemachte Butter auf den Tisch, dazu noch Omeletts nach Wunsch. Im Übrigen speist man gern Vegetarisches, lässt sich aber auch Gebratenes und andere Fleischmahlzeiten schmecken.

AUCH EIN STÜCK WILDNIS: ÜBERWACHSEN UND ÜBERWUCHERN

Das Hausgemachte kann auch darum in Shahpura Bagh kulinarisch so oft voranstehen, weil vieles auf eigenem Grund und Boden gedeiht. Der umfasst mehr als einen üblichen Garten. Das Gelände Shahpura Bagh, erfahren wir, umfasst etwa 18 Hektar. Farmarbeit wird geleistet, aber Platz für große Bäume bleibt genug. Dem vielfältig nutzbaren Neembaum begegnet man, auch Pipal-, Mango- und Ashoka-Bäumen. Hinter dem gärtnerisch betreuten Rasen und Rabatten hat auch ein Stück Wildnis ihr Lebensrecht. Von der charmanten Qualität des Überwachsens und Überwucherns spricht der Hausherr mit einem Lächeln.

Zu dritt sorgen sie für ihre Gäste: Sat Singh Rathore, von Beruf Fotograf, seine Frau Maya und sein Bruder Jai. Das Heritage-*Guest-House* ist noch die Ausnahme. Es wird auch die Ausnahme bleiben – in einem Land, in dem bald jede größere Stadt *Guest-House*-Listen an die Touristen verteilt. Im Touristenvokabular heißt das Konzept der persönlichen Zuwendung (*personalized hospitality*): Die Gastgeber nehmen sich alle Zeit für ihre Gäste. Von Vorteil kann es für die Gäste sein, wenn die Gastgeber wie in Shahpura Bagh gesellschaftlich geübt und kommunikativ sind. Beiläufig erfährt man, dass sie der Familie des *Maharajas* zugehören und vor der Unabhängigkeit bei offiziellen Besuchen das Anrecht auf den Salut mit neun Kanonenschüssen hatten.

WAS ERLEBEN DIE GÄSTE MIT IHREN GASTGEBERN?

Leicht aufzuzählen: morgendliche Vogelbeobachtungen, eine Exkursion zum monumentalen, teils ruinösen Dhikhola-Fort im Besitz der Familie, Besuche im Dorf bei einem Historien- und Mythenmaler, Besuche in der Stadt Shahpura, mit Kunsthandwerkangeboten, Begegnungen mit den Bhils und ihrem Wunsch erfüllenden Heiligtum. Und immer wieder Bootsfahrten auf den Seen, zwei sind nah dem Hause! Mit denen hat es eine eigene, wieder eng mit der Shahpura-Familie verknüpfte, Bewandtnis. Vor bald hundert Jahren nämlich gelang es durch die Bedrohung einer katastrophalen Trockenheit dem damaligen Familienoberhaupt, Rajadhiraj Nahar Singh, drei künstliche Seen anzulegen. Später kamen noch etwa 250 kleine Seen dazu, unter geschickter Nutzung entstand ein *Wetland*, ein dauerhaftes Feuchtgebiet. Von zweien der drei größeren Seen ist Shahpura Bagh fast umschlossen.

Landschaft ist hier noch Landschaft. Die Attraktionen, die von den Touristen angesteuert werden, sind nicht sehr weit, liegen aber nicht am Wege, Chittorgarh und Bundi sind je etwa hundert Kilometer entfernt. Abseits aller Hektik lädt Shahpura Bagh in ein zeitloses Rajasthan ein, und wer es sucht, kann und wird es hier tatsächlich noch finden. (**M**) (*Katalognummer 108*)

Shahpura

Schulen auf dem Lande, das ist in vielen indischen Regionen noch immer ein Notstand. Ein sehr aktiver Menschenfreund, der sich damit nicht abfand, war schon Rajadhiraj Nahar Singh (1870–1930), derselbe, der den Dörflern zu Wasser verhalf. Er stiftete die erste moderne *Primary High School* (1873), die *All Girls School* (1875) und die erste *English Middle School* (1894), die 1930 zur *High School* erweitert wurde. Sein Enkel tat es ihm nach.

Dholpur

Für den Osten Rajasthans nehmen sich die Indienreisenden noch weniger Zeit als für die Region südlich von Udaipur. Es gibt genug zu entdecken: Forts, Paläste, Tempel und *Wildlife Sanctuaries*. Sie sind alle unterwegs mit Abstechern von den Hauptrouten zwischen den Sechs-Sterne-Städten Agra, Gwalior und Jaipur aufzufinden. Eine besondere Rarität, ein einzigartiges Beispiel indischer Begeisterung für europäische und speziell holländische Keramik ist der »Raj Niwas Palace Hotel« in Dholpur. Nicht jeder Saal, doch mehrere große Säle, dazu auch Zimmer und die palastgemäß sehr geräumigen Badezimmer sind gekachelt, teils von acht Meter hohen Decken bis hinunter zum Boden, und auch der Fußboden selbst.

RAJ NIWAS PALACE HOTEL
Palast der tausend Kacheln

Der Glanz der Kacheln ist ausdauernd, haltbar – die Qualität der Kacheln ist hervorragend, das Design von Saal zu Saal verschieden. Vor einigen Jahren wurde der Palast vom pompösen Portal bis zum Dach sorgfältig renoviert, dabei war an den Kacheln keine Ausbesserung vonnöten. Die Haltbarkeit der Kacheln ist eine glückliche Eigenschaft. Andernfalls wäre es kaum möglich oder sehr teuer geworden, den originalen Farbschimmer der Kacheln authentisch wiederzugeben.

ÜBERRASCHEND:
EINE EUROPÄISCHE WALDSTIMMUNG

Die Kachelwände sind keineswegs monoton, sie überraschen immer wieder: Im Speisesaal sind die Wände so moosgrün, dass sie gleich eine europäische Waldstimmung zaubern. Im Obergeschoss findet man sich dagegen in einem indienweit vielleicht einzigartigen niederländisch geprägten Ambiente. Der Kachelmaler, dem diese überraschenden, zugleich fast vertrauten Friese und Einzelgemälde zu danken sind, verfuhr mit seinen Bildmotiven anders als seine Kollegen in den »gemalten Städten« der Shekawati-Region, wo die Künstler beim Malen von Automobilen oder Flugzeugen ihrer Fantasie freien Lauf ließen. In Dholpur sehen die Windmühlen, Kirchtürme und drallen Bäuerinnen sämtlich sehr lebensecht aus.

Die Verbindungen der fürstlichen Familie mit Europa reichen weit in die britische Kolonialära zurück. Im 19. Jahrhundert haben die Briten wohl eine Art von Protektorat über Dholpur ausgeübt. Wenn es zuträfe, dass der Raj Niwas Palace Hotel anlässlich des bevorstehenden Indienbesuches von Seiner Majestät Albert Edward 1876 erbaut wurde, wäre es ein Indiz mehr für ein beiderseits einverständiges Arrangement, wie es auch in manchen anderen

Dholpur

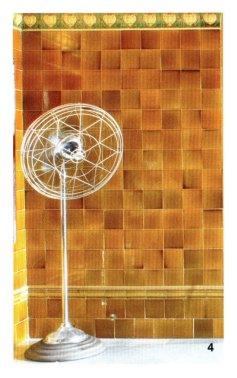

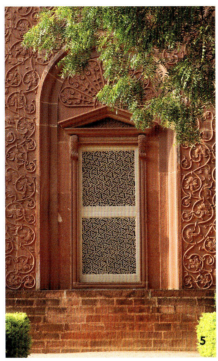

Hauptdaten der Geschichte: Um 1004 gründeten Vorfahren der Dynastie der Bamraolia die Stadt, um 1505 den Fürstenstaat Gohad. Es gab Kriege mit den Mogulherrschern und den Nachbarstaaten Gwalior und Bharatpur. In 1779 wurde Dholpur Protektorat der *British East India Company*. 1949 tritt Dholpur dem jungen indischen Staat bei, 1956 endet der Fürstenstaat.
Achtung: Wenn Sie Dholpur auf Landkarten nicht finden, suchen Sie unter »Dhaulpur«!

Rajputen-Residenzen Rajasthans praktiziert wurde. Doch die innenarchitektonische Hinterlassenschaft eines königlichen Kachelliebhabers trifft man eben nur in Dholpur – heute Hauptort des Distrikts gleichen Namens.

Auch die historische Ausstattung blieb zu einem guten Teil in den acht Suiten erhalten, und ihren Gästen schlagen die fürstlichen Eigner nachdrücklich vor, in die »Welt von Gestern« einzutreten, ohne darum den Kontakt mit der Gegenwart abzubrechen: »... in diesen wahren Schatzfund von exquisiten historischen Möbeln und Raritäten, von Zeugen der Vorzeit und Trophäen – Schätze von Gestern, die doch ein Teil unseres Lebens von heute sind.« Nicht alle Besucher mögen derart hingerissen von der Feier einer anderen Zeit sein, in der »Zeit war für Überfluss und Größe, für Stil und Substanz, für extravagantes Schwelgen – wie es gewöhnliche Sterbliche nicht einmal erträumen«. Kein Problem: Für die nüchternen Verstandesmenschen hat die königliche Familie gleich nebenan im Park einen Kreis komfortabler, frei stehender Bungalows eingerichtet. Der gegenwärtige *Maharaja* Dusyant Singh ist Hausherr im Palast, die Bungalows gehören seiner Mutter, die auch bereits Ministerpräsidentin von Rajasthan war.

ZEIT MITBRINGEN

Einen Hauch von Abenteuer verheißen die sandigen Schluchten und Hügel außerhalb der Bezirkshauptstadt Dholpur (wo es vorerst noch keine anderen Unterkünfte westlichen Standards gibt). Der Chambal-Fluss südlich der Stadt, Grenzfluss zu Madhya Pradesh, ist die kostbare Lebensader der Landwirtschaft. Zwischen den Feldern blieben aber auch Reste von Forts erhalten, wie die muslimische Fluchtburg »Shergarh« inmitten romantisch wilden Geländes. Sultane, Moguln und Briten kämpften sich hier durch, es war immer die Hauptroute nach Süden. Zeit mitbringen: Der Pilgerort Muchchkund mit großem Tempelsee, *Ghats*, Palast und Tempel ist auch in seiner Verlassenheit ein starkes Indienerlebnis. Noch ist das Mauerwerk eines mächtigen Palasts erhalten, den wohl Kaiser Akbar errichten ließ. Kühe spazieren zwischen alten Mauern. (M)
(Katalognummer 79)

Vorherige Doppelseite: (*Bild links*) Freundlicher Empfang im Speisesaal. (*Bild rechts*) Altgediente Elektrik. **1** Erst der Blick ins Innere offenbart Raj Niwas' Kachelkunst. **2** Überraschung: Holländische Landschaften mitten im heißen Indien. **3** Raffinierte Installation aus alten Tagen: in der Duschwanne kann man sich von bis zu acht Wasserdüsen massieren lassen. **4** »Beat the heat« **5** Filigran gearbeitete Sandsteinfassade. **6** Familientaugliches Sofa im Vorzimmer einer der Suiten.

Bharatpur

So weit entfernt von der Wüste Thar wie Bharatpur liegt keine andere Stadt in Rajasthan. Und auch keine so nah am Taj Mahal in Agra, etwa 60 Kilometer. Noch näher ist Krishnas Geburtsstadt Mathura mit ihren superben Sammlungen früher Hindu-Kunst. Kunst- und Architekturfreunde, die eine ruhige Landschaft dem städtischen Gedränge entschieden vorziehen, können sich im »Laxmi Vilas Palace« wohlfühlen und morgens rasch in Agra sein. Sind es auch Naturfreunde, kommen sie überdies vom Laxmi Vilas Palace auf kurzem Weg zum weltbekannten, von der UNESCO zum Weltnaturerbe erklärten »Keoladeo-Ghana-Nationalpark«. Der prächtige Palastbau liegt nahe der Ausfahrtstraße nach Agra und zugleich günstig zum Vogelpark.

LAXMI VILAS PALACE

Nah dem Weltnaturerbe Keoladeo-Nationalpark

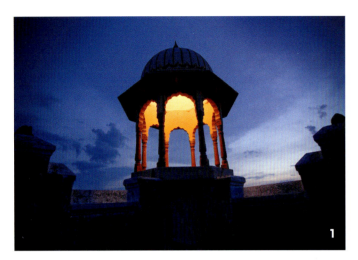

Vorherige Doppelseite: (Bild links) Shiva halb als Mann und halb als Frau (Ardhanarisvara genannt), flankiert von seinem Reittier, Stier Nandi, und dem seiner Frau Parvati, einem Löwen. (Bild rechts) Ein Palast wie aus dem Bilderbuch. **1** Fast undenkbar: die indische Architektur ohne Chattris, kleinen Pavillons mit schlanken Säulen und Kuppeln. **2** Speisesaal in blau und weiß gehalten. **3** Auch indische Gäste schätzen das Heritage-Ambiente. **4** Ein Zimmer für die Götter: Haustempel mit Lichterkette. **5** Farbspiele im Innenhof.

ERSTARKEN DER MAHARAJAS, SCHWINDENDE MOGULMACHT

An einem Morgen früh im März: Weithin erstreckt sich vor dem Palast grüner Rasen, kräftig strahlt die indische Sonne. Kommt man aus der Ferne auf den Schlossbau zu, steigen gleich die Erinnerungen an die französischen Schlösser und deren Repliken in ganz Europa auf, die breiten symmetrischen Prachtfassaden von Schönbrunn, Schleißheim und vielen anderen. Näher kommend sieht man genauer, sieht die Gliederung der Etagen, die beiden Pavillons seitlich auf den Dächern, die breiten Vordächer nach Mogulart. Ja, symmetrisch ist der Bau angelegt, aber stark gegliedert, seine Seitenflügel sind vorgerückt, umrahmen den Haupteingang.

Laxmi, die Göttin des Wohlstands, meint es gut mit dem nun schon über hundert Jahre alten Palast. Die Jat-Maharajas, die damals in Bharatpur herrschten, hatten ihr ursprüngliches Gebiet längst beträchtlich vergrößert. Das geschah zwei Jahrhunderte früher im Zeichen schwindender Mogulmacht. Hindu-Clans sammelten sich im 17. Jahrhundert, nahmen den gemeinsamen Namen Jat an und entzogen sich mehr und mehr der muslimischen Vorherrschaft. Zum Ende des 17., Anfang des 18. Jahrhunderts wurde Bharatpur gegründet und bald zu einer starken Festung mit Türmen und breiten Gräben ausgebaut.

Kann man sich vorstellen, dass die Jats es wagten, von Bharatpur aus Delhi anzugreifen? Tatsächlich trauten sie sich und eroberten wenig später, im Jahr 1761, auch Agra und beherrschten die damals reichste Stadt im weiten Umfeld 13 Jahre lang. Und noch wieder einige Jahrzehnte später mussten die Briten ihre monatelange Belagerung Bharatpurs unter schweren Verlusten in den Jahren 1804/1805 abbrechen. Noch sind die starken Festungsanlagen mit ihren Bastionen, Gräben und Mauern auf vergleichsweise kleinem Raum erhalten und können besichtigt werden, ebenso das Museum im Stadtpalast. Nach dem Ende der britischen Kolonialmacht wurde hier über die Gründung eines, von Rajasthan unabhängigen Bundesstaats verhandelt.

Zurück zum Laxmi Vilas Palace. Als der Laxmi Vilas Palace 1887 für den jungen Bruder des Maharajas gebaut wurde, für Raja Ragunath Singh, war die Zeit der wilden Kämpfe vorüber. Darum konnte der stattliche Palast ein gutes Stück außerhalb der Stadt gebaut werden. In der welligen Weite der Landschaft werden heute Senfpflanzen und Ölsaaten auf den Feldern um das 200.000 Quadratmeter große Areal des Palastes angebaut.

Im wachsenden industriellen Lärm des 20. Jahrhunderts hat der Wert der Stille als Lebensqualität noch deutlich gewonnen. Wie auch das Erbe der Kultur: In den angenehm großen Palasträumen begegnet man historischen Bildern und gepflegtem antiken Mobiliar. Gemaltes Dekor schmückt die Fassaden. Etwa 50 Zimmer stehen den Gästen zur Verfügung, ein großes Restaurant, ein Swimmingpool und Jacuzzi. Jeep-Safaris werden veranstaltet und zur Nacht Candle-Night-Dinners – abwechselnd im Garten, im Innenhof des Vierflügelbaus und auf dem Dach. 1993 war das Eröffnungsjahr des Hotels, in dem die adlige Familie noch ihren eigenen Bereich hatte. Jetzt ist ein zweiter Palast nach dem Muster des ersten entstanden.

WASSERMANGEL IM PARADIES DER VOGELFREUNDE

Schon seit Jahrzehnten kommen Vogelliebhaber aus aller Welt nach Bharatpur, zum Keoladeo-Ghana-Nationalpark, über 100.000 in einem Jahr. Es wurden noch deutlich mehr, als die UNESCO den Nationalpark 1985 in ihre Liste des Weltnaturerbes aufnahm. Bis in die 1960er Jahre war das Feuchtgebiet von den Maharajas der Entenjagd vorbehalten geblieben. Ein Paradies der Vogelfreunde ist es seither geworden, mit über 370 (!) gezählten Arten. Akuter Wassermangel im Park nach mehreren schwachen Monsunregen gefährdete noch 2008 die Existenz des Parks, darum wird unter anderem eine Pipeline geplant, die Wasser aus einem Stausee liefern soll. (**M**) (Katalognummer 71)

Bharatpur

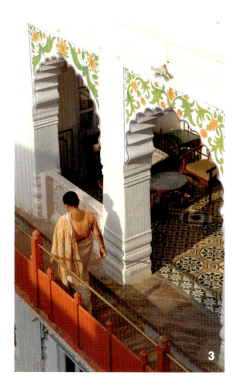

Dig (Deeg) ist eine der vielen Kleinstädte rund um die Erde, die niemand kennte, wäre nicht im Alltäglichen ein kleines Stück wie aus dem Paradies hängen geblieben – in Marmorweiß, Sandsteinrot und Baumgrün: ein Park, dazu die Parkschlösser, Springbrunnen zu Hunderten, Kuriositäten wie das drei Meter lange Silberbett, ein stiller Tempelteich, verhüllte Frauen in bunten Saris, große Wassergefäße balancierend. Und Musik von irgendwoher, nicht zu laut, nicht zu leise. Dig ist nur 32 Kilometer von Bharatpur entfernt.

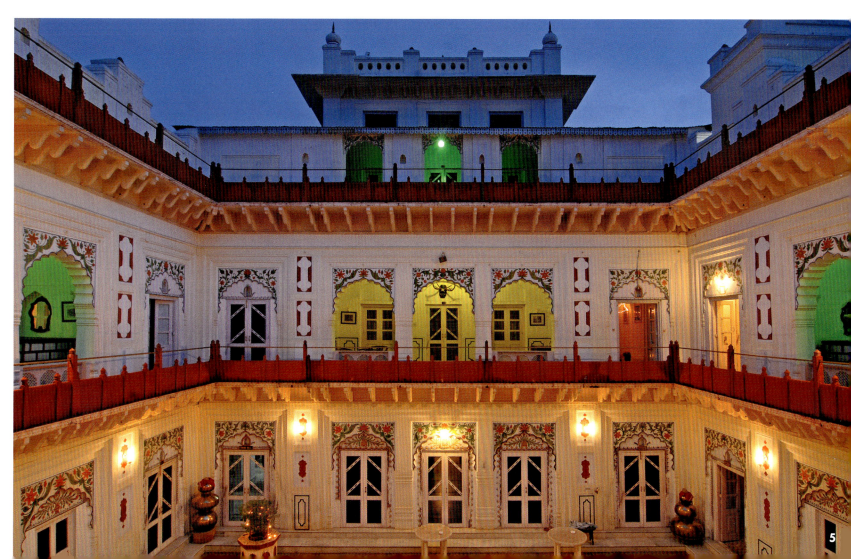

Ahmedabad

THE HOUSE OF MG
Gandhi wohnte nebenan

»MG« ist eine Abkürzung für »Mangaldas Girdhardas«, den Stammvater, der den Wohlstand der Familie begründete. Die Buchstaben sind aber auch, fast jede Inder weiß es, die Initialen Mahatma Gandhis. Als Gandhi 1915 aus Südafrika zurückkehrte, wohnte er drei Tage lang in dem Haus, das nun zum »House of MG« gehört und Hotel ist. Ahmedabad verdankt Mangaldas Girdhardas auch, dass Gandhi diese Stadt für sein Aschram wählte. Girdhardas Vater war vom Lageraufseher einer Textilfabrik zu deren Eigentümer avanciert und besaß gemeinsam mit seinem Bruder bald eine ganze Sammlung von Textil- und anderen Unternehmen. Mangaldas war Geschäftsmann von menschenfreundlicher Art, Philanthropen nannte man sie im frühen 20. Jahrhundert.

Familie wird im Hause Mangaldas noch großgeschrieben. Das ist fast überall in Indien so, aber in den Millionenstädten (Ahmedabad ist eine der sechs größten in Indien, mit rund fünf Millionen Einwohnern) gehen Familienstrukturen auch auseinander. Kaum ist man am Restaurantgarten des House of MG vorbei eingetreten in das große Haus mitten in der Stadt, fällt der Blick auf einen »Familienbaum«, einen Stammbaum an der Wand, der die neun Söhne und Töchter des Stammvaters samt ihren Ehepartnern und Kindern zeigt. Zu Festen, hören wir später von Abhay Mangaldas, treffen die Familien wieder zusammen. Allein zur jüngsten Generation zählen schon 80 Urenkel. Keine Überraschung, dass die Familie schon zu Lebzeiten des verehrten Mangaldas Girdhardas mehr Wohnraum brauchte. Der wurde 1924 mit dem imposanten Eckbau hinter dem Gartenrestaurant geschaffen: mit einer stark gegliederten Fassade und stockwerkhohen Säulenpaaren. »Ein Gebäude, das an jeder Ecke überrascht«, meint Abhay und zählt auf: »Die Fassade inspiriert von wuchtigem Barock, italienische Mosaiken und Marmorböden, bunte Glasfenster, Höfe und Passagen auf mehreren Etagen, dazu noch asymmetrische Zimmer!« Der Großvater brauchte keinen Architekten.

AHMEDHABADS EINZIGES BOUTIQUE-HOTEL

Als dies alles zu Ende des 20. Jahrhunderts gründlich renoviert werden musste, hatten manche Räume lange leer gestanden oder waren nur geschäftlich genutzt worden. Jetzt erhielt The House of MG unter Bewahrung der authentischen Architektur seinen »Old World Charme« zurück, *heritage correct,* und wurde im Jahr 2003 zum Hotel. Es ist bis heute das einzige Boutique-Hotel in Ahmedabad, mit nur zwölf Zimmern, dazu aber zwei hoch gepriesenen Restaurants und einer liebenswürdig gestalteten Schwimmhalle. *The Lotus Pool* heißt die Halle samt Gesundheitsclub.

Die Restaurants – eines zu ebener Erde, eines auf dem Dach – sind auch bei den Einheimischen sehr beliebt: Für das *Agashiye* (heißt: Auf der Terrasse) sollte man sich einen Tisch reservieren lassen (als Reisender ebenso frühzeitig das Zimmer). Feine Gujarati-Küche steht auf der Karte, manchmal auch nur die *Thalis,* die Küchenmannschaft hat ihren Arbeitsplatz sichtbar an einer Seitenfront. Sollten alle Tische besetzt sein, werden in einem gepflegten Vorraum Vorspeisen und frische Fruchtsäfte angeboten. Zum Hauptgang flackern über der Stadt dann Kerzen, man freut sich über den Ausblick und zugleich über die ohrenschonende Distanz zu dem unvermeidbaren Verkehrslärm.

The Green House heißt das zweite Restaurant und findet sich teils im Gebäude, teils unter freiem Himmel in einem Hof – und wer sich bei einem Glas und einem Snack das Straßenleben anschauen mag, kann es tun, eine Schar von Töpfen und wucherndes Grün schaffen Distanz.

... UND ZUGLEICH »METRO HERITAGE HOTEL«

Heritage erhalten, mit Heritage leben, zugleich auch offen für die Moderne sein – das ist Programm. Das House of MG lädt seine Gäste ausdrücklich in ein *Urban Heritage Hotel* ein und stellt sich gern als ein »*Metro Heritage Hotel*« vor. Dem Gast wird es recht sein, wenn das Haus zum Beispiel seine wundersam geräumigen Badezimmer und zugleich die für Geschäftsleute unentbehrlichen Internet-Einrichtungen herzeigen kann.

Ahmedabad hat eine Altstadt, in der noch Hunderte von Häusern mit Heritage-Wert erhalten sind, viele davon akut vom Verfall bedroht. Eines dankt seine Erneuerung Abhay Mangaldas` Lust am Handwerklichen, die sich hier gleich doppelt auswirkt. Nachdem das Haus mit neuen Balken, neuen Böden, neuen Decken und Treppen fachgerecht restauriert wurde, nutzen es Handwerker und Künstler als Werkstatt und Atelier. Dazu ist im »Mangaldas ni Haveli« auch ein Café eingerichtet. Mit Glück kann man sich in Ahmedabad einem der nächtlichen »Heritage-Spaziergänge« anzuschließen. **(M)** *(Katalognummer 123)*

Vorherige Doppelseite: (*Bild links*) Wer genau hinschaut erkennt es: das Mobile über dem Pool – eine Schöpfung des Hotel-Eigentümers Abhay Mangaldas. (*Bild rechts*) Blickfang: Wasserschale mit Rosenblüten und Muschel. **1** Eigenwillige Konstruktion aus Glas und Holz – Dach des Treppenhauses. **2** Eines der großen Zimmer – wohnlich und funktional gleichermaßen. **3** Florale Muster appliziert auf den Kacheln an der Hauswand. **4** Es ist alles bereit für ein festliches Mahl auf der Dachterrasse! **5** Eine der Töchter des Mangaldas Girdhardas. **6** Dekoration aus Wildrosen und *Dal* (Linsen).

Ahmedabad

Und mehr noch ist es manchem Gast willkommen, wenn ein Hotelier sich über das Übliche hinaus auf Design versteht und daraus ein besonderes Angebot macht: Der Gast kann nahezu jedes Stück der Einrichtung seines Zimmers erwerben. Dazu hat das *Inhouse Design Team* von Möbel bis zu Lampen und Spiegeln alles mehrfach gefertigt. Der Gast braucht sein Wunschobjekt nur noch im Haus oder Online zu erwerben. (www.houseofmg.com/lifestyle)

Der Norden

DELHI, HIMACHAL PRADESH UND PUNJAB

Von der Hauptstadt zum Himalaja

Vorherige Doppelseite: Alles Gold, was glänzt! Amritsars Goldener Tempel hell erleuchtet beim Sikh-Neujahrsfest Baisakhi. **1** Schattenspiel: Gelbmützen-Mönch vor dem Kloster Tongde im Zanskartal. **2** Blickkontakt: Sikh in Delhi. **3** Indische Kontraste: die fast 300 Jahre alte Sternwarte Jantar Mantar vor den Hochhäusern am Connaught Place in New Delhi. **4** Morgenstimmung in der Ganges-Stadt Varanasi, für viele Pilger auch Kāshī, die Stadt des Lichts. **5** Besuchermagnet im Norden: das Taj Mahal in Agra. **Nachfolgende Doppelseite:** Fast menschenleer sind die Hochtäler in Ladakh und Zanskar – hier das Dorf Kargyak unterhalb des Shingo-La-Passes in über 4.000 Meter Höhe.

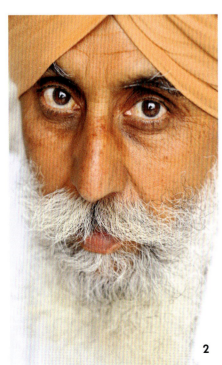

DIE PRÄCHTIGSTEN BAUTEN ...

Der Norden Indiens trumpft mit großartigen Bauten und herrlich schönen Landschaften auf. Als »Goldenes Dreieck« haben die Reiseveranstalter die drei Städte Delhi, Agra und Jaipur deklariert. In Agra, nur 200 Kilometer südlich von Delhi, haben die Mogulkaiser das schönste Grabmonument hinterlassen: Shah Jahans »Taj Mahal« für seine Gattin Mumtaz Mahal. Viele nennen es das schönste Gebäude der Welt. In Amritsar, höher im Norden, umhüllt eine Klangwolke aus meditativer Musik, Gesang, Trommeln und Saitenspiel den Goldenen Tempel der Sikhs und seine Besucher unablässig. Vor einem halben Jahrtausend fanden Hindus und Muslime hier in Toleranz zu einer neuen Gemeinschaft.

Wir raten Erstbesuchern Indiens, möglichst rasch hinaus aus den großen Städten zu gehen, nicht nur die Superlative der indischen Architektur, Religion und Geschichte zu sammeln und abzuhaken! Allein schon Delhi zählt etwa 13 Millionen Einwohner, doppelt so viel wie vor 25 Jahren. Die Delhi-Märkte der Kunsthandwerker besucht man vielleicht noch kurz vorm Rückflug. Und die bewundernswerten Sammlungen des Nationalmuseums versteht man besser, wenn man sich zuvor in der einen oder anderen indischen Landschaft umgesehen hat.

Der Norden

In Chandigarh, der Hauptstadt der Bundesstaaten Punjab und Haryana, hat der Bevölkerungszuwachs die Planung des berühmten Architekten Le Corbusier längst überlaufen. Trotzdem möchten noch Tausende in die rechtwinklige Musterstadt der 1950er und 1960er Jahre einziehen. Die war damals mit ihren Schalen und Rampenarchitekturen ein Symbol radikaler Westorientierung des jungen Staates. Gerade erst war die Kolonialherrschaft der Briten zusammengebrochen.

... UND FÜLLE SCHÖNER NATUR

Den Vorgebirgen des Himalaja ist man in Chandigarh schon nahe, Naturfreunde schauen sich nach dem Mogulgarten von Pinjore um, weit und breit einem der schönsten dieser gartenliebenden Indienokkupierer. Die Fülle waldgrüner Natur erlebt man aber auf der Weiterfahrt nach Norden, zu den fernen Schneefeldern und Himalajabergen – und nach Dharamsala, seit 1959 Zuflucht und Asyl des Dalai-Lama. Das Vorland des Hochgebirges hat breite Flüsse und dörfliches Leben. Ein ökologisches Paradies nennt sich der Bundesstaat Himachal Pradesh, zum Beispiel kann man bei dem »ersten Heritage-Dorf« Indiens im »The Judge`s Court« wohnen. Schaut man sich um, findet man sich in einem Wunschland der Wanderer, Skifahrer und Raftingkapitäne.

Leute mit bester Kondition zieht es zu den Weiten Ladakhs oder nach Uttaranchal, ins Tal der jungen Ganga, zur Pilgerstadt Rishikesh und von dort hoch hinauf zu ihrer Quelle. Für Inder ist dieser Fluss weiblich, es ist nicht *der* Ganges, das sollte man wissen.

New Delhi

Lauter Symbole indischer Geschichte im Zentrum New Delhis: zehn Minuten nach Norden und man steht auf dem *Connaught Circle*, dem populärsten Nachlass britischer Architektur in Indien. Fünf Minuten nordwestlich und das *Jantar Mantar* ist im Blick, das astronomische Großgerät, mit dem *Maharaja* Jai Singh zwei Jahrhunderte zuvor die Sterne des Hindu-Himmels erforschte. Wieder einmal steht man am Eingang zum »Imperial«, das sehr gegenwärtig und eines der markantesten Symbole neuerer indischer Geschichte ist. Wer hier in den 1960er Jahren eincheckte, staunte über große Räume und den Mangel an Farbe und Schönheit. Kam er in den 1980er Jahren wieder, fand er ein internationales Hotel vor, dem es nicht an Prestige, aber doch an Charme mangelte. Und heute?

THE IMPERIAL
Immer wieder wie neugeboren

EINES UNTER DEN ZEHN BESTEN RESTAURANTS WELTWEIT

Faszinierend ist die Vielfalt und Vielzahl der Restaurants im Imperial des 21. Jahrhunderts. Designer aus aller Welt machen den indischen, französischen, italienischen Spitzenköchen auf ihre Weise Konkurrenz. Sie lassen Speise-Ambiente entstehen, die fürs Auge so harmonisch abgestimmt sind wie eine feine Suppe für den Appetit, unter Verzicht auf plakative Effekte. Das »Spice Route« (Gewürzstraße) ist vom »Condé Nast Traveller« unter die besten zehn Restaurants der Welt gewählt worden, offensichtlich sowohl für die kulinarische Qualität als auch für die optische Einstimmung auf eine andere, exotische Region der Welt.

Wem die südostasiatische Küche trotzdem zu scharf gewürzt ist, kehrt vielleicht bei den Italienern ein, im »San Gimignano«. Mit der Raumgestaltung verfuhren die Designer im schönen Italien weniger aufwendig. Doch wird dem Gast auch hier fein Abgestimmtes zuteil: die Toskana in großformatigen Zeichnungen und Gemälden an der Wand, im Keller beste Kreszenzen italienischer Weine zur Wahl. *Paradiso di Vino* (Weinparadies), ist am zugehörigen Terrassenhof zu lesen.

Auch der viel gereiste Gast fühlt sich wohler im fremden Lande, wenn er es so weltoffen antrifft. Noch mehr wird vom Imperial in den acht Restaurants und in der geräumigen Art-déco-Bar geboten: ein britisch anmutendes Restaurant »Daniell's Tavern« und französische Backwaren im »La Baguette«. Ein wenig überrascht waren wir, als wir in dieser Oase des Luxus bei Zimmerpreisen von etwa 330 Euro aufwärts den Hinweis fanden, im La Baguette sei von 17 bis 20 Uhr täglich alles Gebackene mit 50 Prozent Nachlass zu haben!

Doch die rund 230 Zimmer und Suiten konnten wir nicht besichtigen, sie waren alle belegt, auch die legendär riesige *Royal Suite*. Genug Prominenz aus Wirtschaft, Medien und Politik sucht das Imperial immer wieder auf, als feste Adresse in Delhi. Vor dem Zweiten Weltkrieg trafen sich Briten und Inder zu ihren Schiedsgesprächen über die Zukunft Indiens, schon drängte Mohammed Ali Jinnah auf die Trennung Indiens und Pakistans. Nehru war damals Präsident der Kongresspartei und er hatte, so in einem Schriftstück des Imperial über die ersten Jahrzehnte des Hauses zu lesen, sogar mit seiner Familie eine Suite auf Dauer gebucht.

Vor all der Schönheit der hochstämmigen Palmenparade vom *Janpath* zum Entree und angesichts der frisch renovierten, strahlend weißen Front des Art-déco-Gebäudes werden etliche Gäste eines gar nicht wahrnehmen: Dies ist ein für indische Verhältnisse schon traditionsreich betagtes Hotel. Und unter den vielen Palasthotels Indiens gehört es der kleinen Gruppe jener Hotels an, die auch als ein solches gebaut wurden.

BAUAUFTRAG IN DEN 1930ER JAHREN

Das war in den 1930er Jahren, und es war der indische Architekt S.B.S. Ranjit Singh, der den Bauauftrag bekam. Schon Ranjit Singhs Vater R.B.S. Narain Singh gehörte zu den Erbauern New Delhis (das Kalkutta als Hauptstadt Britisch-Indiens ablöste). Als 1911 offiziell der Grundstein für die neue Hauptstadt gelegt und imposant gefeiert wurde, gab es für Narain Singh den Titel *Rai Singh* und die Durbar-Medaille. Der *Janpath* und ein Luxushotel dort waren Teil des Hauptstadt-Konzepts, das Sir Edwin Lutyens und Sir Herbert Baker schufen. Und darum heißt im Imperial bis heute ein Restaurant »1911«.

New Delhi

OPTIMALE HAUPTSTADTLAGE

Es war die optimale Hauptstadtlage und gewiss auch die starke Architektur zwischen Art déco und Neoklassizismus, die das Imperial bald nach seiner Fertigstellung 1936 so attraktiv machte. Weiß glänzt der Bau hinter den 24 Königspalmen. Was dem Gast früher vielleicht auch nur halb bewusst an der Fünf-Sterne-Qualität mangelte, findet er nun: The Imperial in Hochform, mit Farbe, Fantasie und Charme. (Katalognummer 127)

Vorherige Doppelseite: (Bild links) Monumentales Mobiliar in der Royal Imperial Suite. (Bild rechts) Die Frontseite des Imperial: Allianz zwischen Art-déco und Kolonialarchitektur. **1** Glaslampen-Arrangement in der legendären Bar »Patiala Peg«. **2** Einmalig in indischen Heritage Hotels: Die Türsteherinnen des Imperial. **3** Im Restaurant »The Spice Route« wird die Kunst des vollendet gedeckten Tisches zelebriert! **4** Noch ein Blick in die Imperial Suite – Baden mit dem Götterboten Hermes (im Hintergrund). **5** Elegante Gänge führen zu den 230 Zimmern.

Etwas Hübsches haben sich die Direktoren des Imperials für ihre sportlichen und gesundheitsbewussten Gäste einfallen lassen, die in einer besonderen Lebenssituation anreisen. Neben einem Ayurveda-Zentrum und Yoga-Übungen, neben Hydrotherapie und Sauna, Hamam und Schönheitssalon im neuen Spa unter elf Behandlungsräumen gibt es auch eine Suite. Die ist für Brautleute bestimmt, die hier ihre überlieferten Hochzeitsvorbereitungen treffen können, aber auch *Honeymooners* fühlen sich wohl.

Pragpur

THE JUDGE'S COURT
Im Licht des Himalaja

Dies ist der nördlichste Ort der Reise zu den Heritage-Hotels der indischen Bundesstaaten. Pragpur liegt in Himachal Pradesh inmitten kräftig grüner Dorf-, Wald- und Felderlandschaften nicht weit vom breiten Flusstal des Beas. Der entspringt im Himalaja, fließt in den weit von Osten heranströmenden Sutlej und mit ihm in den Indus. Eine Fahrt durchs Kangratal, die Himalajahöhen zur Seite, kann ein großartiges Erlebnis werden, auch wenn man angesichts der schneeglitzernden Höhen des Dauladhargebirges nicht darauf besteht, gleich nach Kaschmir, Zanskar oder Ladakh aufzubrechen. Pragpur, wo »The Judge's Court« inmitten seiner Obstgärten am Rande des Dorfs steht, hat eine Sonderstellung: Es kann sich ganz offiziell »Indiens erstes Heritage-Dorf« nennen.

Auch der erste Besitzer des Judge's Court, der Richter Jai Lal, Jahrgang 1878, hat dank seiner Karriere besonderes Lob, richtiger: besondere königliche Ehrungen empfangen. Im jüngst prächtig renovierten, nun zum Hotel verwandelten Judge's Court hängen an den Wänden unter Glas frühe Fotografien, originale Zeichnungen und Dokumente. Eine Urkunde des britischen Königs Georg V., seit 1911 Kaiser von Indien, nennt den Richter »*Our trusty and well beloved Rai Bahadur Jai Lal*«, zu Deutsch also »unser treuer und inniggeliebter Bahadur«. Auch zur Feier der Krönung, zum *Coronation Durbar*, wurde der Hochgelobte eingeladen.

DIE IDEE DES HERITAGE-DORFES

Der Nachfahr und gegenwärtige Eigentümer, Vijay Lal, hat dort für seine Familie eine eigene Wohnung, neben der in Delhi. Er ist mit dem Dorf nicht nur seit seinen frühen Jahren verbunden, er hat auch die Idee des Heritage-Dorfs als Erster verwirklicht. Nicht sein Haus allein sollte eine Klassifikation erhalten (und zwar als *Heritage Country Manor*, im Deutschen etwa Herrensitz, Rittergut). Dafür motivierte Vijay Lal die Leute im Dorf ebenso wie Sponsoren für die notwendigen Vorarbeiten.

Auch wenn es nicht um einen Wettbewerb wie »Unser Dorf soll schöner sein« ging, ohne einen Dorfputz war die Urkunde der Regierung nicht zu haben. Sie kam 1997 und bestätigte die Heritage-Qualifikation Pragpurs: »Mit seiner Architektur [und] einem mittelalterlichen Ambiente von höchstem Wert für das Kulturerbe und den Tourismus«. Heute berät Vijay Lal das Dorfkomitee und hilft in Notlagen. Inzwischen ist noch ein anderes Dorf in der Nachbarschaft als Heritage anerkannt worden, Garli heißt es, ist älter als Pragpur, aber die Häuser dort stehen großenteils leer, warten auf eine vielleicht touristische Zukunft.

Wo der Regierungstext über Pragpur das Mittelalter erwähnt, ist er übrigens im Irrtum. Pragpur ist frühestens im 17. Jahrhundert entstanden. Zweifellos hat es ein anheimelndes Ortsbild, mit Kopfsteinpflaster, Tempel, Dorfteich und Markt, dazu noch alte Häuser um einen Hof, mit Steingitterdekor der Fenster,

Pragpur

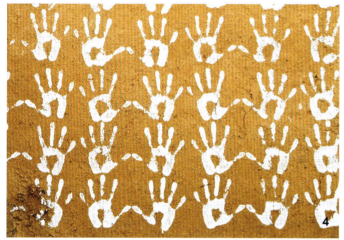

manche mit kräftig ockergelb oder rötlich gestrichenen Fassaden und teils sehr schmalen Räumen. Die Clans der Suds verließen Pragpur und ihre stattlichen *Havelis*, als die Briten kamen. Weber und Silberschmiede finden Kunden – umso mehr, je mehr Besucher in Judge's Court einkehren und sich an den gepflegten Zimmern, am Park und an der hervorragend guten Küche freuen.

LICHTE, GROSSE RÄUME

Zu Anfang des 20. Jahrhunderts war der gut proportionierte Bau vom Vater des Richters Jai Lal für diesen erbaut worden. Kuppeln der Mogulpaläste, Säulen und Pilaster bestimmen die äußere Gestalt. Im Innern schätzte man das Wohngefühl lichter, großer Räume, ohne etwa mit einem aufwendigen Empfangssaal oder überhohen Decken ein Palastprestige anzustreben.

Wer vor einem Jahrzehnt schon einmal im gleichen Haus übernachtet hat, staunt über die Fortschritte in der Ausstattung der Räume und über die festliche Farbigkeit des Gebäudes. Das Frühstück war freilich schon vor Jahren indienweit wettbewerbsfähig, und daran hat sich nichts geändert.

Im nahen Umkreis lockt die grandiose Natur des Kangra-Tals. Fährt man nordwärts das Obere Kangra-Tal entlang, kann man etwas abseits der Straße ganz in herrliche Weite und großer Stille eintauchen. Oder will man doch die tibetischen Drucker besuchen und ihre handgeschnitzten Druckstöcke sehen? Oder den Shiva-Tempel aus dem 8. Jahrhundert, ein Stück ostwärts beim Städtchen Baynath? Alles ist möglich. [M] (*Katalognummer 135*)

Nur etwa hundert Kilometer von Pragpur ist Dharamsala entfernt, seit 1959 das Asyl des XIV. Dalai-Lama. Wer sich ein Bild machen will von seiner Umwelt dort, findet sich erst einmal in einem Touristengedränge wieder, weltweit hat der vertriebene Herrscher Tibets Bewunderer. Seine Residenz im höher gelegenen MacLeod-Ganj ist nicht öffentlich zugänglich. Besuchenswert sind von Kunst und Kunsthandwerk bis zur Wissenschaft mehrere tibetische Institutionen – und die urtümliche Berglandschaft mit Seen, klaren Flüssen, Waldtälern.

Vorherige Doppelseite: (*Bild links*) Das Haus des Richters leuchtet in rot und rosa. (*Bild rechts*) Vertrauter Anblick in Indien: morgens wird Staub aufgewirbelt! 1 Der Kamin ist nicht nur Dekoration, sonder zeugt von der Nähe zum Himalaja. 2 Lichtdurchflutete Eingangshalle. 3 Anderswo oft durch Plastik ersetzt: formvollendete Messingkrüge. 4 Handabdrücke als Wandschmuck.

Was erzählt man Menschen, die Shimla noch nie erlebt haben, diese Stadt hoch in den Bergen? Shimla, das war und ist ein Wunschort, weil es dort oben angenehm frühsommerlich frisch ist, während in der Gangesebene und im Punjab die Hitze die Menschen krank macht, jedes Jahr wieder. Shimla, das ist ein Trauerort, weil es an viel zu dicht bebauten Steilhängen immer wieder tödliche Unfälle gibt. So eng gestuft sind sie aus der Ferne wie ein Bühnenvorhang anzusehen, nur zweidimensional. Ein Sehnsuchtsort war Shimla vor 30 oder 40 Jahren noch viel mehr, als es noch weit unter 100.000 Einwohner zählte. Aber ob Los Angeles, Athen oder Shimla – es gibt bevorzugte Stadtteile, und das »Chapslee« ist ein ganz besonderer Ort.

THE CHAPSLEE
Heritage wie aus dem Bilderbuch

Kanwar Ratanjit Singh ist *heritage minded* wie kaum ein anderer unter den Bewahrern der indischen Forts, Paläste, *Havelis* und Herrenhäuser.

Sein Großvater, Raja Charanjit Singh of Kapurthala, erwarb 1939 das Haus, das schon damals über hundert Jahre alt war. Seit er selbst Eigner ist, sorgt Kanwar dafür, dass dieses Erbe nicht Schaden nimmt. Ein Gast schrieb ins Gästebuch: »Hut ab vor der Ausstattung, der Antiquitätensammlung, die das Feingefühl und den Geschmack des Eigentümers bestätigt, und auch vor der warmen Gemütlichkeit des Hauses.«

SOMMERRESIDENZ DER VIZEKÖNIGE

Man täuscht sich nicht, wenn man beides in Shimla wahrnimmt, hier die spielerische, gesellig heitere, auch künstlerische Seite der Epoche und dort das prätentiös Aristokratische, militärisch Rabiate des britischen Kolonialismus. Shimla, eine britische Gründung um 1820, wurde seines Klimas und der herrlichen Gebirgslandschaft wegen offiziell seit 1864 zur Sommerresidenz der Vizekönige.

Orte gepflegter Geselligkeit gab es entlang der *Mall*, der Hauptstraße (zu der Indern bis zum Ende des 19. Jahrhunderts der Zutritt nicht erlaubt war) und nördlich der *Mall*. Dort hat das tägliche Leben noch immer Glanz, man findet Heritage-Gebäude, und das heimelige Chapslee ist eines der liebenswertesten. Wege in die grüne Natur beginnen gleich an der nächsten Ecke.

Nah dem 1835 erbauten späteren Chapslee hatte damals auch Lord Auckland seine Residenz, der Generalgouverneur der *East India Company*. Aus dem Chapslee-Haus wurde während seiner Amtszeit am 1. Oktober 1838 das sogenannte *Simlah Manifesto* an die Öffentlichkeit gebracht. Damit begann der »disastrous First Afghanistan War«, wie Raaja Bhasin in seinem Büchlein »Shimla on Foot – Ten Walks« schreibt. Abertausende kostete der Krieg das Leben und löste eine Serie immer neuer Aufstände der Afghanen aus, die sich dem imperialistischen Herrschaftsanspruch nicht beugten.

Shimla

Chapslee hatte in den folgenden Jahrzehnten wechselnde Eigentümer. Ein Bankier investierte um 1900 viel Geld in eine Renovierung, die wohl einem Umbau nahe kam. Chapslee kann dennoch »vielleicht als die einzige Residenz der Stadt gelten, die gleichsam in einem Zeitschloss bewahrt, was einem lang zurückliegenden Jahrhundert zugehört« (aus »Ten Walks«). Und was bedeutet der Name Chapslee? Niemand scheint es zu wissen. Gesichert ist wohl, dass der Name 1858 von einem Colonel Peter Innes von der Bengal Army eingeführt und benutzt wurde.

EINES DER BESTEN, EINES DER KLEINSTEN

Eine Gegenwelt zu den kriegerischen Katastrophen öffnet sich, tritt man in das Chapslee ein. Ein Heritage-Hotel wie aus dem Bilderbuch, mit einer Fülle von Jagdtrophäen, sichtlich originalen Gemälden und Grafiken, mit bequemen Möbeln und einer Bibliothek. Gartengrün beim Hof, Tennis und Krocket zur Wahl. Der Speisesaal ist sieben Meter hoch, ein vielarmiger Lüster aus Murano sorgt für Helligkeit. Wie viel mehr wäre noch aufzuzählen! Seit 1976 ist Chapslee eines der besten Hotels Shimlas – und auch eines der kleinsten: nur sechs Suiten, Reservierung erbeten! Die exquisite Küche, auf Royal Indian Cuisine eingerichtet, verwöhnt auch Gäste, die nicht im Hause wohnen.

Für all das haben nach den wechselnden Bewohnern der ersten hundert Jahre Raja Charanjit Singh of Kapurthala und seine Nachkommen gesorgt. Kanwar Ratanjit Singh trägt heute die Verantwortung. Seine Frau hat gleich im nächsten Haus eine Schule eröffnet. Bildung, Kunst, Freude am Leben und freundliche Gastlichkeit – und das in einer der großen Naturlandschaften Indiens: eine exzellente Adresse! (M) (Katalognummer 136)

SHIMLAS TOY TRAIN

1903 gebaut, wäre es auch heute eine Herausforderung für die Ingenieure. Auf einer Schmalspurbahn (76 Zentimeter) dampft der Zug über 800 Viadukte und durch 103 Tunnel, klettert durch 900 Kurven von Kalka bis Shimla über 1.400 Meter Höhendistanz. Die Reise ist ebenso gemächlich wie beliebt, sie dauert mit immer neuen Ausblicken etwa fünf Stunden. Nur den Platz auf der Weltkulturerbeliste der UNESCO hat der Toy Train vorerst nicht erreicht, da ist ihm Darjeelings Toy Train zuvorgekommen.

Vorherige Doppelseite: (Bild links) Unbedingt einzuhalten: die tea-time. (Bild rechts) Zeitreise: Eingangshalle mit Jagdtrophäen. **1** Versilberter Knauf eines Spazierstocks. **2** Liebevoll gepflegt präsentiert sich das Chapslee von außen. **3** Hier wird der Tee serviert! **4** Morgenappell in der Chapslee-School. **5** Stets zu Diensten.

Der Osten

WEST BENGAL, NORTHEAST STATES UND ORISSA

Vom Buddha-Land nach Konarak

Der Osten

Indiens Osten drängt sich an das Gebirge und wendet sich zum Meer. Die fruchtbare Ebene der Ganga reicht an drei Hochgebirgsländer heran: an den lang gestreckten Staat Nepal, an das schmale, Indien zugehörige Sikkim und an das Königreich Bhutan. Reisende mit ausreichendem Zeitvorrat legen es gern darauf an, auch diese drei Länder zu besuchen. Auf indischem Boden bleibt man in den tief eingefurchten Schluchten Sikkims und auch beim Besuch der Teestadt Darjeeling. Der Bundesstaat West Bengal hat sich dieses Tortenstück der Himalajaregion gesichert, die Gäste wandern durch Teeplantagen und schauen in aller Morgenfrühe fasziniert zu den Achttausendern hinüber.

Für Inder wie für Ausländer ist es in den letzten zwei Jahrzehnten auch leichter geworden, in die sieben *Northeast States* einzureisen, meist wird allerdings eine spezielle Genehmigung verlangt. In diesen, gern »Sieben Schwestern« genannten, Bundesstaaten und *Union Territories* im östlichsten Indien lebt die Kultur und leben die Sprachen der *Tribals*, und sie wollen sich auch behaupten. Der Brahmaputra durchströmt ihre großen Naturlandschaften. Im Kaziranga-Nationalpark begegnet man noch Nashörnern in freier Wildbahn.

BUDDHAS ERLEUCHTUNG

Näher dem indischen Kernland findet man im Bundesstaat Bihar beiderseits der Ganga einige der bedeutendsten Buddha-Stätten. Mitte des 6. Jahrhunderts vor Christus, sagt die Überlieferung, habe Buddha (Siddharta Gautama) südlich von Patna in Bodhgaya unter dem Bodhibaum zur Erleuchtung gefunden (*Bodhi* bedeutet Erleuchtung). Der Ort ist schön erhalten, im gebührenden Abstand reihen sich die Tempelhallen der Buddha-Anhänger aus aller Welt. Jeder Schritt ist hier von religiöser Bedeutung.
Buddha-Pilgerfahrten führen auch an andere Lebensorte und zu den Resten der Architektur, in der seit 427 nach Christus das buddhistische Wissenschaftszentrum Nalanda arbeitete, mit Ausstrahlungen bis nach China und Japan.

KOLKATA IN GLANZ UND ELEND

Als Kolkata 1690 von der *British East India Company* gegründet wurde, war die Nalanda-Universität längst von muslimischen Heeren gründlich zerstört worden. *Calcutta* nannten die Briten ihre neue Handelsstation, sie florierte trotz ihrer Lage weitab vom Meer. Kolkata wurde ein Zentrum der Wissenschaft, der Literatur, der bildenden Künste. Ab der Mitte des 19. Jahrhunderts umso erfolgreicher, als nach der *Mutiny* von 1857 bis 1931 der britische Vizekönig hier regierte und residierte, mit neuem Schwung für die Kaufmannsstadt und Kunststadt.
Erst nach dem Zweiten Weltkrieg wurde Kolkata zum »Armenhaus Indiens« – nicht zuletzt wegen immer neuer Flüchtlingsscharen aus dem sehr nah benachbarten Bangladesch. Heute gewinnt Kolkata wieder wirtschaftliche Kraft, zeigt zugleich seinen Besuchern die steinernen Zeugnisse seiner Geschichte.

Indiens Osten wendet sich zum Meer, südlich von Kolkata, wo der hier Hugly genannte Fluss zum *Mouth of the Ganga*, also zum Meer strömt. Die *Sunderbans* sind das weltgrößte Delta und UNESCO-Welterbe, teils indisches Staatsgebiet, teils Bangladesch zugehörig, Heimat von mehr als 250 Tigern. Mit dem Schiff (und mit einer Genehmigung) kann das riesige Mangrovendelta besucht werden.

Das offene Meer, hier Bucht von Bengalen genannt, erreicht man von Kolkata erst nach etwa 150 Kilometer Fahrt, der erste Badeort ist Digha. Zu den noch weithin einsamen langen Stränden Orissas ist die Reise sehr viel länger. Dafür erwarten einen dort auch Meisterstücke indischer Tempelbaukunst, in der Hauptstadt von Orissa, Bhubaneshwar, oder in Puri, der Pilgerstadt am Meer, und als absoluter Höhepunkt der Tempel von Konarak. Vor langer Zeit stürzte leider die Haupthalle ein, seit vielen Jahren schon wird an der Sicherung und Restaurierung gearbeitet.

Vorherige Doppelseite: Türgriff am Kloster Rumtek in Sikkim. **1** In freier Wildbahn fast ausgestorben: weißer Tiger im Nandankanan-Tierpark in Orissa. **2** Odissi-Tänzerin vor dem Surya-Tempel in Konarak, Orissa. **3** »Wer ist die schönste im ganzen Land?« – Orchidee in Sikkim. **4** Blumenmarkt unter der Howrah Bridge in Kolkata. **5** Anachronismus: Bauer in Orissa pflügt den Acker noch wie seine Vorfahren. **6** Blechlawinen quälen sich über die Howrah Bridge in Kolkata. **Nachfolgende Doppelseite:** Ein Stück Geschichte und koloniales Erbe ist das Queen Victoria Memorial im Herzen Kolkatas.

Nach Darjeeling kann man bis Bagdogra im Flugzeug, mit der *Indian Railway* bis New Jalpaiguri anreisen, mit Bahn und mit Wagen auch von Nepal und Bhutan aus. Bahnenthusiasten machen die Fahrt nach Darjeeling hinauf mit dem *Toy Train*, unverzichtbar, seit die UNESCO die über hundertjährige *Darjeeling Himalayan Railway* in die Liste des Weltkulturerbes aufgenommen hat. Von der 100.000-Einwohner-Stadt Darjeeling in etwa 2.100 Meter Höhe fährt man gut eine Stunde hinauf zum »Glenburn Tea Estate«, mit großartigen Ausblicken ins Hochgebirge. Die 8.598 Höhenmeter des Kanchenjunga hat man bis Glenburn noch nicht zur Hälfte erreicht, aber doch fast stattliche 3.700 Meter, am höchsten Punkt der Teeplantage.

GLENBURN TEA ESTATE

Urlaub auf 3.700 Meter Höhe

Vorherige Doppelseite: (*Bild links*) Zwei Blätter und eine Knospe – Teepflückerin bei ihrer mühsamen Arbeit. (*Bild rechts*) Klassische Säulen und indisches Dekor schmücken die offene Veranda. **1** Großzügig bemessen: koloniales Flair in den Zimmern. **2** Geflügelte Prachtexemplare. **3** Nur fliegen ist schöner: luftiges Plätzchen im Morgenlicht. **4** Nur zwei sind noch höher – der 8.586 Meter hohe Kanchenjunga greifbar nah. **5** Sympathische Nachbarn.

Wir freuen uns, diesen Ort in die Auswahl hervorragender Heritage-Hotels, Resorts und Gästehäuser aufnehmen zu können. Es gibt im Himalaja nicht gerade viele mit so langer Anfahrt zur nächsten größeren Stadt. Wer Indien kennen und lieben lernen möchte, der kann dieses höchste Gebirge der Erde ja wohl nicht beiseitelassen! In den Augen der Eigentümer liegt Glenburn auch gar nicht abseits aller Wege.

So stellen die Besitzer ihr Hotel vor: »Ein 150 Jahre altes Plantagenhaus, auf einem kleinen Hügel in einem Tal über dem Fluss Rungeet und dicht bei Darjeeling gelegen. Der Kanchenjunga überragt es. Das Hotel ist von 400 Hektar Privatwald und dem Gelände der bewirtschafteten Teeplantage umgeben. Der Hauptbungalow hat eine wunderbare, lang gestreckte, offene Veranda mit bequemen Stühlen über die ganze Länge, wo man auch essen kann. Drinnen ist es sehr gemütlich, das Wohn- und Speisezimmer ist im ›English-Style‹ gehalten, hier essen alle miteinander. Es gibt auch noch kleinere Pavillons draußen im Garten, ein idealer Ort für Lunch, Tee oder Dinner. Es ist der beste Standort für Ausflüge nach Darjeeling und eine gute Möglichkeit, auf einer aktiven Teeplantage zu wohnen – das ist derzeit anderswo in Indien nicht möglich.«

AUF EINER TEEPLANTAGE WOHNEN

Mancher ist von der puren Größe der Himalajagipfel so fasziniert, dass er gar keine Darjeelingbesuche oder andere Exkursionen braucht, sondern nur Tag um Tag schauen möchte. Andere sind gerade gekommen, um diese Landschaft für sich zu erkunden. Dazu gibt es reichlich Auswahl, und im Glenburn Estate hat man dazu noch spezielle Exkursionen im Angebot, allen voran das *River Rafting* auf dem Rungeet-Fluss und weiter südlich auf dem Teesta-Fluss, der aus Sikkim kommt und den Rungeet-Fluss aufnimmt. Das probieren viele Gäste gern aus, und je nach Kondition gibt es die passenden Schwierigkeitsgrade. Die Stromschnellen beider Flüsse liegen zwischen den Stufen II und IV, die Führer sind gut ausgebildet.

Und natürlich sollte man sich in die Praxis und die Geheimnisse der Teepflanzung, -ernte und -bearbeitung einweihen lassen. Hier ist es umso eindrucksvoller, da die Kolonialarchitektur, in der man sein Quartier hat, auf die Anfänge des Teeanbaus im britisch okkupierten Bengalen hinweist.

Seit 150 Jahren, hören wir, steht das Haus der Plantage schon. Das ist gar keine große Zeitspanne zurück zum Jahr 1823: Damals entdeckte Major Robert Bruce den Teebaum auf einer Jagdexpedition in den Regenwäldern von Manipur, zwischen Assam und Birma, noch viele Hundert Kilometer östlich von Darjeeling, noch östlich vom heutigen Myanmar (zu britischen Zeiten Birma). Später fand man *Thea assamica* auch andernorts wild wachsend, zum Beispiel am Himalaja und am Golf von Tonking.

LANDSCHAFTLICHE SCHÖNHEIT AN DEN UFERN DES RUNGEET-FLUSSES

Das Glenburn Estate bietet an zwei Stellen Unterkunft an. Neben dem »Burra Bungalow« mit vier Suiten und variabler Bettenzahl gibt es auch die »Glenburn Lodge«, am Ufer des Rungeet-Flusses gelegen. Gäste können hier die zwei einfachen, aber mit Stil ausgestatteten Schlafräume nutzen, die üblicherweise nicht vermietet werden. Davon wird gern Gebrauch gemacht: ruhig am Fluss sitzen, Vögel beobachten, inmitten ungestörter Natur sein.

Besonders gastfreundlich ist die auf Anfrage erhältliche genaue Beschreibung der Raumeinteilung in den einzelnen Bungalows. Das Personal richtet sich bei der Zubereitung der Mahlzeiten ganz individuell nach den Vorlieben der Gäste, ob Zeitpunkt oder Zusammenstellung, ob europäisch oder indisch. Immer gibt es aber möglichst viel selbst geerntetes Obst und Gemüse! Und Reiseempfehlungen mit Hinweisen auf die Temperaturwechsel in diesen Höhen dürfen auch nicht fehlen! (*Katalognummer 143*)

Darjeeling

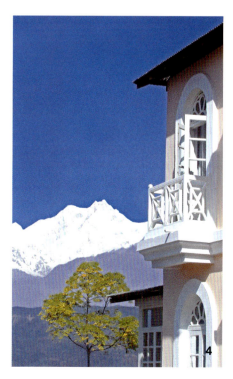

Wer die Architektur einer Teeplantage im Himalaja im Kolonialstil kennenlernt, könnte auch an der Repräsentationsarchitektur in Kolkata interessiert sein, sagten sich die Glenburn-Gastgeber. Das Programm der Kolkata-Führungen – vor oder nach dem Aufenthalt im Hochgebirge – ist kundig angelegt, schließt gut gewählte Ruhepunkte ein, darunter einen so traditionsreichen wie den »Bengal Club«, dazu ein Bündel von Einkaufstipps, Treffs mit einem Professor der Geschichte, eine Teeauktion und Picknickkreuzfahrten auf dem Hooghly-Fluss.

Kolkata

OBEROI GRAND

»The Grand Old Duchess of Chowringhee«

Wer kauft ein 500-Zimmer-Hotel, in dem gerade 100 Gäste an der Cholera gestorben waren? Eben das riskierte 1938 der Gründer der »Oberoi-Kette«, der heute bereits legendäre Rai Bahadur Mohan Singh Oberoi. 2002 verstarb er, bis zuletzt aktiv, mit 104 Jahren. Als Vierjähriger hatte er seinen Vater verloren, studierte mit minimalen Mitteln, floh vor einer Seuche aus Lahore nach Shimla, arbeitete an der Rezeption des »Cecil Hotels« (später in seinem Besitz). Wenige Jahre danach, 1934, erwarb Mohan Singh Oberoi das »Clarkes Hotel« in Shimla, mit dem Schmuck seiner Frau als Sicherheit. Seine Lebensgeschichte steuerte er in Abwägung von Risiko und Solidität zu historischem Rang als Gründer der Oberoi Hotels & Resorts.

SEIT NUN SCHON ÜBER 125 JAHREN
20 Jahre nach unserem ersten Aufenthalt im »Oberoi Grand« hat sich das Luxushotel von damals mit deutlicher Qualitätssteigerung verändert. Angefangen bei der Klimaanlage, der im subtropischen Gelände so ersehnten Kühlung. Leider litt Ende der 80er Jahre der Luxus an Überdosierung der Kühlung. Das überaus komfortable Zimmer war ein Kältepol, und kein dienstbarer Geist konnte technische Abhilfe leisten, am Ende gab es nur zusätzliche Decken für die Nacht. Trotz solcher Zwischenfälle hielten langjährige Bewohner an ihrer Zuneigung zu dem damals schon betagten Hotel fest, man traf sich bei der »Großen alten Herzogin von Chowringhee«.

Ungemach mit der Hoteltechnik war damals häufiger als heute, aber bei Oberoi dennoch recht selten. Mohan Singh Oberois Werbespruch hieß »*Oberoi. When everything has to be just right!*« (deutsch: Oberoi. Wo alles einfach stimmen muss!). Sein Sohn Biki ist als Schöpfer immer neuer Luxushotels weltweit bekannt. Auf Reisen, hörten wir damals von Biki Oberoi, ging er in andere als die eigenen Hotels nie ohne ein Handtuch, ein weiches Kopfkissen und Toilettenpapier im Gepäck!

Heute verdient das Oberoi Grand den Ruf einer schätzenswerten alten Dame immer mehr, ist nun über 125 Jahre alt, aber wie eine robust elegante Seniorin ganz auf der Höhe der Zeit. Je höher die Luxuskategorie, desto mehr Geräte zur digitalen Kommunikation und Unterhaltung findet der Gast vor. Außerdem ist das Businesscenter rund um die Uhr nutzbar. Abgestuft nach Zimmer- und Suitengröße sowie Ausstattung wählt man nach sechs Kategorien: *Deluxe Room, Luxury Room, Premier Room, Classic Suite, Deluxe Suite, Luxury Suite* – letztere misst 84 Quadratmeter.

Kolkata

MODERNES UND »GUTE ALTE ZEIT« KOEXISTIEREN ERFOLGREICH

Die Ausstattung mit Mobiliar, Bildern und Teppichen nennt das Management »viktorianisch«. Uns erscheint das Inventar eher als ein sehr gepflegtes Spätbiedermeier, mit feinen Schwüngen an Sofas, Stuhl- und Tischbeinen, in anderen Räumen wieder mit gedrechselten Varianten. Nur kein Schnickschnack, warum sollen Modernes (in Gestalt der digitalen Technik) und die Erinnerungen an die »gute alte Zeit« nicht koexistieren? Das Oberoi Grand stellt sich auf seiner Webseite als *Business Hotel* vor und auch den Geschäftsleuten unter den Gästen sagt diese konservative Ausstattung offensichtlich zu.

Auch die Lage ist noch immer hervorragend für Leute, die gern im Herzen der Stadt wohnen: Gleich bei der Chowringhee, die heute auch Nehru Road heißt, gleich beim *Maidan*, dem Treffpunkt und Erholungspark zwischen Nehru Road und Hooghly-Fluss und nur wenige Straßenecken von den wichtigsten Museen entfernt – optimal! Hinzu kommen noch andere Vorzüge, zum Beispiel der große Innenhof mit seinen Palmen zwischen den Heritage-Fassaden oder der großzügig bemessene Swimmingpool inmitten des Innenhofs – das ist in der Megastadt Kolkata wahrhaftig Luxus.

AUSBLICK AUF DIE STADTLANDSCHAFT

Auf der Webseite lesen wir, dass dieses *Business Hotel* ebenso auch die Qualität und Eigenschaften eines *Leisure Hotels* hat. Das trifft natürlich auf die kreativen Küchen und die diversen Restaurants im Hause zu, auf Fitnessräume und Spa, vielleicht auch für den Ball- oder Kongresssaal (für bis zu 800 Teilnehmer). Aber doch auch wieder auf die zentrale Lage: Von den Balkonen der oberen Etagen genießt man weite Ausblicke über die Stadtlandschaft und die Auswahl an Läden ist rundum groß – bleiben da noch Wünsche offen?

Unter den Hotel- und Reise-Magazinen, die alle gern ihre Wertungen verteilen, hat das eben auf diese Auszeichnungen konzentrierte Blatt »Traveller's Choice Awards« das Oberoi Grand vor kurzem zum »Besten Luxushotel in Indien« gekürt. *(Katalognummer 147)*

Ein Kontrasterlebnis wird dem beschert, der sich in Kolkatas Norden aufmacht und sich zur *Chitpur Road Neighbourhood* durchfragt. Fantastisches ist (noch) zu beobachten, nämlich die aus dem 18. und 19. Jahrhundert überdauernden Großvillen respektive Paläste der reichen Kaufleute. Die meisten zog es später in noch noblere Viertel. Was sie an stilistisch abenteuerlichen Heritage-Varianten hinterließen, vergammelt und verfällt nun – doch sehr malerisch, sehr fotogen!

Vorherige Doppelseite: (*Bild links*) Stilvolle Ankunft: Nichts mehr zu spüren von Chowringhees Gedränge. (*Bild rechts*) Nur geträumt? Nein, reale Blütenträume auf weißem Marmor. 1 Für Abkühlung ist gesorgt ... 2 ... ebenso wie für exquisite kulinarische Thai-Erlebnisse. 3 Exklusiv: der Oberoi-Club. 4 Selbst ans kleinste Detail wird gedacht. 5 Oase im Herzen Kolkatas.

Die Mitte

MADHYA PRADESH UND MAHARASHTRA

Große Gebirge, kostbare Kunst

Die Mitte

AUF DEN HÖHEN DER VORGESCHICHTE
Madhya Pradesh ist Herzland Indiens, ein Festlandzentrum ohne Küste, das bis zum Jahr 2000 der flächengrößte Staat Indiens war, mehr als halb so groß wie Deutschland. Dann gab die Regierung in Delhi dem Verlangen der *Tribals*, der Ureinwohner, nach einem eigenem Bundesstaat nach und Chattisgarh erschien als neuer Name auf der Landkarte, zwischen Madhya Pradesh und Orissa. Viel Waldland, auch *Sanctuaries* und Nationalparks findet der Naturfreund in Indiens Herzland. In Bimbetka, 40 Kilometer von der Millionenstadt Bhopal entfernt, sind in der Wildnis kolossale Felswände mit den größten vorgeschichtlichen Felszeichnungen erhalten. Weit über hundert Zeichnungen sind es, und über hunderttausend Jahre alt.

Unsere imaginäre Tour durch den Subkontinent sollte schon wegen eines einzigen Denkmals nach Madhya Pradesh führen: zu der Buddha-Stupa in Sanchi, gleichfalls bei Bhopal. Die Steinreliefs mit der Darstellung seines legendenreichen Lebenslaufs gehören zum Schönsten der indischen Kunst. Das soll den Ruf Khajurahos nicht schmälern: Heute Weltkulturerbe, vor einem halben Jahrhundert fast unbekannt und nur mühsam erreichbar, ist dieses Hindu-Heiligtum lange als zu erotisch und darum unheilig gescholten worden, bis sich die Augen öffneten für die meisterliche Kunst der Architekten und Bildhauer. Und auch für die Kunst, überhaupt ein solches Tempel-Ensemble zu schaffen, zu dem an Hindu-Festen Tausende von Gläubigen auf Bauernwagen strömen. Alljährlich zieht es zum Fest des indischen Tanzes im März die Tanzliebhaber zu den tausendjährigen Khajuraho-Tempeln. Dass sie unzerstört die Ära der muslimischen Herrschaft überdauert haben, ist vermutlich ihrer Abgeschiedenheit zu danken.

MEGASTADT AM MEER: MUMBAI
Als Kontrast wartet die Megastadt Mumbai, einer der wichtigsten Häfen der Welt, eine

Stadt der Juweliere und der Slumbewohner, der Banker und der Bollywoodfilme. Hier werden tausend Filme jährlich produziert und ein Großteil der indischen Steuergelder abgeschöpft. Wer ruhebedürftig ist, fährt zu den Badeorten an der Maharashtra-Küste – oder gleich pfeilgerade wieder in den nördlichen Teil von Indiens Mitte. Da ist die alte, lange wie verwunschen ruhende Königsstadt Mandu besuchergerecht restauriert worden. Nicht weit davon strömt der Narmada-Fluss der Arabischen See zu. Staudämme werden gebaut, Dörfer werden überschwemmt. Indien ist im Umbruch. Es ist spannend, Zeuge zu sein.

Vorherige Doppelseite: Magischer Moment am Kandariya-Mahadev-Tempel in Khajuraho, Madhya Pradesh. **1** Männer mit Mission: *Dabba Wallahs* (Essensausträger) in Mumbai vor einem Bus mit Bollywood-Ikonen. **2** In Reih und Glied: Die bis zu 17 Meter hohen Tirthankara-Figuren der *Jains* unterhalb des Forts in Gwalior, Madhya Pradesh. **3** Alt und neu auf engstem Raum – Mumbais Rajabai Clock Tower und Bürogebäude. **4** Zugabteil allein für Frauen – eng ist es in Mumbai auf dem Weg zur Arbeit trotzdem! **5** Mauerbewohner: Ein Papagei in Orchhas Raja Mahal, Madhya Pradesh. **Nachfolgende Doppelseite:** Über 2.000 Jahre alt und längst UNESCO-Weltkulturerbe ist die unter Kaiser Ashoka erbaute Stupa von Sanchi in Madhya Pradesh.

Gwalior, eine Stadt mit rund einer Million Einwohnern, liegt an der großen indischen Nord-Süd-Achse. Diese Achse beginnt mit der NH 1 bei Amritsar im Norden, führt über Delhi auf der NH 2 weiter nach Agra und von dort nach Gwalior in Madhya Pradesh. Nächste Millionenstadt südlich ist Bhopal, danach geht es mit wechselnden Nummern des *National Highways* viele Hundert Kilometer durch dünn besiedeltes Hochland in den Bundesstaat Karnataka, dort zur Hightech-Stadt Bangalore und weiter durch Südindien bis zum Südkap. Am meisten umkämpft war immer wieder der Abschnitt in der Gangesebene – und Gwalior war für Heere wie für Handelskarawanen ein strategisch wichtiger, oft umkämpfter Ort.

USHA KIRAN PALACE

Wunderbare, gegensätzliche Vielfalt

Im Jahr 2004 wurde in Gwalior das ehemalige *Maharaja*-Gästehaus nach der Renovierung und dem Umbau festlich-feierlich als *Taj-Hotel* eröffnet. Ein Manager der *Taj-Group* hielt eine Rede über diese Stadt mit so vielen historischen Bauten – und was sie ihren Gästen bei der Abreise mitgäbe: »Tief in den Glanz seiner Vergangenheit eingetaucht, hat die alte Stadt Gwalior einen erfolgreichen Übergang zu einer vibrierenden, geschäftigen indischen Stadt vollzogen. Die großartigen Erinnerungen an eine glorreiche Vergangenheit sind mit Sorgfalt bewahrt worden, und sie geben Gwalior eine einzigartige und zeitlose Wirkung. Diese Stadt hat zahlreich Paläste, Tempel und Monumente. Wir sind froh, unseren Einzug in dieses Land wunderbarer und gegensätzlicher Vielfalt mit dem schönen ›Usha Kiran Palace‹ zu machen. Er verspricht, jedem Gast ein Album voller Erinnerungen zu geben, um es heimzunehmen.« (*Jamshed Daboo, Chief Operating Officer, Taj Leisure Hotels*)

Wo findet der Besucher diese Erinnerungen? Tatsächlich ist Gwalior mit seinem mächtigen Felsblock des Forts nicht leicht überschaubar – oder nur von der Höhe des zwei Kilometer lang gestreckten Fort-Tafelbergs! Die Prestigebauten der Scindia-Dynastie sind teils da droben oder südlich vom Fort-Felsen um Palace Road und High Court Road zu finden, dort sind auch der »Scindia-Palast« und der Usha Kiran Palace.

ANGESAGT: EIN KÖNIGSPAAR

Ursprünglich ließ Gwaliors schwerreiche Scindia-Dynastie anlässlich des bevorstehenden Besuchs des britischen Königspaars ein neues Gästehaus bauen. Das geschah vor rund 120 Jahren, um 1890. Der Bauplatz war so gewählt, dass es in Blickweite zur opulenten Residenz entstand. Die Residenz, der »Jai Vilas Palace«, ist mit ihrer langen, symmetrisch konzipierten Fassade von Versailles, vom Buckingham Palace und von Italien inspiriert, vielleicht sogar von den Zarenschlössern, auch antike Elemente sind nicht zu übersehen. Die Kolonialarchitektur kam schon früh fast ohne oder ganz ohne Hindu-Motive aus. Die Herren der indischen Paläste vergaben ihre Aufträge an europäische Architekten, bestellten auch ganze Inneneinrichtungen aus Europa, zumeist aus England.

MARKANTE ACHTECKTÜRME

Den Namen des Architekten sagte uns niemand, aber die Bedeutung von *Usha Kiran* konnten wir erfragen: »Usha« heisst Morgenröte, und »Usha Kiran« bedeutet »Strahlen der Morgenröte«. Wie dieser Palast um die Wende vom 19. zum 20. Jahrhundert anzusehen war, zeigen nur alte Fotos, Zeichnungen und Gemälde. Demnach sind die markanten Achtecktürme original und ursprünglich, ein sehenswertes Beispiel der jüngeren Heritage-Architektur. Zutat aus neuer Zeit dagegen, wohl aus dem 21. Jahrhundert, ist der zwischen die beiden Fronttürme platzierte Empfangsbereich.

Der offensichtliche Versuch diesen Vorbau in die Dimensionen und Proportionen des Gebäudes einzugliedern ist ebenso offensichtlich nicht gelungen, kann auf Ankommende etwa wirken wie die Fußbank eines Riesen. Den Suiten und Zimmern fehlt es nirgends an Komfort oder angenehmer Aussicht in den Garten, die Heritage-Qualität fällt jedoch weder in der Architektur noch in der Ausstattung auf. Typische Arkaden mit dem Halbrund, das sich aus vielen kleineren Halbrunden zusammensetzt, zitieren in den Suiten die Mogularchitektur. Solche Zitate prägen aber – soweit wir sahen – keinen einzigen Raum ganz. Viel mehr Heritage-Gefühl vermittelt ein überdachter kannelierter Säulengang im schönen Baumpark, samt Bogenbrücken über fließendem Wasser und dem Spa mit Meditationsgarten. (*Katalognummer 151*)

Vorherige Doppelseite: (*Bild links*) Büste eines Scindia-Herrschers im Eingangsbereich. (*Bild rechts*) Kurz vor dem Sturm – Gewitterwolken über dem Usha Kiran Palace. **1** Wappentier der Scindias, wasserspeiend und ... **2** ... im Wappen selbst zusammen mit Surya, der Sonne. **3** Himmelbett mit reichlich Kissen. **4** In Usha Kirans Bar werden Snooker-Träume wahr. **5** Lichtspiele. **6** Steinmetzkunst auf die Spitze getrieben.

Gwalior

Das historische Gwalior ist eine Stadt der Heiligen, der Sänger, der Poeten und Heroen. Für viele sind die in Felsnischen überlebensgroß ausgemeißelten Jain-Figuren Grund genug für einen Gwalior-Besuch. Diese *Tirthankaras* (Furtbereiter) wurden zwischen dem 7. Jahrhundert und dem 15. Jahrhundert geschaffen, sind bis zu 17 Meter hoch, an ihren Symbolen sind sie zu erkennen: Muschel, Rad, Lotusblüte. Nicht harmonisch schön in der Art griechischer Antiken, aber jede Figur ein stummer Aufruf zur Konzentration aufs Wesentliche.

Maheshwar

AHILYA FORT
Wohlgefühl überm großen Strom

Der Platz auf der Terrasse hoch über dem Fluss ist einer der schönsten. Ein Ausblick, den wir sogar mit dem berühmten Blick über die *Ghats* von Varanasi und zum anderen, unbebauten Ufer des Ganges vergleichen. Hier sind wir nicht am Ganges, sondern am Narmada-Fluss. Alles ist voller Ruhe, fern das Rufen und Jauchzen der Kinder, die mit Kopfsprung in den breiten Fluss tauchen, rund 30 Meter unterhalb vom Fort. Noch viel ferner sind die Baumaschinen des heftigst umstrittenen *Narmada Projects*. Es sollen flussabwärts bis zu 200 Staudämme errichtet werden. Den einen verheißen sie kostbares Wasser, die andern verlieren Häuser und Felder, warten oft vergeblich auf eine Entschädigung – und befürchten die Ausbreitung der Malaria-Mücke in den geplanten Binnenseen.

Ein französischer oder englischer Landsitz könnte dies sein. Ein Ort des ruhigen Atmens, des Genießens inmitten von viel Grün des großen Gartens. Nur insgesamt elf Zimmer, eine Suite und zwei Zelte stehen in den trutzigen Mauern des Forts den Gästen zur Wahl – und das heißt auch: Hier wurde nicht viel umgebaut oder hinzugebaut. Auf der Südseite, dem Strom abgewandt, sind die Ziegeldächer im Blick, die sich unter der Last der Jahre beugen, einer Wellenlandschaft ähnlich. Vor Mauern voller Blüten liegt in romantischer Abgeschiedenheit das geräumige, blau schimmernde Schwimmbecken. Doch dies ist weder Burgund noch Südengland, sondern Madhya Pradesh, die sonnenwarme Mitte Indiens.

ORIGINALGETREU, ABER STABILER

Richard Holkars Vorfahren haben als Herrscher von Indore an der Geschichte und den Geschicken des Landes mitgewirkt. Als Erbe des »Ahilya Forts« stand er vor einer riesigen Aufgabe: »Die ganze Idee des Rekonstruierens, Konservierens und Renovierens basiert auf dem Konzept der Heritage-Bewahrung«, sagt Holkar. »Wir haben die ursprünglichen Lehmziegel der Mauern mit Kalkziegeln ersetzt, da diese die Holzkonstruktion festigen. Die *Textile Unit* (Weberei) hatte ursprünglich auch ein Ziegeldach, das aber vor ein paar Jahren eingestürzt ist. Also haben wir es originalgetreu, jedoch weitaus stabiler, wieder aufgebaut.«

Die *Textile Unit* ist weit und breit eine der ältesten Webereien, vor Jahrhunderten gegründet und von Richard Holkar erneuert. Um dreierlei Ziele ging es, erzählt der Weberei-Chef: Mit Weben sollten Witwen und Frauen, die von ihren Männern verlassen worden waren, eine materielle Basis gewinnen, ihre Kinder in eine Schule schicken (gleichfalls eine Holkar-Gründung), um so Chancen für ihre Zukunft aufzubauen. Drittens, nicht zuletzt, soll damit der Ruf der Region um die Stadt Masheswar als Textilzentrum unter anderem mit eigenen Sari-Produktionen aufgefrischt werden.

Richard Holkar hat auch 45 Wohnungen für die Frauen und ihre Kinder bauen lassen, den aufgenommenen Kredit zahlen die Frauen in 15 Jahren zurück.

Auf dem Wege hinab von der Höhe des Forts zu den Ghats kann man zwischen Shiva-Tempel und Treppen bei der »Rehwa-Weberei« einen Besuch einlegen und sehr, sehr preisgünstig Stoffe auswählen. Am gleichen Wege lohnt es, in das Museum des Forts zu gehen. Man begegnet in Gestalt einer Statue jener Fürstin Ahilya Bai, die im 18. Jahrhundert mit ähnlichen Initiativen wie heute Richard Holkar begann. Als sehr junge Frau verwitwet und schon bereit zum Sati-Feuertod, wurde sie von Holkars Vorfahr Malhar Rao Holkar gerettet, dem damaligen Herrscher. Er bat die junge Witwe, seine Schwiegertochter, statt zu sterben, ihm doch beim Regieren zu helfen. Sie tat es als *Rajmata* Ahilya Bai Holkar so erfolgreich, dabei auf die Menschen achtend, dass sie bis heute hoch verehrt wird.

Richard Holkar hat sein Fort dem drohenden totalen Verfall entzogen. Er hat dafür gesorgt, dass die Weberei ihre Arbeit wiederaufnehmen kann und etliche Familien davon leben können. Er hat die großen Bäume im Garten gerettet und den Zimmern seiner Gäste keine Nummern gegeben, sondern jedes nach einem Baum benannt, der vor seiner Tür, über seinem Dach wächst. Er hat ein Büro in Delhi, und er leitet eine Wohltätigkeitsstiftung, den *Khasgi Devi Ahilya Bai Holkar Charities Trust*.

VIEL SEHEN – UND GUT SPEISEN

Dabei gerät übrigens gutes Essen nie in Vergessenheit. Richard Holkar sorgt für exquisite Küche und bestimmt auch selbst den Speiseplan. Sogar dann, wenn er sich in Delhi aufhält, wird erzählt. So darf man sich bei der Rückkehr von Exkursionen zu Mandu- oder Indore-Palästen, zum Inseltempel von Omkareshwar oder von Badestunden bei den *Thousand Waterfalls* am Ende immer auf ein hervorragendes Dinner freuen. (M) (*Katalognummer 153*)

Vorherige Doppelseite: (*Bild links*) Heritage-Gemäuer und spiegelglattes Wasser zum Baden. (*Bild rechts*) Für weiche Polster wird immer gesorgt. **1** Landhaus-Gemütlichkeit unter stabilen Balken. **2** Symbole des Heiligen, Symbole des Glücks: die heilige Kuh, wohlgenährt, und Krishna, der Flötenspieler und Tänzer. **3** Fort Ahilya, als Trutzburg über dem Narmada-Fluss erbaut, heute ein Wohlfühl-Resort. **4** Auch Hunde haben doch Anspruch auf Ruhe. **5** Lotus blüht auch vielfarbig. **6** Intensives Prüfen am Webstuhl.

Maheshwar

Hindus ist die Narmada so heilig wie der Ganges. Kein anderer großer Fluss Indiens, nur die Narmada, fließt von Ost nach West. Eine Pilgerschaft von der Quelle bis zur Mündung und zurück, die »Umrundung der Narmada«, bedeutet rund 1.600 Kilometer zu Fuß. Die Pilger werden in *Aschrams* der Dörfer (meist nur zwei oder drei Kilometer voneinander entfernt) mit einfachem Essen gratis versorgt. Nachzulesen bei Christian Krug: *Auf heiligen Spuren. 1700 Kilometer zu Fuß durch Indien* – sachlich, informativ, doch auch persönlich und spirituell.

Mumbai

Diese Szene ist nicht verbürgt, aber sie wird immer wieder erzählt, und ein Stück Wahrheit steckt in ihr: Um 1900 gab es keine indischen Restaurants, in die wohlhabende Leute einen Gast führen konnten. Jamsetji Tata, ein Herr in den besten Jahren, einer der ersten indischen Großindustriellen, wollte einen ausländischen Freund in einem britisch geführten Hotel zum Dinner einladen. Der Portier fertigte Tata ab: Sein Gast sei willkommen, er selbst aber nicht. Das Hotel sei »*only for Europeans*«. Jamsetji Tata musste es erstmal hinnehmen, aber er sorgte für eine Änderung. Am Apollo Bunder, mit opulentem Blick auf den Hafen, kaufte er reichlich Grund und baute ein Hotel, das bis heute zu den allerbesten weltweit gehört.

THE TAJ MAHAL PALACE & TOWER

Indiens Stolz und Jamsetji Tatas Liebe

DER GRÜNDER DES »TATA-REICHS«

»Das Taj in Agra, als Liebeszeichen gebaut, ist das Wunder des Mogulreichs. Das Taj in Mumbai, auch im Namen der Liebe gebaut, doch der Liebe zu Mumbai, ist das kostbarste Zeichen des Tata-Reiches.« Das ist zu lesen in der fast zwei Kilo schweren Festschrift des Jahres 2003, die zum 100. Jahrestag der Eröffnung von Indiens erstem aus eigener Kraft gebautem Luxushotel erschien. Jamsetji Tata liebte Bombay, wie Mumbai damals von der britischen Kolonialmacht umgetauft worden war. Und sein »Tata-Reich« ist bis heute eines der größten Industrieunternehmen Indiens, geführt von seinen Nachfahren.

Tatsächlich gehörte Jamsetji Tata um die Wende zum 20. Jahrhundert zu jenen, die Indien aus der Kolonialherrschaft befreien und zur Eigenverantwortung führen wollten. Er ging nicht in die Politik, er baute Indiens Industrie auf, legte die starken Grundsteine für den künftigen indischen Wohlstand, vor allem in der Stahlproduktion. Auch ein Luxushotel kann als Signal des Freiheitswillens und des Selbstvertrauens dienen. Die politische Szene in London sah das vorerst nicht so. Aber sie zollte dem »Taj-Mahal-Hotel« und seinem Bauherrn nach der Eröffnung im Jahr 1903 volle Anerkennung. Jamsetji Tata wird das Urteil der »*Times*« noch gelesen haben: »... die schönste Karawanserei Asiens«. Er starb ein Jahr später. Ob es mehr die Liebe und Begeisterung für Mumbai war, die ihn ohne Kostenplanung (»von allem das Beste«) zum Taj-Mahal-Bau bewogen hatte? Oder doch die psychologische Kalkulation, das geschädigte Selbstvertrauen seiner Landsleute aufzubauen – mit dem Beispiel eines Hotels, das weltweit nicht seinesgleichen hatte? Niemand scheint eine Äußerung von ihm überliefert zu haben, in die eine oder andere Richtung.

FORMAL SO VIEL REICHER ALS MODERNER ZWECKBAU

In unseren Jahren gehört es zum Erlebnis Taj Mahal, das Nebeneinander der Heritage-Struktur und der Moderne zu spüren, den hohen Schwung der Dachkuppel über dem historischen Bau und das Hochhausformat daneben zu beobachten. Der »Tower« lässt dank

Mumbai

seiner Fenstergestaltung eine Zugehörigkeit erkennen. Die beiden Baukörper grenzen sich nicht voneinander ab, sie ergänzen sich. Entsprechend die Eingangshalle, das Bindeglied zwischen den beiden Gebäuden: Die Designer versuchten den Übergang von einem zum anderen Gebäude möglichst sanft, beiläufig zu gestalten. Tritt man in diese Lobby ein, mit einer Buchung für den Altbau, hat man an der Rezeption das enorme, mit Rottönen spielende Bildformat von M. F. Husain vor Augen, ein starkes Stück Moderne auf dem Weg Richtung Altbau.

Wenn es eine ästhetische Konkurrenz von Alt und Neu gibt, hat der Altbau bei den Gästen freilich leichtes Spiel. Was Tata bauen ließ, ist formal so viel reicher als der moderne Zweckbau, von der Ladenpassage über die Restaurants bis zum historischen Treppenhaus im Haupttrakt und bis zu den fürstlichen Suiten! Da gibt es so viel zu schauen, da gewinnt natürlich das hundertjährige Taj Mahal Palace. Und viele lieben es, Einwohner von Mumbai und Indienbesucher aus aller Welt könnten sich nicht vorstellen, dass es das Taj Mahal nicht mehr gäbe.

DAS ZERSTÖRTE WIRD WIEDER AUFGEBAUT

Fünf Jahre nach dem Jubiläumsfest kam 2008 der Schock, der Terror. Der brutale Überfall todesbereiter pakistanischer Kämpfer, die an mehreren Plätzen Mumbais zugleich angriffen. Das prominenteste Ziel war das Taj Mahal, offensichtlich als ein Symbol indischer Tradition und indischen Ansehens in der Welt ins Visier genommen. Mumbais Sicherheitsmannschaften waren sichtlich unzureichend vorbereitet, es dauerte die Nacht und noch in den nächsten Tag hinein, bis die Schießerei endete, die Brände gelöscht waren.

Der Wiederaufbau des Zerstörten ist rasch vorangegangen. Seit Dezember 2008 ist der »Tower« wieder für Gäste geöffnet, im Frühjahr 2010 soll auch der Altbau mit allen schönen Details wiederhergestellt sein. (Katalognummer 155)

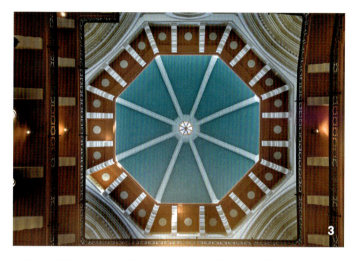

»Das ›Juwel in der britischen Krone‹ war der wahre Schatz eines Reiches, das hundertmal so groß war wie Großbritannien. Großbritanniens Bereicherung stand in direkter Proportion zu der Verarmung Indiens.« M. J. Akbar, Publizist und Gründer der Zeitung »The Asian Age«

Vorherige Doppelseite: (*Bild links*) Türschmuck: Krishna und die Gopis beim Tanz der göttlichen Liebe. (*Bild rechts*) Längst legendär: das Treppenhaus. 1 Endlich Erholung für Augen und Lunge – Parks und Gärten gibt es schließlich kaum in Mumbai. 2 Ikone mit hohem Wiedererkennungswert in spektakulärer Lage gegenüber dem Gateway of India. 3 In leicht abstrahierter Form wurde die Kuppel zum Symbol der Taj-Hotel-Gruppe. 4 Sitzecke in der Rajputana-Suite. 5 Elegante Erscheinung – die offene Holzarchitektur des »Old Wing«.

Der Süden

167

KARNATAKA, GOA, TAMIL NADU UND KERALA

Ein tropischer Wachtraum mit Zukunft

TEMPELHALLEN UND FRAUENRECHTE

Für viele Indienfreunde ist besonders der Süden das wahre Indien, das der endlosen Palmenwälder, der warmen Meere, der Kokosnüsse und Bananen, die in drei Farben von den Marktständen leuchten. Das Land des Urwaldes voller saftiger Schlingpflanzen, voller feuerroter Kaffeebeeren, das Land der duftenden Speichergassen der Gewürzhändler, der dunkelgrünen, triefenden Gärten im Monsunregen. Von hier stammt das Wissen von den zahlreichen heilenden Kräften, die in Kräutern, Ölen, unter dem Feuer der heißen Sonne und in den Kesseln der Ayurvedakundigen erweckt werden.

Indiens Süden ist auch in den religiösen Zeremonien voller Kraft, von den Elefanten angefangen, die bei keinem Tempelfest fehlen dürfen, oft farbig bemalt und goldgeschmückt. Manche Tempel sind wahre Städte, mit Mauern, Straßen, figurenverzierten Gebäuden, hochragenden Türmen, die in unzählbaren Stufen bunt bemalte Götter- und Dämonengeschichten erzählen. Kräftig ist auch die Geräuschentwicklung südlicher Begeisterung, Tempelfeuerwerk ist nicht nur strömender Funkenglanz, sondern umwerfend lauter Knall. Ein Land zum Staunen, bunte Götterstatuen in jedem Dorf. Aber auch strenge graue Steinstatuen, turmhoch und viele Jahrhunderte alt, immer noch unablässig verehrt, in mühseligen Pilger-Fußreisen besucht.

Der Süden

Vorherige Doppelseite: Fischer aus Dhanushkodi in Tamil Nadu, nur noch wenige Kilometer von Sri Lanka entfernt. 1 Tempelhalle im Ramanathaswamy-Tempel in Rameshwaram, Tamil Nadu. 2 Mühsame Ernte – Teepflückerin in den Nilgiris, Karnataka. 3 Hoch zu Elefant – *Pujaris* beim Pooram-Fest in Thrissur, Kerala. 4 Blumengirlanden auf dem Markt in Thiruvananthapuram, Kerala. 5 Vorreiter in Sachen Bildung – laut Statistik kann in Kerala fast jeder lesen und schreiben. Nachfolgende Doppelseite: Nasse Angelegenheit: Pilger im Ramanathaswamy-Tempel in Rameshwaram lassen sich mit heiligem Wasser segnen.

Der Süden

PALMENSTRÄNDE UND *BACKWATERS*

Schließlich ein Land zum ruhigen Verweilen und Genießen, an Stränden beim Anblick des Meeres, wo gelbe Fischernetze bei den blauen oder roten Booten trocknen, oder beim langsamen Befahren der Kanäle und Binnenseen hinter der Westküste. Wie köstlich ist für den Europäer das Geräusch des Monsunregens, wenn er in einer offenen Veranda in die grüne Umgebung sieht und doch keinerlei Kälte spürt, himmelweit weg von den nasskalten Gegenden seiner Heimat. Besucher, die dieses Land lieben, können unablässig so weiter schwärmen, gerade wenn sie dann auf die freundlichen Bewohner zu sprechen kommen.

Lächelnde Gesichter sprechen, gewiss, aber die Sprachen, die in Südindien gesprochen werden, sind schwierig. Mit Hindi, der im Norden allgemeinen Verständigungssprache, kommt man hier nicht weit, mit Englisch auch nicht überall. Malayalam heißt die Sprache in Kerala, die dazugehörigen Schriftzeichen sind wunderhübsch, aber kaum schnell zu erlernen. Tamil spricht man im großen Bundesstaat Tamil Nadu. Beide gehören zu den drawidischen Sprachen, wohl vor dem Einzug der Aryer aus Zentralasien waren sie in ganz Indien verbreitet, aber sie haben keine Verwandtschaft mit europäischen Idiomen. Doch sie sind Kultursprachen, haben früh eine eigene Literatur entwickelt.

Der ganze Süden Indiens war vor 2.000 Jahren von aufeinanderfolgenden mächtigen Dynastien beherrscht, die Länder waren reich und weltoffen, verfügten über Flotten, die weit nach Osten vorstießen. Die Gebiete von Malaysia und Indonesien wurden damals »indisiert«, noch heute begegnet man dort einer bewahrten Hindu-Kultur, obwohl die Verbindung zum Subkontinent lange unterbrochen war.

Auch nach Westen gab es Beziehungen, der Handel mit Gewürzen und Seide kostete schon die Römer der Antike ihre Goldwährung, römische Münzen wurden an allen südindischen Küsten gefunden. Von Westen wanderten Religionen ein, Christen kamen schon in den ersten Jahrhunderten nach Christi Geburt, Muslime erreichten friedlich auf arabischen Schiffen den Süden, lang bevor im Norden muslimische Sultane die weiten Flussebenen eroberten. Viel längere Praxis im Miteinander verschiedener Religionen hat der Süden, das ist heute noch positiv zu beobachten. Daran hat auch kolonialer Fanatismus in den portugiesischen Niederlassungen, zum Beispiel in Goa, nichts ändern können.

Die Kraft des Südens wird aber auch in unserer Zeit deutlich: Hier hat man in den Hauptstädten der südindischen Bundesstaaten erfolgreich den Schritt in die Moderne gewagt, mit Hightech-Zentren und Forschungsstätten, die größere Alphabetisierung der Südstaaten Indiens war da von Vorteil. Bangalore in Karnataka hat den Ruf des indischen Silicon Valleys, doch auch Hyderabad in Andra Pradesh (»Cyberabad«) und Thiruvanandapuram in Kerala sowie manch andere Städte holen auf.

1 Gute Fahrt auf allen Wegen – Gott Krishna beschützt eine motorisierte Rikscha in Kerala. **2** Beschauliche Hausboot-Fahrt durch Keralas *Backwaters*. **3** Fahrender Händler in Karaikudi (Tamil Nadu) stapelt hoch! **Nachfolgende Doppelseite:** Alles überragend: die über tausend Jahre alte Monolithstatue des *Jain*-Heiligen Gomateshwara auf dem Indragiri-Berg bei Sravanabelagola, Karnataka.

Tiracol

FORT TIRACOL
Wo Goa am schönsten ist

»Goa ist auch nicht mehr das, was es einmal war!« Bei jedem Goa-Besuch in den letzten zehn Jahren bekamen wir den Seufzer gleich mehrmals zu hören, vor der Abreise in Deutschland, beim Aufenthalt in Goa und dann noch einmal, wenn wir uns von den goanischen Stränden und Bergwäldern bei unseren Freunden zurückmeldeten. Wir widersprechen ihnen nicht so richtig laut. Was sich von Anjuna und Calangute bis nach Kovalam und Palolem nah der Grenze zu Karnataka tut, ist zum Weinen. Umso heftiger, wenn man in früheren Jahren dörfliche Ruhe und köstliche Strände erlebt hat. Stattdessen breiten sich Billigbauboom und Konsum aus. Jedes zweite Haus mutiert zum Laden, und abends herrscht Rushhour. Ein Glück: Es gibt auch in Goa Alternativen. Man muss sie nur kennen.

Saturda

Eine Alternative bieten die Berglandschaften der *Western Ghats*. Zu ihren Füßen breiten sich Naturparks aus, das »Bondla Wildlife Sanctuary und das Bhagwan Mahaveer Sanctuary«. Weil die benachbarten Dörfer weitab vom Meer liegen, sind geeignete Unterkünfte rar und meist sehr bescheiden, aber man wird etwas finden. Oder man reist – Alternative zwei – mit gut gefüllter Kasse und leistet sich Luxusferien. Dazu empfiehlt sich »Leela Beach Resort« im Süden des Landes, vor bald 20 Jahren nach ökologischen Regeln bei Mobor erbaut, mit langer Strandstrecke und vielen kleinen Kanälen. Einheimische Goaner bekommt man nur als Hotelpersonal zu Gesicht, die Zahl der Gäste aus anderen indischen Bundesstaaten kann aber groß sein.

Die dritte Alternative heißt »Fort Tiracol« und scheint uns die schönste: Goa, wie man es sich im winterlichen Deutschland erträumt und vom nächsten Flughafen aus erreichen möchte, unverzüglich.

NÖRDLICHSTES GOA

Vom Flughafen Dabolim südlich von Goas Hauptstadt Panjim sind es heute nur anderthalb Stunden Fahrt zum Distrikt Pernem im äußersten Norden Goas. Die Flüsse, an denen Goa so reich ist, werden von deutlich mehr Brücken überspannt als noch vor wenigen Jahren, das hat die Fahrzeit fast halbiert. Nur am Tiracol-Fluss, dem Grenzfluss zum Bundesstaat Karnataka, wird zehn Minuten auf die Fähre gewartet, die zeigt Rost und keine Eile.

Am Tiracol-Fluss angekommen, braucht man nicht so oft auf die Uhr zu schauen. Schon sehen wir das Fort, gleich spüren wir den Ruck durch den Schiffskörper, als die große flache Metallplatte am Bug auf den Boden des anderen Ufers aufstößt. Das Fort steht seit Jahrhunderten über dem Meer, heute nur noch auf einem Zipfel des vom großen Nachbarn immer wieder gestutzten goanischen Geländes. Der Wagen erreicht die Höhe in einem weiten Bogen, an Dorfhäusern vorbei, parkt unter Baumgrün. Rasch geht es in den Hof und hinauf zu den gewünschten Zimmern mit Meerblick, und rasch auf die Terrasse. Hier ist der Aus- und Rundblick über Meer, Fluss und Palmenstrand großartiger und schöner als irgendwo sonst an Goas Küste. Im Sand liegen, Badelust ausleben, mit einem Leihboot hinausfahren und Delfinen zuschauen – alles ist möglich. Und die Natur bleibt (fast) ungestört.

VON DEN FARBEN VERWANDELT

Goas nördlichstes Genusshotel ist nicht altertümelnd, sondern modern eingerichtet, mit kräftigen Farben à la Mondrian, und der Denkmalschutz hatte keine Bedenken. Metallstühle auf der Terrasse, Korbsessel in den fünf Zimmern und zwei Suiten, da und dort ein ehrwürdiger Schrank, das passt auch zu den unverändert steilen, hohen Stufen des Forts. Hauptinstrument der Verwandlung zum Hotel ist die Farbe. Weil sich die Designerin auf Weiß, Schwarz und Gelb konzentrierte, in jeden Raum aber andere Akzente setzte, gelang ein lebhaft wechselndes und doch stimmiges Ambiente. Martialische Rundschilde an den Wänden wurden zu dekorativen Zugaben, vielleicht eine ironische Erinnerung an über 450 Jahre der europäischen, genauer portugiesischen Fremdherrschaft. Als stärkste Hinterlassenschaft überdauerte hier die christlich-katholische Religion. Im Hof des Forts haben die Bewohner des Dorfs – sämtlich Christen – auch ihre Kirche; Gäste des Hotels können an den Gottesdiensten teilnehmen. (M) (Katalognummer 185)

Tiracol

Vorherige Doppelseite: (*Bild links*) Komplementär: Zinnen- und Türmchen vor der Weite des Arabischen Meers. (*Bild rechts*) Farbspiele in Orange und Schwarz. **1** Jedes Zimmer ist nach einem Wochentag benannt. **2** Blick nach Süden: die Küste Goas liegt dem Gast zu Füßen. **3** Stimmig die Farbgestaltung auch in den Zimmern. **4** Die Süße des Südens auf dem Frühstücksteller. **5** Stoiker im Regen – nasser Affe blickt (sehnsuchtsvoll?) ins trockene Zimmer. **6** Teil des Forts und somit des Hotels: eine Barockkirche.

Goa ist Indiens kleinster Bundesstaat (3.700 Quadratkilometer), der viertkleinste gemäß der Einwohnerzahl. Die hat sich seit 1950 etwa verdreifacht auf fast 1,5 Millionen Menschen. Meist tolerant leben rund 880.000 Hindus, 360.000 Christen, 92.000 Muslime, 970 Sikhs, 820 Jains, 650 Buddhisten und 350 Andersgläubige zusammen. Die Alphabetisierung liegt bei über 82 Prozent, ein vorderster Platz. Auch bei Wirtschaft (Eisen, Bauxit, Mangan) und Tourismus liegt Goa vorn – jeder zwölfte ausländischer Tourist reist nach Goa.

Siolim

SIOLIM HOUSE
Passion für ein Heritage-Juwel

Das Erlebnis der indischen Weite – man hat es im Flugzeug, auf den *National Highways* und am intensivsten auf den Schienen. Einmal nicht den Nachtzug von Mumbai nach Goa nehmen, sondern bei Tag über Hunderte von Brücken fahren, über Flüsse, deren sandige Betten so breit wie ein Fußballfeld sind, an Felswänden vorbei, von denen gischtend Wasserfälle stürzen! Wenige Städte gibt es in Sichtweite des Zugs, zwischen der Arabischen See und dem Hinterland. Die schnellsten Züge der *Konkan Railway* bringen es auf 130 Stundenkilometer, der Gleisbau ist auf 170 Stundenkilometer ausgelegt – und einspurig. Es gibt darum noch langsame Strecken und wir lieben sie: Man steht in der offenen Waggontür und schaut und schaut, vom Fahrtwind umweht ...

WO PORTUGIESISCHE GOUVERNEURE RESIDIERTEN

Siolim ist ein Ort am Chapora-Fluss, nicht direkt am Meer, das bewahrt ihn vor dem Gedränge von Mopeds und Motorrädern, von alkoholisierten und gelangweilten Touristen. Wo jetzt in der Saison täglich Tausende unterwegs sind, waren vor 300 Jahren ein paar Dutzend Bauern und Fischer mit ihren Familien zu Hause. Umso weiser die Entscheidung des Bauherrn, sich ein Stück flussaufwärts ein stattlich repräsentatives Haus zuzulegen: nah dem Chapora-Fluss und zugleich einer sehr früh errichteten Kirche, Sankt Antonius. Die Sankt-Antonius-Kirche, in ihrer heutigen Gestalt in einem Neorenaissance-Neogotik-Mischstil erbaut, feierte 2007 ihr hundertjähriges Neubau-Jubiläum. Das »Siolim House« stammt vermutlich aus der ersten Hälfte des 17. Jahrhunderts und überstand noch jüngst eine Phase der Baufälligkeit und des drohenden Verfalls.

Entworfen nach dem Muster der portugiesischen zweistöckigen *Casa de Sobrado*, ist das Siolim House heute wieder bereit für Gäste, die eine ruhige Atmosphäre, Gartengrün und große Zimmer samt gutem Service schätzen. Auch Prominenz fände sich hier wieder gut aufgehoben. Im 18. und 19. Jahrhundert zogen Chefs der portugiesischen Kolonialverwaltung ein, es war sogar ein Gouverneur von Macao unter ihnen. Noch im frühen 19. Jahrhundert, als Portugals Weltmachtstellung längst passé war, quartierte sich ein Gouverneur von Mosambik ein.

EINE DER UNGLAUBLICHSTEN UNTERNEHMUNGEN

Das Haus ist alt, ein Erbstück in der Abteilung europäische Kolonialgeschichte. Der Hausherr Varun Sood ist jung, ein Mittdreißiger. Ohne ihn und seine Passion für Heritage existierte das Siolim House vielleicht schon heute nicht mehr. Mit welchen Hindernissen ein Heritage-Haus-Retter rechnen sollte, hat Varun Sood selbst am besten erzählt: »Während unserer Ferien in Goa pflegte meine Frau an den Strand zu gehen, und während sie dort war, fuhr ich auf dem Land herum und hielt Ausschau nach alten Häusern. Ich habe diese Suchfahrten sehr genossen, weil ich einige sehr interessante Plätze in dem Gebiet kennenlernte. Schließlich sah ich im Vorbeifahren das Siolim House. Zwar hatte ich keine Ahnung, wem es gehörte, aber ich beschloss, es zu kaufen. Der Weg, den Eigner zu finden, und die Verhandlungen über den Kauf erwiesen sich dann als eine der unglaublichsten Unternehmungen, die ich je durchgezogen habe. Das begann in dem nahen Dorf, wo der vorletzte Besitzer lebte, und endete in Compton, Kalifornien, mit einem Umweg über Lausanne in der Schweiz. Es stellte sich heraus, dass von der Familie, die das Haus von Anfang an besessen hatte, nur noch ein unverheirateter 75-jähriger Sohn und eine, ebenfalls unverheiratete, über 90-jährige Tochter übrig waren. Das Haus war vor sechs Jahren an einen schweizerisch-amerikanischen Arzt verkauft worden, der mit einer Frau aus Goa verheiratet war. Dieser Arzt, der als Kurzstreckenläufer einst ein Weltchampion gewesen war, hatte nach Goa umziehen wollen, sich in letzter Minute aber doch für die USA entschieden. Seither war er nie mehr nach Goa zurückgekehrt und das Haus war in einem Zustand schrecklicher Verwahrlosung.« Das Unwahrscheinliche gelang, als der Besitzer ein halbes Jahr später in Kalifornien gefunden war, hatte Varun Sood ihn dann nur noch davon zu überzeugen, dass bei ihm das Haus in besseren Händen sei. Das brauchte nochmals ein halbes Jahr. Zweieinhalb Jahre des leidenschaftlichen Bemühens um eine rundum optimale Restaurierung folgten.

»HOTEL DE CHARME«

Das Siolim House ist nur eines der auch heute noch zahlreichen Heritage-Häuser in Goa. Varun Sood und seine Helfer überzeugten mit dieser außerordentlich originalgetreuen Wiederherstellung dennoch so klar, dass es bereits Auszeichnungen gab. Alte, fast vergessene Materialien und Handwerksfähigkeiten wurden angewendet, zum Beispiel kleine Fensterscheiben aus Austernschalen hergestellt oder der Kalk aus zerstoßenen Muscheln, der so viel haltbarer und farbechter ist als Zement. Aus den 24 Zimmern wurden zum Beispiel nur sieben Suiten (jeweils mit einem großen Badezimmer) gestaltet, ohne Wände zu versetzen – und also blieb auch mehr Platz für gemeinschaftlich genutzte Räume. Das Wort »Hotel« schätzt Varun Sood nicht, aber wenn es denn unvermeidbar ist, zieht er »*Hotel de Charme*« vor. **(M)** (*Katalognummer 184*)

Vorherige Doppelseite: (*Bild links*) Portugiesisches Erbe: das Siolim House steht in der Tradition der zweistöckigen *Casa de Sobrado*. (*Bild rechts*) Jeden Morgen frische Blumen. **1** Reizvolle Kontraste zwischen dunklen Dielen und weißen Wänden. **2** Weit gereiste Zuckerdose aus Kuba dient heute als Ausstellungsstück. **3** Angenehm und aufmerksam: Das Personal im Siolim House. **4** Außergewöhnlicher Türklopfer. **5** Stimmungsvolles Ambiente – hier wird bald das Abendessen aufgetragen.

Siolim

»Siolim House wird den Menschen sehr gefallen, die wissen, dass Luxus nichts mit hohen Preisen zu tun hat, aber mit allem, was einem die Chance gibt, sich wirklich zu entspannen.« (Varun Sood). Den Satz könnten in Goa viele unterschreiben, wo eine über Jahrhunderte gewachsene Lebensform von den immer größeren Wellen des Tourismus überspült wurde.

Bangalore

TAJ WEST END
Im Park der wunderbaren Bäume

Ein Heritage der Pflanzenfreunde hatte Bangalore schon lange vor dem »Taj West End« und seinem Park: Im Süden des Stadtzentrums, etwa sieben Kilometer von der MG Road entfernt, ist über Kasturba Road, Mission Road und Lalbagh Road der exzellent schöne »Lal Bagh« (wörtlich: Roter Garten) zu erreichen. Der Lal Bagh blüht seit zweieinhalb Jahrhunderten. 1760 hatte Hyder Ali den Park gegründet, auch sein Nachfolger Tipu Sultan sorgte für das botanische Neuland. Das geschah in Südindien in der letzten Phase unabhängiger Muslim-Fürstentümer, bevor sie der britischen Übermacht erlagen. Immerhin sorgten auch die Briten für den Lal Bagh und bauten nach dem Vorbild des Londoner »Crystal Palace« ein großes Glashaus, ein Heritage für Blumenschauen.

Vorherige Doppelseite: (*Bild links*) Heritage im Pool gespiegelt. (*Bild rechts*) Auch seltene Palmarten wachsen im West End. **1** Frühstück unter weit verzweigten Schattenspendern. **2** Exotisch, anmutig und zum Staunen: Blütenpracht im Garten. **3** Indisch-englischer Landhausstil auf klassischen Arkaden. **4 & 6** Fein abgestimmt ist die Ausstattung von Zimmer und Bad. **5** Eingangshalle mit malachitgrünen Säulen zwischen dunklen Pfeilern.

DER BANGALORE-BOOM

In Bangalore (offiziell seit 2006 Bangaluru) hat innerhalb 20 Jahren eine Bevölkerungsexplosion stattgefunden, statt zweieinhalb Millionen zählt man heute sechseinhalb Millionen Einwohner. In keiner anderen indischen Stadt, heißt es, haben die neuen Technologien, die Hightechunternehmen, die digitale Kommunikation so stürmisch neue Arbeits- und Wohnquartiere entstehen lassen. Basis des Booms war eine seit Jahrzehnten aktive Maschinenbau- und Automobilindustrie.

In den Neubauvierteln stehen weltweit bekannte und eben noch völlig unbekannte Firmennamen an den Portalen, gleich daneben die uniformierten Werkschutzmänner. Wer die gläsernen Produktions- und Verwaltungsbauten fotografieren will, wird verscheucht oder auf Verlangen darüber aufgeklärt, wo er um eine Fotoerlaubnis bitten kann. Hat er die bei seinem Besuch nicht schon in der Tasche, scheint er bereits verdächtig. Umso bereitwilliger öffnen Restaurants, Bars und Hunderte von Läden ihre Türen, das frisch verdiente gute Geld von Tausenden hat der schon zuvor nicht armen Hauptstadt des Staats Karnatakas zu einer breiten, sehr lebendigen Restaurant-, Bar- und Einkaufsszene verholfen.

EINE *HILL-STATION* DES SÜDENS

Im frühen 19. Jahrhundert waren es die Briten, die damals umfängliche Areale Bangalores für ihr *Cantonment* und eine Garnison ihrer Truppen in Beschlag nahmen. Nach Art der *Hill Stations* in Mount Abu oder in Shimla am Rande des Himalajagebirges richteten sie auch Teile der Verwaltung im vergleichsweise milden Klima Bangalores ein. Das geschah um 1830, zuvor hatte die Administration ihren Platz in Srirangapatnam südlich von Mysore gehabt.

Das 1887 eröffnetes Taj West End ist mit seinem Baumpark, aber auch mit den äußerlich authentischen erhaltenen Heritage-Bauten im englischen Landhausstil ein sehr sympathisches Luxushotel. Die Fülle des schönen subtropischen Grüns um und über den Reihen kleiner Spitzgiebel ist kulturell ein kurioser Kontrast, mit den weißen Fassaden und roten Ziegeldächern eine friedliche Ansicht der Kolonialära. Dank seiner Grundstücksgröße wirkt das traditionsreiche West End sogar als eine Oase im Verkehrsgedränge der Stadt. Draußen vor der Auffahrt zur Rezeption rollt täglich der Berufsverkehr in Richtung des etwa zehn Kilometer entfernten Stadtzentrums, kehrt abends zurück – und in der Zwischenzeit sind die Straßen doch nicht leer.

Das wird aber im Hotelbereich des West Ends kaum wahrgenommen. Mauern und dichtes Laubgrün halten den Lärm zum großen Teil draußen. Die Lounge mit ihren malachitgrünen Säulen und abgestuften Deckenkassetten zeigt sich klassizistisch, ist geräumig genug angelegt, so kommt kein Gedränge, keine Unruhe auf. Gepflegte Eleganz, das ist West End-Stil. Zugleich geben die Marmorsäulen, der grüne Teppich und das lebendige Baumgrün vor der Tür ein grünes Grundgefühl – so verwoben in einen Park wohnt man sonst nicht. Der unglaublich hoch polierte Marmorboden spiegelt wie eine windstille Wasserfläche.

WO BÄUME ALT WERDEN DÜRFEN

Ein Rundgang unter mächtig ausgreifenden Baumkronen führt zu den modernen Erweiterungsbauten der Gästetrakte, die man möglichst behutsam und in den Dimensionen angepasst in den Hotelpark gesetzt hat. Zwei Schwimmbecken stehen zur Wahl. Und immer

Bangalore

wieder schaut man in die Bäume, unter ihnen sind mehrere Hundertjährige. Die Bäume haben teils Namenschildchen, aber besser ist ein baumkundiger Führer, der einem erklären kann, was man mit Augen sieht. Ein Beispiel: Der Pipal-Baum, hoch geschätzt wegen seiner medizinischen Wirkstoffe, ist hier sogar 140 Jahre alt geworden und kann wohl noch ein paar Jahre mehr überleben. Bäume haben schon ein viel höheres Alter erreicht. (Katalognummer 164)

Noch eine Empfehlung für Gartenfreunde und alle Freunde der Gartenstadt Bangalore:

Jeden Samstag und Sonntag gibt es bei den Kulturspaziergängen *Bangalore Walks* auch botanische Spaziergänge. Die Gartenkultur ist wohl eine der schönsten Kulturen überhaupt.
(www.bangalorewalks.com)

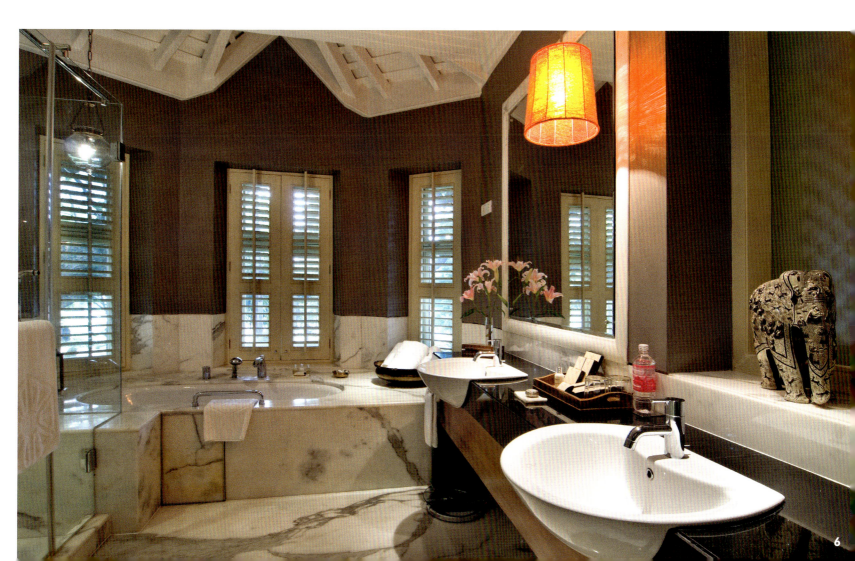

Kumbakonam

SWAMIMALAI ANANDHAM
Heritage in ländlicher Ruhe

Diese Landschaft um das Dorf Swamimalai lohnt sich für einen längeren Aufenthalt zwischen Bauerndorf, Heritage-Anwesen und den kostbaren Tempelstätten im Umkreis. Wer nicht gleich, kaum angekommen, wieder weiterreist, kann interessante Beobachtungen machen. Natürlich ist auch eine ganze Woche zu kurz, um wirklich zu erkennen, wie sich das Dorfleben hier von einem Dorf in Mitteleuropa unterscheidet. Im weiteren Umkreis ist es eine der reichsten Tempellandschaften, von Tanjavur bis Chidambaram. Auf einem Pilgerhügel bei Swamimalai habe Shivas Sohn Murugan seinen Vater religiös unterrichtet – für westliches Denken ein merkwürdiger Göttermythos. Eine lebensnahe Sammlung zeigt das Museum, dem Hotel »Sterling Swamimalai« zugehörig.

Vorherige Doppelseite: (*Bild links*) Gewaltig: die bis zu 10 Kilo schweren Jackfrüchte. (*Bild rechts*) Ebenfalls imposant: das Begrüßungskomitee vor dem Restaurant. **1** Blick in die ländlich-einfach anmutende Rezeption. **2** Lebendige Musiktradtion: klassisches indisches Konzert im *Mutram* (Innenhof). **3** Einst Teil eines Karussells, heute Schmuckstücke im hoteleigenen Museum. **4** Ein Fabelwesen bewacht den Pool. **5** Illustres Gipsfiguren-Kabinett nicht ohne Hierarchie: ganz oben thronen die Götter.

Schon bei der Anfahrt unter hohen Palmen und inmitten von überbordendem Grün fällt auf, wie umsichtig hier beim Bauen des Swamimalai-Anandham-Hotels mit der gewachsenen Natur umgegangen wurde. Keine großen Schneisen hat man gebraucht. Sei es die Rezeption, das große Badebecken oder der erweiterte Bau am Rande – alles fügt sich scheinbar ohne Plan harmonisch in das tropische Gelände ein. Der erweiterte Bau ist jetzt Restaurant und Museum. Mit seiner von Säulen getragenen Veranda wirkt er heller und offener als das früher im Heritage-Komplex eingerichtete Restaurant. Wendet man sich dem Heritage-Anwesen zu, vorbei an den 25 *Cottages* der Gäste und an einem Bachlauf entlang, sieht man ein sehr gepflegtes Beispiel der südindischen, einstöckigen Bauweise unter breiten und zugleich hohen Dächern. Sie sind mit dichten Lagen von Elefantengras gedeckt. Scheinbar sind sie so tief gezogen und gewichtig, dass sie jeden Augenblick ins Rutschen kommen könnten, tatsächlich sind sie sehr stabil.

EINE VARIANTE DES »LANDHOTELS«

Als der junge Steve Borgia in den 1990er Jahren in Tamil Nadu Ausschau hielt nach einem ländlichen Ort für eine Variante des altbekannten »Landhotels«, fand er hier das Richtige. Nämlich eben ein wunderschönes, authentisches Heritage-Anwesen: hundertjährig, ein ansehnliches Dorf gleich hinter dem nächsten Waldstück in Fußgängernähe und auch städtisches Leben, das in Kumbakoman nicht zu weit entfernt ist. Dass diese Region eine der künstlerisch reichsten in Südindien ist, mit einer Fülle von Tempeln und königlichen Bauten, braucht kaum noch erwähnt zu werden. Richtig ist jedenfalls: Viele Kunstfreunde freuen sich über einen ruhigen Ort, an dem sie sich nach den Rundfahrten des Tages erholen können.

Eine gute Gelegenheit für die Gäste, ein hundertjähriges Haus kennenzulernen, wie es sich wohlhabende Leute damals leisten konnten. Die Geräumigkeit fällt auf, lässt auf eine normale indische Großfamilie schließen, der *Mutram*, der große rechteckige Innenhof, gehörte natürlich dazu. An einen der vier Flügel hat Steve Borgia ein ziemlich riesiges, bis zur Dachkante reichendes Götterbild montiert. Es war bei einem Filmdreh übrig geblieben. Als Hintergrund ist das monumentale Gesicht fast zu allen Veranstaltungen im *Mutram* geeignet, ob folkloristischer Tanz, Vortrag oder Theater.

ZUCKERROHRFELDER UND BRONZEGIESSER

Viel Platz ist für Spaziergänge, auf schmalen Erddämmen hinaus über die Zuckerrohrfelder oder auf der Straße zum Dorf. Die meisten Mitarbeiter im Hotel sind in diesem Dorf geboren, finden bei Steve Borgia Ausbildung und Aufstiegschancen, als Rezeptionist, Manager oder Koch. Sie lernen genügend Englisch, Gäste können sie ausfragen, mit ihnen durch das Dorf gehen. So entstand ein Haus ohne die Schranken des Luxushotels, aber mit wohlbedachten Qualitäten für die Gäste. Ob *Ayurveda* oder Abholservice, Sauna oder die fast lautlose Klimaanlage: Es wird einiges angeboten im Swamimalai Anandham!

Konflikte, unter denen auch diese dörfliche Welt leidet, aus spezifisch indischen Bedingungen, soll man nicht verschweigen. Das Beispiel des Bronzegießers Rajan: Er ist ein Künstler, ein Unternehmer, ein Reformer. Rajan schafft meisterliche Bronzefiguren und er beherrscht die alte Gusstechnik der »verlorenen Wachsform«, wie sie schon zur Zeit des Chola-Königreichs praktiziert wurde. Rajans Werke sind weltweit begehrt, werden per Schiffsfracht über die Ozeane transportiert. Mehr als ein Dutzend Gesellen und Lehrlinge haben bei ihm Arbeit. Doch mit seinem Vater ist er zerstritten. Es ist eine Brahmanen-Familie, ihre Kaste fordert Reinheit, erlaubt keinen Umgang mit einem, der im Rauch der Feuergrube schafft. Auch nicht, wenn er Götter und Göttinnen formt ... Rajan spricht gut Englisch, seine Werkstatt ist nur fünf Minuten zu Fuß vom Hotel entfernt. (**M**) (*Katalognummer 178*)

Kumbakonam

Auch in Mamallapuram südlich von Chennai hat Steve Borgia ein ökologisches Hotel eröffnet, das »Sterling Mahabalipuram«, bisher das einzige in der Nähe des südlichen Strands und des »Shore Temple« (aus dem 8. Jahrhundert). Dieser Steintempel gilt als Leitbild des frühen Tempelbaus Südasiens, bis nach Angkor Wat. Am Hafen Mamallapuram hat man römische Münzen gefunden. Ein einzigartiges Meisterwerk ist das 30 mal 12 Meter große Felsenrelief »Arjunas Buße« oder auch »Herabkunft der Ganga«.

Jeden Morgen beim Blick aus unserem Seitenfenster im ersten Stock des »Bangala« sahen wir sie wieder: Die Frau vom Haus gegenüber, wie sie gerade aus der Tür trat oder wie sie schon beschäftigt war, mit Reispulver vor ihrer Haustür ein *Rangoli* auf den Boden zu zeichnen. Das ist Frauensache, ob in Süd- oder Nordindien. Immer wieder staunten wir, wie sicher sie freihändig die Blütenformen oder andere Muster herstellte. Anderswo bleibt das *Rangoli* länger an seinem Platz, bevor ein neues folgt. Hier in Karaikudi gab es das alle Tage, und die Kinder der Familie schauten zu. Der Eignerin des Bangala, Meenakshi Meyyappan, gefällt es auch, nebenberuflich war sie damals ein *Social Worker*.

THE BANGALA

Chettinad soll leben

Was Bangala heißt, ist leicht zu raten, es ist das gleiche Wort wie »Bungalow«, also ein Stück Kolonialgeschichte. Dieses Bungalow-Hotel namens Bangala hat sich binnen weniger Jahre vom freundlichen *Homestay* in ein ansehnliches Hotel verwandelt, seit 1999 ist es ein Heritage-Hotel. Ansehnlich war freilich schon zuvor die Art-déco-Architektur samt den Kapitellen auf den Pfeilern der Veranda. Auch die geometrischen Formenspiele in den hölzernen Rahmen vor Fensteröffnungen passen dazu. Vom Art-déco zumindest beeinflusstes Design zeigen die Lampen, die für angenehm helle Beleuchtung sorgen. In den Innenräumen, dem Speisesaal und dem Salon bringen Farben Lebendigkeit, zwischen kostbarem alten Teakholz, silberbronzierten Türen und den dunkelgrünen Sonnenschutzmatten. Ob es die bunte Kissenreihe ist oder die kräftig gelbe Decke auf dem Tisch, an dem sich die Gäste versammeln – die Farben laden zu guter Laune ein.

Das gilt auch für die Köstlichkeiten, die Mrs Meyyappan servieren lässt, ob Frühstück, Lunch oder Dinner, auch diese sind bunt: das *Masala* aus roten Bohnen, der Garnelensalat, das Karotten-*Halva*. Mittags werden zur Erinnerung an den Brauch vom Palmblatt statt vom Teller zu speisen, diese farbwirksam mit ihrem Naturgrün auf die gelbe Tischdecke platziert. Der Speiseplan zeichnet sich durch Vielfalt und die besondere Lust an typisch regionalen Gerichten aus. Zur Wahl steht aber auch kontinentale Küche. Nimmt man noch den Garten und die kleine Bibliothek wahr, lässt sich eine Reihe von verwöhnten Tagen verbringen.

EINZIGARTIGES CHETTINAD

Doch wer kommt, um in Karaikudi und den umliegenden Orten die in Indien einzigartige Chettinad-Kultur und -Architektur kennenzulernen, ist im Bangala ebenso am rechten Platz. Wer zum ersten Mal durch diese Städte wandert, kommt aus dem Staunen nicht mehr heraus. Sandverweht, oft menschenleer erstrecken sich die Straßen, und unversehens steht man vor einem langen, stattlichen Bau, meist mit einem hohen schmiedeeisernen oder aufgemauerten Gitter davor (ganz anders als die

Karaikudi

Havelis im Shekawati-Land, die unmittelbar an die Straße gebaut sind). Und schwenkt man in eine Seitenstraße ab, kommt das nächste Gebäude ähnlichen Formats in den Blick. Es sind so viele, dass es einen mehrwöchigen Urlaub braucht, wollte man sie alle besuchen und besichtigen. Schon deshalb, weil man sich bei vielen erst die Erlaubnis zum Zutritt verschaffen müsste.

Karaikudi hat bisher noch kein *Tourist Office*. Bester Rat: Mrs Meyyappam und ihren Stab fragen. Im Bangala hilft man gern: Den per Bahn angereisten Gästen sagt man, wo ein Wagen zu mieten ist; nennt bei Bedarf einen Führer, dessen Englisch über die ersten sechs Sätze hinausreicht; und man kennt dort die schönen Häuser, die sich Besuchern bereitwillig öffnen (ein Trinkgeld wird vom Pförtner erwartet).

DIE GLANZLICHTER DES ERBES

Meenakshi Meyyappam liebt ihre Heimat, und sie kennt sie besser als die meisten, klagt über Verfall der reichen Architektur und über die Verluste an Lebensqualität, auch beim bunten traditionellen Dorfleben Chettinads. Ebenso intensiv freut sie sich an jedem Zeichen der Einsicht, dass alte Werte erhalten werden, gleich ob in den alltäglichen Gebrauchsgegenständen oder im Umgang miteinander. Mit zwei Publizisten und Sozialhistorikern sowie einem vorzüglichen Fotografen hat Meenakshi Meyyappam vor einigen Jahren ein außerordentliches und notwendiges Buch geschaffen; jeder kann in dem gewichtigen Band sehen, worum es geht.

Natürlich um die schönen Häuser Chettinads, aber um so vieles mehr: zum Beispiel um Tempelfeste, um die familiären Rituale von der Geburt bis zum Sterben, um die Dorfgemeinschaften (es gibt rund 80 im Chettinad), um Kunsthandwerk, auch um die Traditionen des Speisens. Das Team nahm sich also vor, in »Wort und Bild die Glanzlichter dieses Erbes zu dokumentieren, bevor der Gang der Zeit sie beiseiteschieben« würde. Überwältigend reich und überzeugend ist dem Vierer-Team der Band *The Chettiar Heritage* gelungen, mit über 800 Bildern ein Augenschmaus. (M) (Katalognummer 170)

Karaikudi ist eine Stadt für anspruchsvolles Einkaufen, mit Antiquitätenhändlern und Juwelieren. Wie in vielen historischen Städten sind die Antiquitäten Reste abgerissener Häuser, Lagerhallen voller repräsentativer Türen mit feinem Schnitzwerk, bunte hölzerne Pferde, Säulen mit üppigen Kapitellen, dazu noch Schränke voller Küchengerät und Tischschmuck. Was Edelsteine betrifft, sollte man wissen, dass Diamanten unumstößlich und schon immer die beliebtesten Steine der Chettiars sind.

Vorherige Doppelseite: (*Bild links*) Initialen der Hausherrin: Mrs. Meenakshi Meyyappans Gartentor. (*Bild rechts*) Einst Klubhaus, heute Heritage-Hotel – The Bangala. 1 Indien swingt – Die Schaukel ist eine weitverbreitete Sitzgelegenheit. 2 Nicht nur deutsche Hausfrauen wissen, wie Kissen richtig präsentiert werden. 3 Dekorative, mit Sand gefüllte Eimer für den Brandfall. 4 Vielköpfige Chettiar-Familie mit selbstbewusstem Oberhaupt. 5 Fein abgestimmt: Serviettenringe und Saftglas-Abdeckungen.

Karaikudi

Schöne, klangvolle Namen haben die Küsten Südindiens, im Westen die Malabarküste, im Osten am Indischen Ozean die Koromandelküste. Namen wie Musik; Namen, die Reisesehnsucht wecken. Über das Land Chettinad erstreckt sich das Delta des Cauvery-Flusses. Der strömt quer durch die Bundesstaaten Karnataka und Tamil Nadu und erreicht in zahllosen Verzweigungen die Koromandelküste. Touristen aus aller Welt bewundern die Architektur der Tamilentempel, deren bunte Türme (*Gopuram*) seit Jahrhunderten weit übers Land grüßen. Besucher, die es zur Landenge zwischen Indien und Sri Lanka zieht, fahren von Madurai zur Pilgerstadt Rameshwara. Fast alle aber lassen eine sehr eigenartige Landschaft Tamil Nadus links liegen: Chettinad.

VISALAM
Eine legendäre Region erwacht

TOURISMUS – ABER ÖKOLOGISCH!

Chettinad ist im Süden Indiens in seiner Weise das, was im Norden Shekawati ist: eine lange vom Rest der Welt fast vergessene Landschaft der Dörfer und kleinen Städte. Diese Landschaft ist jedoch im Gegensatz zu Shekawati nicht ein Ausläufer der semiariden Wüste Thar, sondern zumindest in Teilen ein meist gut und in manchem Jahr auch überreichlich mit Regen gesegnetes Bauernland. Und noch ein Unterschied: Herrschten in ihren Shekawati-Burgen seit dem Mittelalter stolz und kämpferisch die Rajputen-Fürsten, haben in der Chettinad-Region Kaufleute und Bankiers eine Architektur der *Mansions* geschaffen, weiträumige städtische Herrenhäuser. Manche sind wahre Paläste. Dies freilich zeitversetzt zu den architektonisch ganz anders entworfenen Shekawati-*Havelis* der Karawanenkaufleute.

Tüchtige Händler waren die Chettiars schon Jahrhunderte, bevor sie ihre wirtschaftliche und kulturelle Blüte erlebten. Das geschah im 19. Jahrhundert und dauerte bis über die Mitte des 20. Jahrhunderts. Dann verfielen die Prachthäuser hinter ihren großen Toren, die Familien wanderten ab. Erst jetzt kündigt sich ein Aufschwung von größerer Reichweite an. Der Geheimtipp Chettinad der Reiseveranstalter wächst zu einer neuen Destination auf der Indienkarte, zu einem Wunschziel der Touristen.

Ein deutliches Zeichen setzt die *CGH Earth,* die ihre ökologischen Hotels und Resorts bis dahin fast ausschließlich in Kerala erbaute. Vor wenigen Jahren wählten die Dominic-Brüder eines der verfallenden *Mansions* in Kanadukathan, einem kleineren Ort, 15 Kilometer von der Stadt Karaikudi entfernt. Beide Orte liegen zentral in der Chettinad-Landschaft. Aber nur das »Visalam« hat eine derart stattliche Fassade vorzuweisen.

Die Opulenz beginnt bei den massiven Torpfosten, zwischen denen die Besucher durch Metalltüren in das Hofgelände eintreten. Ein wiederauferstandener Triumph des Art-deco-Stils! Der ist noch in der Mitte des 20. Jahrhunderts in Indien beliebt gewesen. Anderswo zwischen Himalaja und Tamil Nadu kommt die Ausdruckskraft des Art deco aber kaum je so zur Wirkung wie hier an der Frontfassade des Visalam. Eleganz entfaltet sich im Wechselspiel der betont strengen Vertikalen, der schmückenden Vorsprünge und Rundungen. Farbig erneuert thront lächelnd über allem in einem Kreisrund am Dachfirst Lakshmi, die Göttin des Wohlstands und Reichtums. Muten ihre ständigen Begleittiere, die beiden Elefanten, nicht etwas kurios an?

Im Innern des Visalam haben die Architekten die traditionelle Struktur der *Mansions* im Kern erhalten, mit dem lang gestreckten Empfangssaal parallel hinter der Fassade wie mit der dahinter anschließenden, für Feste nutzbaren Haupthalle. In dieser Halle reihen sich um einen Säulenumgang die Gästezimmer. Nur 15 sind es, alle großräumig, hell und mit hohen Decken – diese Architektur hat nichts Kleinteiliges oder Kleinmütiges. Der Blick geht hinaus in den Garten, auf die Terrasse.

LEIDENSCHAFTLICH FÜR CHETTINAD

Um 1940 hatte ein sehr wohlhabender Geschäftsmann das Haus für seine Tochter bauen lassen. Deren Urenkelin erzählt, wie ungewöhnlich das war – nur Söhnen wurden in der Regel Häuser geschenkt – und sie erzählt von der eigenen Lebenserfahrung: Wie sie als junge Frau aus Chettinad fortstrebte, in eine Großstadt – und wie sie dann doch zurückkehrte und das Leben unter Familienangehörigen genoss. »Heute durch ein heimatliches Haus zu gehen, das über 75 Jahre alt ist und in jeder Ritze randvoll von Geschichten vergangener Jahre steckt, Geschichten aus unserer Kultur und von unseren Vorfahren, gibt einem eine ganz neue Perspektive ... heute bin ich leidenschaftlich voller Liebe zu Chettinad.« (Katalognummer 171)

Vorherige Doppelseite: (*Bild links*) Schönes Ritual – allabendliches Entzünden von Öllämpchen. (*Bild rechts*) Flankiert von zwei schmächtigen Elefanten garantiert die Göttin Laxmi über dem Eingang der Villa Reichtum, Glück und Fülle. **1** Die Eingangshalle lädt zum Verweilen ein. **2** Südindische Küche par excellence: *Thali* auf Palmblatt. **3** Begrüßung in Blütenschrift. **4** Art-déco war beliebt bei den Chettiars. **5** Große Zimmer in denen es an nichts fehlt. **6** Elegant geschwungene Außentreppe.

Karaikudi

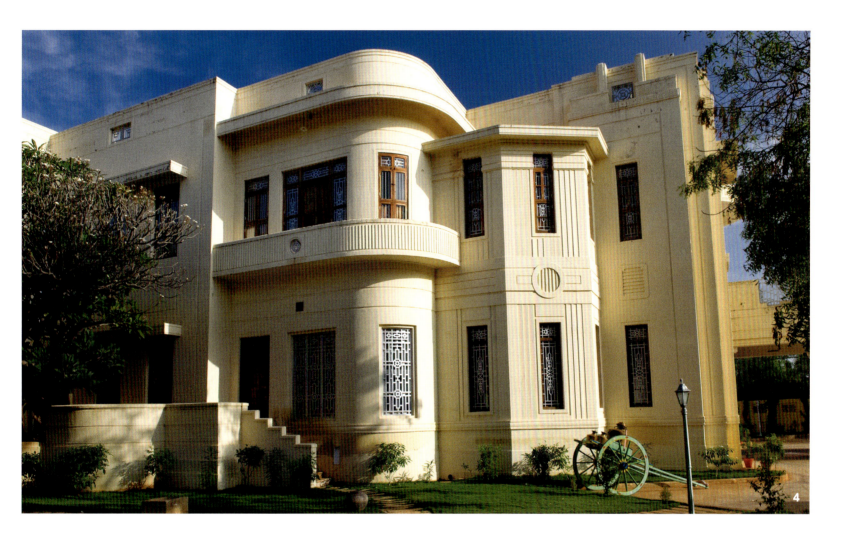

Was Chettinad-Besucher nach langer Zeit im Abseits kaum noch erwartet hätten: Dies ist eine Region sehr schönen Kunsthandwerks, von Metallgeräten bis zu Handdrucktextilien. Saris aus Baumwolle werden gern in Gelb, Orange, Rot und Schwarz angeboten. Rot und Schwarz sind auch Palmblattkörbe. Im Visalam lässt man sich Adressen empfehlen. In einem anderen Dorf wird vorgeführt, wie nach einem speziellen Verfahren farbige Kacheln hergestellt werden, und noch einmal gibt es Art-déco-Muster zu sehen.

Pondicherry » ... besteht aus zwei durch einen überbrückten Kanal getrennten Teilen, der Schwarzen Stadt, fast nur Hütten, und der Weißen Stadt am Meeresufer mit schmucken, farbigen Häusern, dem Hause des Gouverneurs, Stadthaus, Hospital, Kathedrale, Hindutempel, Missionskirche, Collège, Priesterseminar, Bibliothek, Botanischem Garten, zwei Waisenhäusern, Kaserne, Militärkrankenhaus, Theater und 40.000 Einwohnern.« (Aus einem Lexikon des Jahres 1897) Franzosen, Holländer und Briten haben sich um die Hafenstadt rund 140 Kilometer südlich von Chennai gestritten, bis zu Pondicherrys totaler Zerstörung – und den darauf folgendem Wiederaufbau. Wie das alte Lexikon andeutet: unter kolonialistisch kruder Zurücksetzung bodenständiger Einwohner.

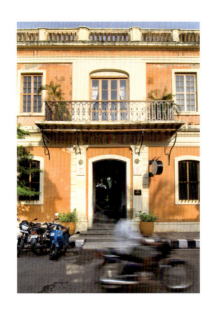

HOTEL DE L'ORIENT

La petite France am Golf von Bengalen

Vorherige Doppelseite: (*Bild links*) Der Haupteingang an der Rue Romain Rolland. (*Bild rechts*) »The Hindu« liegt als Frühstückslektüre bereit. **1** Großen Gesten nahe des Eingangs. **2** Immer wieder schön: Blüten in einer mit Wasser gefüllten Messingschale. **3** Alles bereit – der Gast kann kommen. **4** Stilvoll möblierter Bereich zwischen zwei Zimmertüren. **5** Wer möchte kann auch hinter Vorhängen schlafen. **6** Der begrünte Innenhof wird am Abend zum Treffpunkt von Gästen und Einheimischen.

EIN KLEINES, FEINES HOTEL ...

Meeresblau, ockerheller Sand, Buschwerk und Palmenwipfel – als wir uns Pondicherry auf der Straße vom Süden her näherten, verführte uns ein Hinweisschild »Dorf der römischen Münzen« auf den schmalen Asphalt in Richtung Strand abzubiegen. Erloschene Vergangenheit, die Piste endet in Steingeröll, über sperrige, ausgefranste Palmwipfel streicht die Meeresbrise. Einige muslimische Grabstätten aus dem 19. Jahrhundert schienen im Sand unterzugehen. Nur mit Fantasie kann man sich Schiffe und Händler vor 2.000 Jahren vorstellen, wie sie hier Waren löschten, Waren tauschten und kauften, nicht bemerkten, wie ihnen römische Münzen in den Sand fielen.

Pondicherry und sein einst französischer Teil sind ein starker Kontrast dazu. Zuerst fallen die Käppis der Polizisten auf: schick, in kreisrunder Topfform wie von Frankreichbesuchen wohlbekannt. Aber viel tiefer geht die Wahrnehmung einer Straße, eines Platzes, die an mittelkleine Provinzstädte der Provence erinnern. Hier wie dort leuchtet die Sonne um die Mittagsstunde fast schattenlos Fassaden und Balkone aus. Die Ähnlichkeiten der Architektur sind unverkennbar.

Pondicherry hat unbestreitbar mehrere gute Hotels zu bieten, Francis Wacziarg, mit seinem Freund Aman Nath Gründer der *Neemrana-Group*, wagte trotzdem – oder auch gerade deshalb – den Einstieg, wandelte ein Haus des 18. Jahrhunderts in ein Hotel von heute um, ohne die architektonische Substanz zu zerstören! Mit Toreinfahrt und geräumigem Innenhof erwies sich der Bau gut nutzbar für ein kleines, feines Hotel. In der Rue Romain Rolland ist das »Hotel De l'Orient« auch günstig gelegen, parallel zur Küste und nur durch eine Straße vom Küstenboulevard getrennt. Nordwärts zum Stadtzentrum um den Government Park ist es auch kein langer Weg.

Von »Neemranas Zeitmaschine« spricht Francis Wacziarg, brachte Kunst und Komfort in das neue Hotel De l'Orient, mit Möbeln und Objekten, die deutlich jünger sind als die Mauern des *Mansions* (herrschaftliche Villa). Zum »Durch-die-Zeiten-segeln« ermuntert er seine Gäste. Wer sich je intensiv für die Kunst der alten Kartografen interessierte, wird die hier wandschmückenden, zum Teil farbigen Kupferstiche des 18. und 19. Jahrhunderts begeistert in Augenschein nehmen. Es sind erlesene, schöne Landkarten und alte französische Stiche zu Themen wie *Mariage d'un Brahmane* (Hochzeit eines Brahmanen). Die 14 Zimmer des Hauses tragen übrigens Namen französischer Besitzungen, darunter Namen von ein wenig altmodischer Umständlichkeit: *Loge Cédée aux Français*, aus dem Jahr 1650.

Von den roten Steinplatten auf dem Boden bis zu den leise wirbelnden Ventilatoren unter der Decke erfreuen schöne, klare Formen die Augen des Gasts. Kunstwerke des Bronzegusses, die spiegelglänzenden und vergoldeten Schrank- und Fensterbekrönungen kommen hinzu, fast alle Möbel sind Antiquitäten.

... AUTHENTISCH RESTAURIERT

Schließlich stößt man noch auf die fotografische Dokumentation, die das ruinös aufgefundene Gebäude und seine Wiederherstellung zeigt. Eine UNESCO-Urkunde erkennt das Hotel De l'Orient als *Outstanding Project* an, die Urkunde ist im *UNESCO Regional Advisor for Culture in Asia and the Pacific* abgedruckt und bezeugt: » ... eine erfolgreiche Erhaltung eines Heritage-Gebäudes ohne massive Eingriffe in die Substanz oder einen Neubau. Dieses ermutigende Projekt wurde mit nur geringfügigen Eingriffen vollendet, und das zu vergleichsweise niedrigen Kosten.« Fazit: »Das Hotel De l'Orient zeigt bewundernswerten Charme und historische Authentizität.« Ein Wohlfühlhaus, in das man immer mit Vorfreude zurückkehrt, wenn man sich einige Tage in dieser eigenartigen südindisch-französisch geprägten Stadt umsehen möchte.

Auch Auroville ist immer wieder ein Besuch wert. Mehr als ein Vierteljahrhundert haben die Aurovillaner am *Matri Mandir* gebaut, ihrem futuristisch gestalteten, weithin goldglänzenden Meditationszentrum. Dessen Mitte ist eine große Kristallkugel mit 70 Zentimetern Durchmesser. Im thüringischen Jena, hören wir, ist sie hergestellt worden. (*Katalognummer 182*)

Pondicherry

Der Hindureformator und Unabhängigkeitspolitiker Sri Aurobindo (1872–1950) fand 1910 Zuflucht vor britischer Verfolgung in Pondicherry. Dort nahm die Idee einer »universellen Stadt« Gestalt an. Mit dem offiziellen Segen der UNO wurde 1968 die Stadt Auroville gegründet. Von Pondicherry ist Auroville (circa 1.900 Einwohner) nur etwa zehn Kilometer entfernt, landeinwärts. Besucher können sich in Auroville umsehen, das sich bis heute über alle Krisen hin als standfest erwiesen hat.

Kozhikode

HARIVIHAR HERITAGE HOME
Mit Mutter Natur und den Gurus

Solches Wohnen verwöhnt: in einem weiträumigen Gartengelände mit Rasenflächen und Bäumen um ein tipptopp gepflegtes Heritage-Gebäude. Das Gebäude hat eine umlaufende Veranda und große, helle Räume unter dem traditionellen, hohen Kerala-Giebeldach. Der Bau ist rund 150 Jahre alt und ein schönes Beispiel dafür, dass ein exquisites Heritage-Quartier nicht immer ein ehemaliger Fürstenpalast sein muss. Zu den Vorzügen gehört auch ein vergleichsweise tief in den Gartenboden gemauertes Schwimmbecken, sehr willkommen im zuweilen heißen Klima Keralas. Romantisch wachsen kleine Moosteppiche um die alten Steine. Abstand zu den Nachbarn sichert hinreichend Privatsphäre. Überraschung: Das »Harivihar Heritage Home« ist ein *Ayurveda*-Zentrum.

Dr. Srikumar und seine Frau Dr. Neetha – er Neurologe, sie Dermatologe – können hochzufrieden sein mit der offiziellen Resonanz ihrer ärztlichen Arbeit. Das Harivihar wurde mit dem *Green Leaf* ausgezeichnet, für die hervorragende Qualität ihres *Heritage Home and Ayurvedic Resort*, als einziges Homestead dieser Klasse in Kerala. Im Bundesstaat Kerala, den man zu Recht auch *Ayurveda*-Staat nennen könnte, wünschen sich Hunderte von *Ayurveda*-Abteilungen von Hotels, Resorts oder auch Krankenhäusern das *Green Leaf*, viele haben aber schon Schwierigkeiten, das sehr viel öfter verliehene *Olive Leaf* zu empfangen. Zu den Qualifikationen für das *Green Leaf* gehören auch ein separater Raum für Meditation und Yoga und ein Gewürzgarten. Kein Problem in Harivihar, als Dr. Srikumar das rund 150 Jahre alte *Heritage Homestead* von seinem Schwiegervater zum Geschenk erhielt, konnten er und seine Gattin – beide promovierte Ärzte – großzügig mit den schon vorhandenem Gebäuden planen. Eine Maxime, welche die Patienten im Haus lesen, eine Maxime, von dessen Wahrheit sie überzeugt sind: »Ein ursprüngliches Leben leben, wie es von Mutter Natur vorgeschrieben und von Gurus in alter Zeit vervollkommnet worden ist.«

AUSKÜNFTE ÜBER *AYURVEDA*

Dr. Srikumar, von liebenswürdiger Höflichkeit, nimmt sich Zeit, Fragen zu *Ayurveda* und Yoga zu beantworten. Vor allem in Südindien, aber auch zunehmend in Nordindien, hat es jedenfalls den Anschein: Indiens klassische Therapien und Gesundheitserhalter breiten sich mehr und mehr aus. Dr. Srikumar und seine Frau arbeiten mit Kollegen vom *Keraliya Ayurveda Samajam* zusammen, in Kerala hoch angesehen. Für Dr. Srikumar beginnt der Tag um sieben Uhr mit einer Morgen-Meditation für *Ayurveda*-Patienten. Wichtig ist »Wellness« in seinem ursprünglichen, ganzheitlichem Wortsinn, nämlich mehr als wohliges Ausspannen. Er hilft, sagt er, bevor seine Patienten krank werden. Gibt es Grundregeln? Natürlich, in einer so lange überlieferten Heilkunde mangelt es daran nicht. Und sicher auch nicht an Abweichungen. Dr. Srikumar betont, dass *Ayurveda* auf der mentalen Ebene, der Ebene von Geist und Seele, beginnt. Yoga-Übungen beginnen darum damit, den Geist von »Unreinem« zu befreien, jeden Morgen und jeden Abend, möglichst im Freien. Ein Nachteil für Europäer, da es in ihren Ländern winters immer noch Schneeperiodegibt ... *Pranayama*-Übungen macht man nicht dick vermummt.

EINE WOHNKULTUR ANDERER ART

Entlang der indischen Südküste ist übrigens eine Wohnkultur lebendig, wie wir sie uns in unserem Klima und unseren Autostädten kaum vorstellen können. Wer nur die Strände, die Wohngebiete nah dem Meer und die Hauptverkehrsstraßen wahrnimmt, bekommt diese Wohnkultur nicht einmal zu Gesicht – obwohl sie von Goa bis in den tiefen Süden Keralas weitverbreitet ist. Es sind meistens Villengebiete, eingebettet in reichlich Grün, oft unter hohen Baumkronen, vielerorts in Blütenpracht. Was nach europäischen Gewohnheiten fehlt, ist ein Netz breiter Straßen mit mindestens zwei Fahrbahnen. Irgendwie gelingt es den Bewohnern dennoch mit ihrem Wagen zu ihren Häusern zu kommen. Bis auf sehr wenige Durchgangsstraßen bleibt der Verkehr dünn, Schleichwege zu fahren lohnt sich kaum, für Lastwagen und Busse ist ohnehin kein Platz. Und man hört Vogelstimmen ...

Nein, weder am Meer noch im Stadtzentrum von Kozhikode habe er sein Haus und seine Praxis einrichten wollen, sagt Dr. Srikumar. Seine Patienten haben jedoch große Auswahl an kulturellen Aktivitäten, haben Zeit für Exkursionen ans Meer, sie können auch an Indologiekursen über Sanskrit, Tantra, Astrologie teilnehmen, exotische Einkäufe machen, Heritage-Moscheen oder die buntesten Volksfeste besuchen. Fasten ist nicht angesagt, zur Therapie gehört im Harivihar eine vorzügliche Küche, und von Frau Nertha gibt es ein dem *Ayurveda* gemäßes Kochbuch. Kommentar aus dem Gästebuch: »*Please don't change anything. It is perfect.*« (M) (Katalognummer 175)

Vorherige Doppelseite: (*Bild links*) Heilsame Ruhe – Veranda im Grünen. (*Bild rechts*) Gebündelte Weisheit – alte Texte auf Palmblättern. **1** Schnitzkunst mit tragender Funktion. **2** Gesund und gut – Köstlichkeiten aus der keralischen Küche. **3** Durchdachte Architektur, die auch im Monsun (trockenen) Platz im Freien bietet. **4** Leben unter Palmen. **5** Uralte hinduistische Tradition in Kerala: Theyyam-Kopfschmuck mit Brustschild. **6** Schlicht aber stilvoll – Das »Göttliche Zuhause« (Harivihar).

Kozhikode

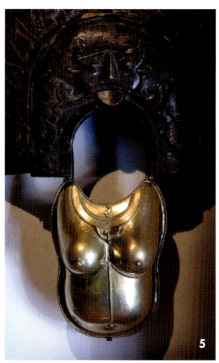

Viele Ausländer, vor allem Franzosen und Schweizer, ebenso aber auch Keralesen, suchen das Harivihar auf, vor allem Menschen, die chronisch Probleme haben oder ihr inneres Gleichgewicht, ihre Balance zu verlieren fürchten. Die Patientenberatungen und Therapien stimmen mehrere Kollegen untereinander ab. Natürlich ist ein Yoga-Lehrer dabei. Harivihar, der Wohnort des Göttlichen, ist ein Platz, an dem man seinen Rhythmus wiederfindet.

Fort Cochin

Indien ist ein Traumland für Tausende. In Kerala lernt man ein Land mit palmengrünen Küsten, reicher Natur, Gleichheitsrechten der Frauen und großer religiöser Toleranz kennen. Unter allen Städten Keralas gilt Fort Cochin als die schönste. Fort Cochin ist zugleich in seinem Kern die älteste europäische Siedlung Indiens, mit der Patina seiner langen Geschichte, mit seiner Promenade am Meer, charmanten Häusern und den pittoresken chinesischen Fischernetzen. Wo möchte man sich lieber einquartieren als in Fort Cochin, in einem Hotel mit schönen alten Bäumen und einer großen, autofreien Grünfläche vor der Tür, nah an der Promenade, in einem Wohlfühlhotel mit hervorragender Küche, mit Kunst und Kultur?

MALABAR HOUSE
Indische Kunst, Gastlichkeit, bravouröse Küche

HERRLICH, ABER IN DESOLATEM ZUSTAND

Dieses Hotel gibt es, aber erst seit wenigen Jahren. Geschaffen von dem deutschen Designer und Ausstellungsfachmann Jörg Drechsel, der seit seinen Studentenjahren ein Freund Indiens und speziell Keralas ist. In den 1990er Jahren beschloss er mit seiner Frau Txuku Iriarte Solana den Umzug nach Fort Cochin. Kaum waren sie dort, da sah der Designer, was andere vor ihm auch gesehen, aber nicht in seiner Wertigkeit und Wandelbarkeit wahrgenommen hatten. So erzählt Jörg Drechsel die Szene: »Bei einem Spaziergang durch Fort Cochin führten uns die Freunde zum ›Malabar House‹, einem der imposantesten indoeuropäischen Herrenhäuser. Das herrliche Gebäude befand sich in einem desolaten Zustand; verlassen, Fenster und Türen zugenagelt und von Pflanzen überwuchert. Ein einsamer Wärter hatte auf einer der Terrassen sein Lager aufgeschlagen. Unser Freund meinte, dass es zu verkaufen sei. Wir sahen uns das Haus an, blickten uns an – es war Liebe auf den ersten Blick!«

Und eine enorme Arbeit war es auch. Zur Kraft der Liebe musste die Tugend der Ausdauer, der Vorzug von Fachkenntnissen kommen, und wo diese nicht ausreichten, die Menschenkenntnis, die richtigen Helfer und Mitarbeiter zu finden. Jörg Drechsel ließ sie nicht aus Europa einfliegen, sondern schaute sich vor Ort um. »Man muss die richtigen Menschen finden, den richtigen Mix schaffen zwischen erfahrenen Profis und enthusiastischen jungen Leuten. Man muss sie zu einem agilen Team zusammenführen. Die individuellen Erfahrungen aller müssen ins Team einfließen. Alle, uns eingeschlossen, mussten viel lernen. Wir kamen aus einer anderen Arbeitskultur und mussten uns damit vertraut machen, wie hier der Prozess der Entscheidungsfindung ablief. Dieser fortdauernde Lernprozess war unsere größte Herausforderung, zugleich aber auch die größte Quelle der Genugtuung und Freude.«

An der Sanierung arbeiteten zeitweise hundert Menschen, vorher waren Ämterbesuche wegen Genehmigungen und Lizenzen fällig. Die Hauptaufgabe war dann, das Hotelkonzept zu finden, das die überdauernde Heritage-Substanz und die Erfahrungen, Wünsche und Forderungen der Gegenwart vereint. Jörg Drechsel sagt es so: »Der Erhalt von kulturellem Erbe ist ein notwendiges und lohnendes Ziel. Dies kann nicht erreicht werden, wenn man die Gegenwart vermeidet und die Zukunft ignoriert. Die Erneuerung ist inhaltsbezogen und kein modischer Zeitgeist.« Vier Jahre vergingen, bis die enorme Arbeit getan war. Wo im 17., 18. und 19. Jahrhundert Gewürzhändler, Teehändler und Bankiers gewohnt hatten, war um die Jahrtausendwende Fort Cochins erstes *Boutique Heritage Hotel* entstanden.

Seither ist das Malabar House sehr rasch und weltweit bekannt geworden, mit hohen Preisen von Staat und Medien ausgezeichnet. Eine der schätzenswerten Ehrungen: das Malabar House ist seit 2008 erstes Mitglied der »Relais et Chateaux« in Indien. Jörg Drechsel sieht, wie sehr die Gäste es schätzen, in dem mit aller Sorgfalt geretteten Heritage-Bau indischen Antiquitäten und Werken der modernen indischen Kunst zu begegnen, und zwar auch in ihren Zimmern. Für jeden Platz wurde das optimal geeignete Objekt gewählt, so strahlt das Kunstwerk seine Kraft aus. Das Nebeneinander von Tradition und zeitgenössischem Design regt an! Und weil das Malabar House nur 17 Suiten und Zimmer hat, kommen weder Gedränge noch Stress auf. Der Gast fühlt sich aufgenommen, behaglich – und wird sich seines Glücks bewusst, weiten

Fort Cochin

Abstand von der Hektik gewonnen zu haben. Kommt er aus der westlichen Welt, kostet er noch ein anderes Glück aus: Ost-West nicht als misstrauische Spannung, sondern als Annäherung zu erleben.

ABENDE VOLL NEUER ERFAHRUNGEN

Den Kunstwerken fügen sich die Darbietungen klassischen Tanzes, eine Vielzahl von Ausstellungen, indische Musik, auch *Ayurveda*-Behandlungen und nicht zuletzt in Hochform die indische Küche an. Oft leuchten Hunderte Flämmchen von Öllampen im Gartenhof zwischen Schwimmbecken, Restaurant und Bühne. Die Abende in diesem Ambiente voll neuer Erfahrungen haben Reise-Autoren als »magisch« und als »exotischen Chic« entdeckt. Erst in den letzten Jahren kam zum Restaurant zu ebener Erde noch eine *Wine Lounge* mit weitgefächerter Auswahl im ersten Stock hinzu, mit einer Spezialabteilung für die immer besseren indischen Weine. (M) (*Katalognummer 166*)

Vorherige Doppelseite: (*Bild links*) Steinmetzkunst auf einer Säule im Innenhof. (*Bild rechts*) Kunst und Kulinarisches: allabendliches Kulturprogramm im Gourmetrestaurant »Malabar Junction«. **1** Einfach göttlich – die Weinlounge »Divine« vereint das Beste aus Ost und West. **2** Augenschmaus und Gaumenfreude. **3** Jedes Zimmer ist eine Fundgrube für Liebhaber erlesener Antiquitäten oder zeitgenössischer Kunst. **4** Dekorativ: hölzerner Kuhkopf. **5** Der Innenhof des Malabar-House: Bühne, Restaurant und Treffpunkt zugleich.

»Trinity« ist nur drei Minuten vom Malabar House am gleichen Platz. Auch hier, in den großzügig modernisierten Art-déco-Räumen, steht zeitgenössische Kunst in bestem Licht. Jörg Drechsel erfand die *Malabar Escapes & The Malabar House* – und bietet den Gästen damit zugleich eine Rundtour an. Sie können sich vom historischen Fort Cochin zu den *Backwaters* und zu den Gewürzplantagen aufmachen – und damit Kerala in ihren Kernfacetten kennenlernen.

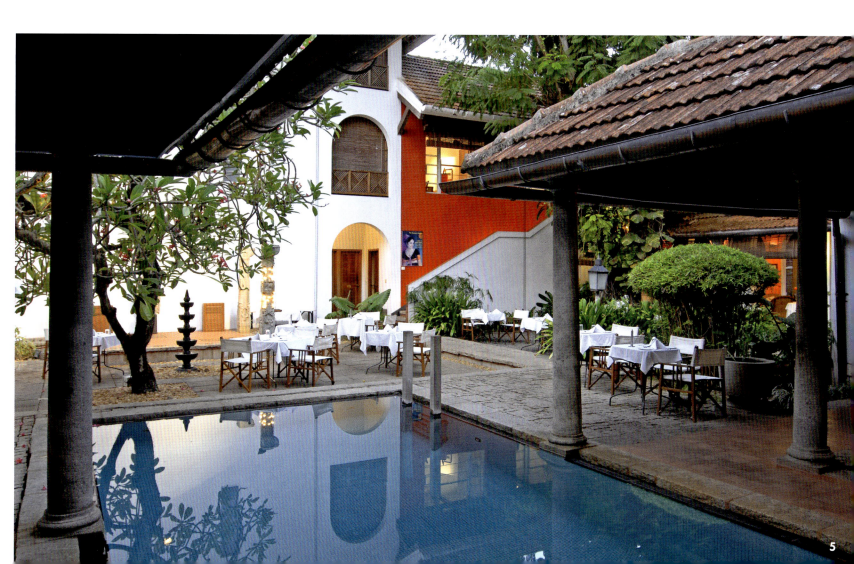

Es bleibt selbstverständlich jedem selbst überlassen, ob er einen Tag mit einem Elefanten verbringen möchte, diesem maximal großen und garantiert gravitätischen Tier. Auf dem breiten Rücken ist Platz für mehr als eine Person, und natürlich bleibt der *Mahout* in nächster Nähe. Das Angebot kommt für Erstbesucher des Villa-Hotels »Serenity« in aller Regel überraschend, ist aber auch verführerisch. Etwas tun, was man noch nie getan hat, obwohl oder sogar weil es wie ein Kinderabenteuer ist. Und jetzt möchte man es tun. Wie lange soll man warten, bis einem jemand wieder einen Elefanten samt Führer anbietet? Serenity ist einer von vier »Malabar Escapes«, die Jörg Drechsel allesamt erfunden hat.

SERENITY
Ein Tag mit dem Elefanten

MITTEN IN DEN PLANTAGEN DER PAPAYAS, BANANEN UND GEWÜRZE

Alle Escapes haben Gemeinsamkeiten, sie sind auf kleine oder sehr kleine Gästezahlen angelegt, bringen Exklusivität ins Spiel, die aber nicht auf Vereinsamung hinausläuft. Ihre Gestaltung bezieht sich auf Kerala-Landschaften, das Villa-Hotel Serenity beispielsweise auf die Plantagen, die seit Langem zwischen Lake Vembanad und dem Periyar-Nationalpark dicht an dicht den Boden nutzen, wo immer er ausreichend fruchtbar ist. Ein »Escape«, eine Flucht, ist natürlich nicht nur in punkto Elefantenritt eine individuelle Entscheidung. Man kann sein Handy abstellen, oder man kann die Kontakte mit seinen Geschäftspartner auch aus ungewohnter Umgebung fortführen.

Wir empfehlen eine Konzentration auf die gewählte Umgebung, doch eher locker als radikal. Und für den Fall, dass ein Escape aufgrund von zu wenig Schlaf oder zu viel Ärger angesagt ist: Erst einmal zur Ruhe kommen!

Die Villa Serenity – bedeutet Heiterkeit, Gelassenheit – hätten wir ohne unseren Fahrer vermutlich erst nach langem Suchen gefunden. Die Straßen von Kottayam oder Alappuzha nach Thekkady und zum Periyar-Nationalpark führen fast durchgängig unter hohen Wipfeln durch Wälder und Plantagen, meist Gewürzplantagen. Daneben produzieren Keralas Plantagen Gummi, Papaya, Kakao, Kaffee, Bananen und Pfeffer, nicht zu vergessen die beträchtlichen Mengen von Ananas. Unter den Gewürzen ist die Muskatnuss interessant, die am immergrünen Muskatnussbaum als pfirsichgroße Beere wächst. In dicken Bündeln treiben die Kardamomblätter auch auf unbewirtschaftetem Waldboden. Straßenschilder sind vergleichsweise rar. Dann ist der Wagen westwärts auf kleinere Straßen abgebogen, hat nochmals viele kleine Siedlungen durchquert. Unversehens sind wir halb durch eine Ortschaft und durch ein breites Tor geradewegs auf das Villa-Hotel zugefahren.

Es ist ein einladendes, helles, ziegelrot und weißes Gebäude, Jahrgang 1920. Von außen wirkt es eher mittelgroß, aber innen wirkt es größer und luftiger, als die kleinen Fensterscheiben vermuten lassen, dank den groß bemessenen Räumen. Kein vergleichbares Bauwerk ist zu sehen, nur ein bescheideneres Wirtschaftsgebäude im Hintergrund gibt es. Die Plantagenpflanzungen reichen fast bis an die Tür und an die gern auch draußen gedeckten Tische.

LASSEN WIR UNS ZEIT: OCHSENKARREN STATT FAHRRAD?

Wer kann uns hier vermuten? Eine wirkliche Flucht – und romantisch noch dazu, später am Abend glänzen Lichterketten im Dunkel auf. Wir beschließen, für den morgigen Tag vorerst nichts zu beschließen. An Vorschlägen mangelt es jedenfalls nicht, auch wenn man die von 9 Uhr morgens bis 17 Uhr angebotene Tour auf dem Elefanten namens Lakshmi, also einer Elefantenfrau, noch dahingestellt lässt.

Ersatzweise könnte man eine Tour zu den Plantagen mit dem Ochsenkarren machen oder mit Fahrrädern, deren Kurs man selber bestimmt. Mit dem Rad käme man doch viel schneller voran? Im »Escape« ist die Geschwindigkeit jedenfalls kein Argument. Zeit lassen! Es sei denn, man legt einfach aus Spaß ein kleines Wettradeln ein. Oder man lässt ab von lebenden Tieren und Straßenfahrzeugen und nimmt dafür ein anderes Ganztagesangebot an: eine Bootsfahrt durch die *Backwaters*, mit Landgängen zu Tempeln und alten christlichen Kirchen.

NACH DER *BACKWATERS*-TOUR DAS DINNER BEI KERZENLICHT

Unsere Antwort, ohne irgendwelchen Entscheidungen vorzugreifen: Die Szenerie der *Backwaters* sollte man in Kerala keineswegs versäumen, aber sich vorher doch einen ruhigen

Kanam

Plantagentag gönnen, vielleicht mit einem Spaziergang durchs Dorf und genussvollen Stunden am dicht umwachsenen Pool. Nicht nur beiläufig, sondern intensiv die indischen Kunstwerke aus Jörg Drechsels Sammlung anzuschauen lohnt allemal. Nur sehr selten gibt es vorerst auf einer Indienreise abseits der großen Städte dazu eine vergleichbare Gelegenheit. Ein Dinner bei Kerzenlicht mag den Tag beenden.
Übrigens: Der Tag mit dem Elefanten kostet 100 Euro, unabhängig davon, wie viele da mitreiten. (M) (Katalognummer 169)

Vorherige Doppelseite: *(Bild links)* Sinn für Schönes – Serenity bietet Platz für Kunst und Kerala-Kultur. *(Bild rechts)* Fließende Übergänge – vom Pool ist es nicht weit in die Plantage. **1** Festhalten, es kann losgehen! **2** Zimmer im ersten Stock. **3** Vorbereitungen für die Ochsenkarren-Fahrt. **4** Noch ein Serenity-Elefant. **5** Solide gebaut im Kolonialstil – die weiße Villa Serenity. **6** »Privacy«: Hier ist der Name Programm.

Die Kontraste der Zeiten, aber auch die Brücken vom Gestern zum Heute kommen beim »Escape Privacy« wieder ins Spiel. »Privacy«, an abgelegenem Ort und direkt am Ufer des Lake Vembanad, besteht aus einem Heritage-Bungalow und einem modern gestalteten »Water Front Bungalow«. Beide mit Ausblick auf den See, zwischen beiden streckt sich ein großer Swimmingpool. Zu den Mountainbikes und Elektrobooten sind ein kleines Segelboot und Kayaks gekommen. Platz genug für Familien, andere ziehen zu zweit ein.

Kumarakom

COCONUT LAGOON
Umweltfreundliches Heritage

Kerala ist so reich an Wasser wie kein anderer indischer Bundesstaat. Die Monsunregen gehen über den Höhen der *Western Ghats* nieder, strömen aber nicht direkt ins Meer, sondern in mehr als 40 Flussläufen in den breiten Küstenstreifen. Der ist fruchtbar – Reisfelder, Kokosnüsse und auch der Tourismus blühen. Die Gäste des »Coconut Lagoon Heritage Resort« kommen alle zu Schiff, obwohl wir nicht am Meer sind, sondern am Vembanad Lake und nicht sehr weit von der nächsten Straße. Und auch wir sind in eines dieser Häuser eingezogen, die mit ihren typischen Giebeldächern alle einen weiten Weg hinter sich haben. In den Hotels und Resorts der Dominic-Brüder wird Urlaub angeboten, der Heritage-Pflege und Ökopraxis verbindet.

Die Frage, was es mit den »gewanderten« Häusern auf sich hat, ist schnell gelöst. Alte Häuser werden abgerissen, wo neue ihren Platz fordern. Der andere Weg rettet ihre Substanz: rechtzeitig zur Stelle sein, das aufgegebene Haus günstig erwerben und aufwendig zerlegen. An anderer Stelle, wo man es brauchen kann, werden mit aller Sorgfalt die Teile wieder aufgebaut. »Ziegel um Ziegel, Balken um Balken sind gewissenhaft umgesetzt worden«, sagt man uns schon in der Rezeption der Coconut Lagoon.

HERITAGEGEBÄUDE WECHSELTEN IHREN STANDORT

Auf einem der Wasserwege hat uns das Schiff direkt vor die Rezeption gebracht. Im Jahr 1993, vor bald 20 Jahren, wurde das Gebäude hier wieder aus seinen Teilen errichtet. Aber tatsächlich ist der dekorative Holzbau 150 Jahre alt. Man weiß noch die Namen der Vorbesitzer, auch den des Handwerksmeisters, der den Aufbau des *Nalukettu* leitete. So heißen die Vierflügelhäuser mit einem zum Himmel hin offenen Innenhof.

Ein erheblich größeres Gebäude unter den Palmwipfeln der Coconut Lagoon ist das *Ettukettu*, mit zwei Stockwerken um zwei Innenhöfe. Auch dieser stattliche Bau – aus Holz vom Boden bis zum Dach – stand früher anderswo. Schlanke Säulen umrahmen die offenen, ebenerdigen Veranden, wie überall in Kerala hat auch dieses alte Gebäude, heute das Restaurant des Resorts, stabile hölzerne Fensterläden. So kann die sommerliche Hitze ausgesperrt werden. Wieder andere Bungalows, ebenerdige *Tharawads*, sind mit Elefantengras oder Heritage-Ziegeln gedeckt, die Außenwände aber geweißelt. Einige gehen in das 17. Jahrhundert zurück, wird uns versichert. Warum haben sich die Besitzer von ihnen getrennt? Meist wohl wegen der vergleichsweise hohen Unterhaltskosten, hören wir.

SPARSAM MIT WASSER UND ENERGIE, NATURREINE LEBENSMITTEL

Den Gästen einen authentischen Einblick in das Leben dieser von der Natur gesegneten Landschaft namens Kuttanad geben ist das Motiv der Brüder Dominic, wenn sie Heritage-Häuser sammeln. Dabei darf nach ihrem Denken die Pflege und Erhaltung der Natur nicht fehlen: Energie sparen, eine Aufbereitungsanlage modernster Technik, naturreine Lebensmitteln von der eigenen Farm – das alles ist aufwendig, wird aber praktiziert.

Die Brüder Dominic sind schon seit Jahrzehnten im Tourismusgeschäft. Traditionell hat die Familie Landwirtschaft betrieben und betreibt sie auch heute. 1957 baute der Vater das erste Hotel auf der Halbinsel Willingdon Island (zwischen Kochi und der Großstadt Ernakulam). *Casino-Hotels* entstanden am Periyar-Nationalpark (»Spice Village«), am offenen Meer bei Alappuzha (»Marari Beach«), auf der Lakkadiven-Insel Bangaram, in Fort Cochin (»The Brunton Boatyard«) und jüngst noch andere, auch außerhalb von Kerala.

Weil sie von Ausländern immer wieder einmal gefragt wurden, wo denn nun ihr Spielkasino sei, so sagte uns einer der sechs Brüder, hätten sie für ihre Hotels und Resorts einen neuen Namen gesucht. *CGH Earth* heißen sie seither (die Abkürzung steht für *Casino Group Hotels*), und das schärft das Profil. An modernem Komfort fehlt es den Resorts der Dominic-Brüder nicht, die Gäste erwarten das. Und zugleich begrüßen sie es immer mehr, Urlaub zu machen und die Natur zu schonen, sie zeigen sich sensibel und aufmerksam, beteiligen sich. Zum Beispiel mit Sparsamkeit beim Wasserverbrauch: Auch wenn Kerala vergleichsweise reich an Wasser ist, haben viele Keralesen zu wenig davon. »Gottes eigenes Land« wurde und wird Kerala noch heute oft genannt. Heritage umfassend verstehen, kann auch heißen, die Natur als Erbe begreifen. (M) (*Katalognummer 176*)

Kumarakom

Backwaters ist das eine, Hausboote das andere Schlüsselwort für Keralas touristische Attraktivität. Ein hochbegabter Tüftler, Babu Varghese, verwandelte ausgediente Lastkähne (*Kettuvallams*) in komfortable Schiffe mit Kabinen zur Übernachtung. Das war nicht einfach, weil Kajütenaufbauten die Stabilität der flachen Schiffskörper minderten. Babu Varghese experimentierte mit Bambus und schuf per *trial and error* Hausboote wie skurrile Hutformen. Erst belächelt, sind sie heute zu Hunderten auf den *Backwaters* unterwegs.

Vorherige Doppelseite: (*Bild links*) Formvollendeter Heritage-Giebel. (*Bild rechts*) Hibiskusblüten schmücken das Badehandtuch. **1** Poollandschaft läd zum Baden ein. **2** Schmuckstück keralischer Architektur wieder aufgebaut auf dem Hotelgelände. **3** Sinnbild für Reinheit, Treue und Schöpferkraft, ja selbst für die Erleuchtung – der Lotos. **4** *Tharawad* nennen die Keralesen diese Art von Bungalow … **5** … deren Inneres durch schlichte Eleganz besticht. **6** Abendliche Hausbootfahrt auf dem Vembanad-See.

Periyar Nationalpark

Indiens größtes Problem? Es ist nicht unbedingt die Überbevölkerung, nicht der Kaschmirkonflikt, und es sind auch nicht die Umweltschäden – sondern der Mangel an Wasser im Naturhaushalt. Kerala macht da jedoch eine Ausnahme und davon profitierte der Nachbarstaat Tamil Nadu. Ein britischer Ingenieur, Colonel J. Pennycuick, ließ erstens den Periyar-Fluss nahe der Grenze aufstauen, daraus wurde der Periyar Lake. Der trocknet nur selten bis zum Grund aus. Zweitens ließ er einen 180 Meter langen Tunnel, um Wasser vom Peryar-See zur östlichen Seite der Western Ghats umzulenken, nach Tamil Nadu, in die Gegend der Tempelstadt Madurai bohren. Dadurch wurde der dortige Wassermangel behoben oder fällt weniger dramatisch aus.

LAKE PALACE
Teestunden in der *Tiger Reserve*

Die Kleinen werden leicht übersehen. Wer indische Heritage-Hotels aufzählt, wird den »Lake Palace« im Lake Pichola von Udaipur nicht auslassen, wegen seines Weltruhms und Luxus. Vom »Lake Palace« in Kerala weiß selbst in Indien nicht jeder, Millionen von Naturfreunde kennen aber den Periyar-Nationalpark. Der ist dank seiner reich gegliederten, hügeligen Landschaft mit vier verschiedenen Baumzonen, der enormen Artenfülle der Tierwelt und nicht zuletzt dank der weit verzweigten Seenlandschaft einer der meistbesuchten Naturparks Indiens. Deutlich mehr als eine viertel Million Besucher steigen jährlich auf die Rundfahrtschiffe oder nehmen an den geführten Fußwanderungen durch den Park teil. Manche sind auch mehrere Tage im Park unterwegs, mit bewaffnetem Führer, Träger und Zelt. Das Herzstück des Nationalparks ist Besuchern jedoch strikt unzugänglich. Die Tiger des Parks sollen ihre Ruhe haben – und lassen sich tatsächlich selten blicken.

BITTE FRÜH RESERVIEREN!
Und mitten in dieser wohlbehüteten Natur steht ein Hotel, ein *Lake Palace*? Das trifft zu, die Schiffsrundfahrten führen an dem Hügel vorbei, auf dem hinter Bäumen das Gebäude schattenhaft erkennbar ist. Wer an dem zugehörigen kleinen Schiffssteg landen will, kommt meist mit einem kleinen Motorboot von dem Bootsanleger des Hotels »Aranyaniwas« südlich vom Ort Thekkady herüber. Im Touristenbüro im Aranyaniwas hat man sich schon erkundigen können: »Ja, das Lake Palace hat nur sechs Zimmer, ist in der Saison oft ausgebucht, bitte früh reservieren!« Wen wundert es, bei der exklusiven Lage.

Für Genussmenschen, die lange Vor- oder Nachmittagsstunden auf einem Sessel gern unter Baumwipfeln an sich vorbeiziehen lassen, ist es sogar eine ideale Lage. Fehlt es an Prunk im Vergleich mit dem anderen, dem berühmten Lake Palace? Prunk gibt es in dem ehemaligen Jagdhaus nicht, das stimmt. Der Genussmensch kommt hier locker ohne Prunk aus. Stattdessen macht er mit etwas Glück jeden Morgen oder auch im Lauf des Tages stattliche Elefantenfamilien jenseits eines Wasserarms aus, nah genug, um auch Einzelheiten wahrzunehmen. Nächstes Mal hat man vielleicht ein Fernglas im Gepäck. Das holt die Otterfamilien heran. Geschickt auf den kräftigen Schwanz gestützt, hoch aufgerichtet auf zwei kurzen Beinen, lässt sich bestens Ausschau halten.

KLARE NÄCHTE BEGEISTERN
Der KTDC (*Kerala Tourism Development Corporation*) hat beim Umbau des Jagdhauses in ein Luxushotel eine gute Hand gehabt. Die Stufen vom See hinauf zum Hotel lassen sich auch von älteren Gästen bewältigen, das Personal nimmt sich der Koffer an. Und die blühenden Gartenterrassen sind eine wahre Freude. Das historische Gebäude blieb erhalten, drinnen herrscht Komfort, schwarzes Mobiliar signiert Präsenz der Moderne. Über die gute Qualität der Küche sind sich alle Gäste einig. Zwar ist mit dem Dinner der Tag auch hier zu Ende, aber klare Nächte begeistern auf ihre Weise, mit großartigem Sternenhimmel.

Gebaut wurde das Hotel 1899 für die Jagdgäste des *Maharajas* von Travancore, damals ein Teilgebiet des heutigen Bundesstaates Kerala. Beim eingangs erwähnten Staudammbau waren 55 Quadratkilometer wertvolles Waldland unter den aufgestauten Fluten verloren gegangen. Der *Maharaja* verordnete den Schutz des Waldes, dies aber vor allem seines Jagdvergnügens wegen, damit Jagbares in großer Zahl vorhanden sei. Der Umschwung setzte Jahrzehnte später ein, Anfang der 1930er Jahre und um 1950 wurde der Nationalpark in zwei Schritten gegründet, nunmehr ist er 777 Quadratkilometer groß. Der Natur wurde ein Stück ihres Daseinsrechts zurückgegeben. (*Katalognummer 180*)

Vorherige Doppelseite: (*Bild links*) Spannend wie ein Krimi – Ausschau halten nach den vielen Tieren im Periyar-Nationalpark. (*Bild rechts*) Entspannt grasende Dickhäuter am Ufer des Stausees. 1 Politisch korrekt – der Sesselbezug hat keinem Tiger das Leben gekostet. 2 Weniger korrekt: Elfenbeingestützer Glastisch. 3 »Rette sich, wer kann!« – Otterfamilie auf der Flucht. 4 Zimmer im Lake Palace: die exklusive Schlafstätte mitten im Nationalpark. 5 Gäste werden mit einem hoteleigenen Boot gebracht. 6 Frühstück auf der Veranda.

Periyar Nationalpark

1973 haben Naturverwalter in Indien das *Project Tiger* als eine Initiative geeigneter Nationalparks zum Schutz der Arten geschaffen. Es geht um die ganze Vielzahl der lebenden Arten. Auslöser der Gesetzgebung war damals jedoch die weit über Erwarten geminderte Zahl der Tiger in Indien. Seit 1977 gehört auch der Periyar-Park zu den Schutzgebieten, hier leben noch Tiger. Doch anderswo schießen Kriminelle die Tiger ab und verkaufen die Organe als ein vor allem in Ostasien zu Höchstpreisen gehandeltes Potenzmittel.

Kollengode

KALARI KOVILAKOM

Der indische Weg – Geist, Körper, Seele

Skeptiker halten sich zurück und halten das Angebot nur für eine exklusive Wellnessveranstaltung und dafür auch zu teuer. Andere fühlen nach zwei oder auch drei Wochen im »Palace for Ayurveda« innerliche Ruhe, können sich selbst im Spiegel wieder mit Zuversicht und Zustimmung ansehen. In diesem ehemals königlichen Palast abseits vom Meer und Keralas *Backwaters* wird den Gästen viel abgefordert. Nicht jeder hält das zwei Wochen lang durch. »Kalari Kovilakom« ist weder ein Hotel noch ein Hospital, weder Sportzentrum noch Kloster, weder *Aschram* noch Spa. Aber von alldem findet der Gast etwas. Fünf Jahre besteht Kalari Kovilakom schon, und gehört der *CGH Earth-Gruppe* an.

Vorherige Doppelseite: (*Bild links*) Erleuchtet: ehemaliger Tempelteich und typisch keralische Architektur auf dem weitläufigen Gelände des Ayurvedapalastes. (*Bild rechts*) Gesegnet: Brahmane vor der täglichen *Puja*-Tour durch ehrwürdige Gänge. **1** Pallamkuzhi-Spiel: indisches Backgammon als Zeitvertreib zwischen *Ayurveda*-Anwendungen. **2** Hauptgebäude des Palastes. **3** Stilvoll entspannen: weich gebettet und umgeben von edlen Hölzern. **4** Tempel für Körper und Seele: der Ayurvedabereich. **5** Deckendetail im Eingangsbereich.

EIN ORT DER ERNEUERUNG

Sehr aufwendig ist das Unterfangen, einen hundertjährigen Palast und seine Nebenbauten wiederherzustellen. Die Dominic-Brüder sind nicht davor zurückgeschreckt. Das große Areal hat dadurch gewonnen, dass in den architektonisch wichtigen Hauptgebäuden nicht modernisiert, sondern restauriert wurde. Patina wurde nach Möglichkeit nicht entfernt, Dachziegel konnten ihre Altersflecken behalten – und wirken nun viel lebendiger als ein Neubau mit lauter neu gebrannten, uniformen Ziegeln.

In den 18 Palastsuiten dominiert die elegant kühle Beschränkung auf glänzend polierte Deckenbalken und farbig ausgelegte Fußböden, die massiven Betten zeigen beste Tischlerarbeit und muten doch mehr repräsentativ als anheimelnd an. Sehr angenehm ist das große Parkareal, wo man in Seitengebäuden mit freiem Blick ins Grüne plaudern kann oder beim Lesen auf das Wasser eines einstigen Tempel-Tanks mit *Ghats* schaut. Die Bibliothek mit vielen Werken zur Geschichte ist viel reichhaltiger als selbst in Fünf-Sterne-Hotels üblich. Natürlich gibt es auch im Palast Räume für Unterhaltungen.

Die Gäste, die sich hier für zwei oder drei Wochen eine Ruhepause in ihrem Leben gönnen, gehören in ihren Heimatländern meist zu den Leistungs- und Verantwortungsträgern. Sie sind gewiss nicht arm (die Therapie ist kostspielig), fühlen aber doch die Folgen von Dauerstress, haben Schlafstörungen, Verlustängste und physische Beschwerden.

EIN ANDERER TAGESLAUF ...

Auf dem Weg zur Neuerweckung der Lebenskräfte erlegen die *Ayurveda*-Ärzte ihren Gästen respektive Patienten etliche Verhaltensregeln auf. Man könnte auch sagen: eine Umstellung des Tageslaufs und der Lebensgewohnheiten, die manchem erst einmal als eine Zumutung erscheint. Schlaf-, Ess- und Trinkgewohnheiten – alles wird anders. Das gilt übrigens auch für die Auswahl der Kleidung; es gibt kein Fernsehen, und Exkursionen in die Landschaft oder zur Stadt Pattakal sind nicht erwünscht.

Vier Ärzte und 20 Therapeutinnen tun ihr Bestes, mit Massagen, *Ayurveda*-Medikamenten und -Ölen, mit Übungen, die beim *Yoga Nidra* zu einer Meditation und einer tiefen Lockerung führen. Letztlich zielt Yoga auf eine Weckung von Körper, Seele und Geist ab. Diese ganzheitliche Praxis ist der Kern des medizinischen Konzepts von Yoga und *Ayurveda*. Auch Atemübungen haben Anteil daran, nach dem *Prayanama* lösen sie Verspannungen und Beengungen.

... UND EINE URALTE INDISCHE KAMPFTECHNIK

Jeder Tag beginnt morgens um halb sechs, die Yoga-Übungen eine halbe Stunde später. Nach dem Frühstück um acht Uhr begibt man sich zu den *Ayurveda*-Behandlungen, am Nachmittag erneut. Für viele vielleicht am erstaunlichsten: Auch *Kalari Payattu*, die uralte indische Kampftechnik mit langen Stöcken und Schwertern, wird auf Wunsch in den Heilungsprozess einbezogen. Wer bei Kalari-Payattu-Kämpfen zugesehen hat, die starken Sprünge bewundert, den unblutigen Umgang mit Waffen kennengelernt hat und mitmachen mag, kann sich in einem Grundkurs ausbilden lassen wird. Jeden Morgen treffen sich die Mitarbeiterinnen und Mitarbeiter in der eigens eingerichteten Halle zu Kalari-Payattu-Übungen. Sie sind alle sehr schnell hellwach, ihrer Gesundheit und Jugendlichkeit kommt das Bewegungstraining sichtlich zugute.

Übrigens heißt der Palast nicht deshalb *Kalari Kovilakom*, weil dies etwa der wichtigste Teil des Gesundheitsprogramms wäre – das ist definitiv *Ayurveda*. Es war vielmehr, hört man, um 1890 die damalige Königin, die den Palastnamen wählte. Zuvor hatten dort schon Kalari-Payattu-Sportler ihren Platz gehabt. (*Katalognummer 173*)

Kollengode

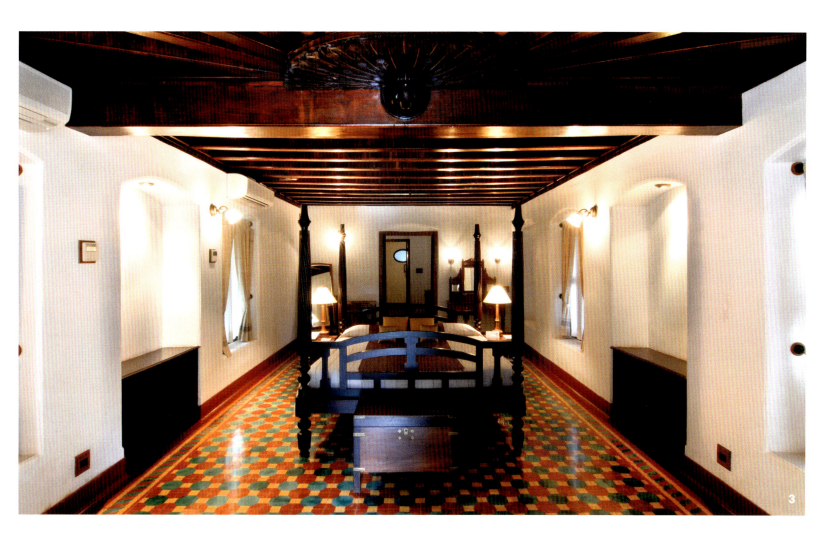

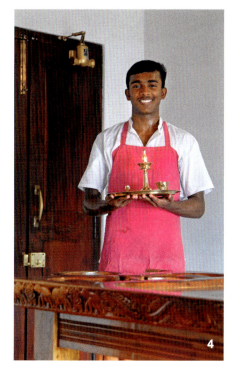

Ayurveda (Sanskrit: »Weisheit des Lebens«) hat nach der Befreiung Indiens einen enormen Aufschwung erlebt. Die Briten hielten die ayurvedische Medizin für wirkungslos, eine Erfindung der *Adivasis*, die der europäischen Schulmedizin nicht entfernt Konkurrenz sein könne. Doch haben beide Seiten mehr und mehr voneinander gelernt und profitiert. Experten im Westen erkennen, kurz gesagt, die ganzheitliche Methode der *Ayurveda*-Ärzte an und diese die westlichen Operationstechniken.

Katalog

ERKLÄRUNG DER SYMBOLE

- Entfernung zum nächsten Flughafen
- Entfernung zum nächsten Bahnhof
- Anreise mit dem Auto
- Anzahl der Zimmer
- Anzahl der Suiten
- Anzahl der Restaurants und Besonderheiten der Küche
- Garten oder Park vorhanden
- Bar vorhanden/Alkoholausschank
- Pool oder Hallenbad vorhanden
- Wellness- und Gesundheitsangebote
- Sportmöglichkeiten
- familienfreundlich
- angebotene Exkursionen
- Unterhaltung/Veranstaltungen
- Einkaufsmöglichkeiten
- gängige Kreditkarten werden akzeptiert
- Internetzugang vorhanden
- behindertengerecht
- besonderer Aussichtspunkt oder besondere Sehenswürdigkeiten

PREISKATEGORIEN

Die Preiskategorien richten sich nach den Preisen für eine Übernachtung im Doppelzimmer, es sind die mittleren Preise, die meist teuren Suiten wurden nicht berücksichtigt. Alle Angaben sind dennoch nur eine Momentaufnahme, denn zwischen indischem Boom und globalen Bankenkrisen können die Preise schneller als sonst herabgesetzt oder angehoben werden.

- bis 40 Euro
- bis 80 Euro
- bis 160 Euro
- bis 300 Euro
- über 300 Euro

ORIENTIERUNG

Innerhalb der Regionen sind die Hotelbeschreibungen alphabetisch nach den Städtenamen sortiert, und bei mehreren Hotels innerhalb einer Stadt hier wiederum alphabetisch. Die Hotels sind mit einer Nummer versehen, die das Auffinden auf der Karte erleichtert. Aufgrund der Fülle von Heritage-Hotels im Westen Indiens sind diese in einer eigenen Karte dargestellt.

AUSWAHL

Dieser Katalog enthält fast alle Heritage-Hotels, die Mitglieder der *Indian Heritage Hotel Association* (IHHA) sind. Darüber hinaus finden Sie hier zwischen Kerala und Himalaja aber auch viele andere Heritage-Hotels, die als besonders gelungene Beispiele der Verschmelzung von Geschichte und Gegenwart gelten können. Oder wie in Indien oft zu hören ist: von *„old world charme and modern comfort"*.

Die wesentlichen Punkte der Lage, der Tradition und der Ausstattung wurden nach Möglichkeit genannt, Kontaktdaten sind oft nach den Listen der IHHA genannt, noch nicht überall gibt es den Komfort aktueller Internetseiten. Auf den nächsten Seiten ist nur eine Auswahl dargestellt. Viele weitere Hotels finden Sie auf den Internetseiten der folgenden Hotelgruppen.

WelcomHeritage
WelcomHeritage (New Delhi) hat sich dem indischen Heritage-Trend in den vergangenen Jahren mit wachsendem Erfolg zugewandt und vertritt eine große Anzahl von Heritage-Hotels. Neben den repräsentativen Häusern sind auch kleine Bungalows und Lodges in den indischen Naturlandschaften, *Wildlife Sanctuaries* und Nationalparks dabei. Die Webseite ist mit meist ausführlichen Beschreibungen – derzeit rund 60 Adressen – bei der Auswahl des Wunsch-Heritage-Hotels nützlich. **www.welcomheritagehotels.com**

Neemrana Hotels
Ein »Panorama aus sieben Jahrhunderten« bieten Francis Wacziarg und Aman Nath an. Nach dem hochverdienten Erfolg mit dem »Neemrana Fort-Palace« haben sie die Zahl ihrer Heritage-Hotels auf 15 gesteigert, zumeist in Nordindien. »Nath und Wacziargs großes Talent ist *location hunting*«, urteilte die britische Journalistin Susan Marling, »ihre Hotels bringen einen an so abgelegene und verborgene Plätze, wie man sie selbst nie gefunden hätte.« Das ist leicht übertrieben, macht aber neugierig. Mehr unter **www.neemranahotels.com**.

Taj Hotels, Resorts and Palaces
Als der Industrielle Jamsetji Tata 1903 als erster Inder in Bombay an prominenter Stelle das Hotel »Taj Mahal« eröffnete, begann die Erfolgsgeschichte der Taj-Hotels (siehe Seite 162). Die *Taj Hotels, Resorts and Palaces* wuchsen nicht nur zu Indiens größter Hotelgruppe, sie haben auch außerhalb Indiens zahlreiche Häuser. Ihre Webseite enthält die notwendigen praktischen Infos zu den diesem Band vorgestellten Taj-Hotels: **www.tajhotels.com**

Die Karte dient zur Orientierung und ist nicht maßstabsgenau!

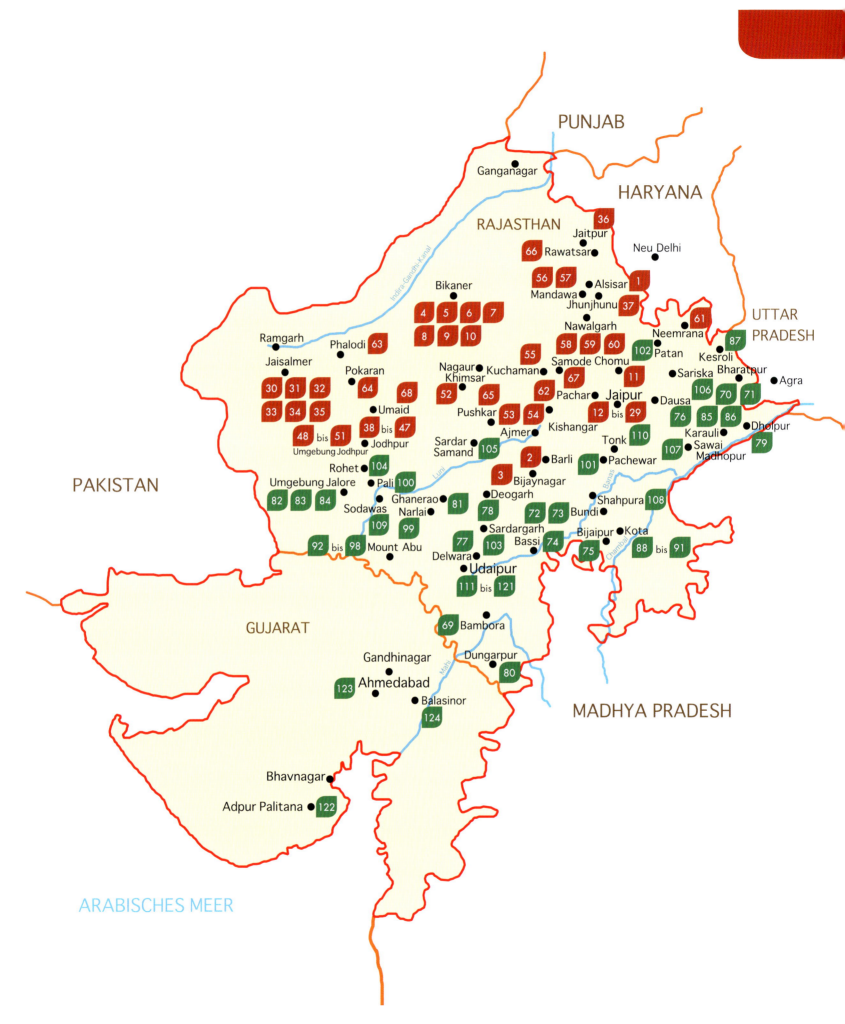

Der Westen

1 ALSISAR: ALSISAR MAHAL (M)

Adresse: Alsisar, District Jhunjhunu – 331025, Tel: 01595-275271, -72, Fax: 01595-275271, www.alsisar.com **Lage:** Das elegante Gebäude liegt im Shekawatigebiet, auf flachem Gelände bei dem Dorf gleichen Namens. **Heritage:** Der 1737 erbaute Palast ist im Besitz von Nachkommen des Gründers der Shekawatiherrschaft, der heutige Eigentümer hat für eine präzise Restaurierung gesorgt.

- 212 km
- 23 km
- NH 8 von Delhi, bei Shapura Abzweigung der Landstraße nach Norden
- 24 AC, 12 AC
- zu den Sehenswürdigkeiten

2 BARLI: FORT BARLI (M)

Adresse: Barli, District Ajmer – 305624, Tel: 0141-2200770, -2206559, Fax: 0141-2360717, reservations@fortbarli.com, www.fortbarli.com **Lage:** Sehr verkehrsgünstig, an einem See mit vielfältiger Vogelwelt. **Heritage:** Das Fort ist die Gründung einer Familie der Rathore-Dynastie von 1675. Der Palast in den alten Fortmauern ist hell und elegant, nicht überdekoriert, seit 2008 Hotel. **Spezialität:** Originelle Fahrten auf Ochsenkarren ins Dorf zu verschiedenen Dorfhandwerkern.

- 180 km
- 700 m
- NH 8 bis Ajmer, dann NH 79 nach Süden
- 8 AC, 2 AC
- 1, indische Küche
- Rasenflächen
- Fahrradverleih
- Ayurvedamassagen
- zu Pferd oder Jeep, Trekking in den Bergen
- Abendunterhaltungen

3 BIJAYNAGAR: BIJAYNIWAS PALACE RESORT (M)
(Preise bei den Besitzern zu erfragen)

Adresse: JaliyaIInd, Bijaynagar, Ajmer – 305624, Tel: 01462-275300, bijayniwaspalace@yahoo.com **Lage:** Südlich von Ajmer, in einer großen Obstbaumpflanzung. **Heritage:** 1910 als Landschloss erbaut.

- 130 km
- 4, 4
- 1
- Tennis, Fitness
- Sauna, Spa
- Gesangs- und Musikdarbietungen
- Reiten, Jeepsafaris

4 BIKANER: BHAIRON VILAS

Adresse: Gegenüber dem Junagarh Fort, Bikaner – 334001, Tel: 0151-2544751 **Lage:** Bestlage zum Fort. Reservierung empfehlenswert. **Heritage:** Dreistöckiges Gebäude aus dem Jahr 1872, *Maharaja* Bhairon Singh residierte hier.

- ca. 100 km
- ca. 1 km
- westlich vom Junagarh, ca. 1 km
- 18, mit Phantasie farbig ausgestattet
- multicuisine, Dachterrasse, Musiker, auch Tänzer
- abends Treff zum Tanz/Runde am Feuer
- auf Nachfrage

5 BIKANER: BHANWAR NIWAS PALACE (M)

Adresse: Rampuria Road, Bikaner – 1334005, Tel: 0151-2529323, www.bhanwarniwas.com **Lage:** Im schlichten Altstadtquartier, nahe am Alltagsleben. **Heritage:** Ein überreich ausgestattetes *Haveli* der wohlhabenden Kaufmannsfamilie Rampuria, eine glanzvolle Mischung aus indischem und europäischem Design des 19./20. Jhs., erbaut 1927.

- ca. 200 km
- 1 km
- auf dem NH 11
- 26 AC
- vegetarisch-indisch
- Konzerte im Innenhof
- benachbarte *Havelis*
- Altstadt

6 BIKANER: GAJNER PALACE HOTEL (M)

Adresse: Gajner, Kolayat, District Bikaner – 334301, Tel: 01534-725061 bis -69, Fax: 01534-726050, www.hrhindia.com **Lage:** 32 km von der Innenstadt Bikaners an einem See inmitten eines baum-, wild- und vogelreichen Parks gelegen, eine Oase in der halbariden Wüste. **Heritage:** Für Jagdgesellschaften ließ *Maharaja* Ganga Singhji diesen Palast aus rajasthanischem Sandstein dekorreich bauen, innen im traditionellem und Art-déco-Stil einrichten, viele ältere Vorgänger. Hotel seit 1976. Der riesige Park ist ein privates Wild- und Vogelreservat.

- 290 km
- 32 km
- 32, 13
- über den NH 65/NH 89
- 1, multicuisine
- einige Zimmer
- Tennisplatz, Ruderboote, Solarboot, Fahrradverleih, Billard
- Spa
- Kamelsafaris

7 BIKANER: JASWANT BHAWAN

Adresse: Alakh Sagar Road, Bikaner – 334001, Tel: 01512-2548848 **Lage:** Bahnhofsnah, ein grüner Winkel, sehr freundliche Wirte. **Heritage:** 1926 von Rao Jaswant Singh erbaut, dem letzten Premierminister des Rajputenstaates Bikaner. Kein Palast, aber ein ruhiges angenehmes Quartier in der damals noch rundum grünen Umgebung.

- 254 km
- ca. 100-200 m östlich
- am Bahnhof orientieren
- 15, meist geräumig und komfortabel
- gelobte Küche
- klein
- auf Anfrage
- reichlich in der Umgebung

1 & 2 Alsisar Mahal, Alsisar **3** Bhanwar Niwas, Bikaner **4** Gajner Palace Hotel, Gajner

Der Westen

8 BIKANER: KARNI BHAWAN PALACE (M)

Adresse: Gandhi Colony, Bikaner – 334001, Tel: 0151-2524701, Fax: 0151-2522404, www.hrhindia.com **Lage:** Inmitten von Rasenflächen in einem Wohnviertel östlich des Llalgarh Palace. **Heritage:** Stilreines Art-déco-Haus als privater Wohnsitz des *Maharaja* Dr. Karni Singh in den 1940er Jahren erbaut, geräumig und mit seiner weiß-roten Fassade gut anzusehen. Fotosammlung im Innern. Seit 1995 Hotel.

- 255 km
- 3 km
- von Jaipur kommend angesichts des Junagarh Forts rechts nach Norden abbiegen, von Süden über Pooran Singh Circle nördlich halten
- 2 AC, 10 AC
- 1, Marwar und multicuisine
- gegen Gebühr
- Besuch von Sehenswürdigkeiten, Jeepsafaris
- Kamelritte

9 BIKANER: THE LALLGARH PALACE (M)

Adresse: Lallgarh Complex, Ganganagar Road, Bikaner – 334001, Tel: 0151-2540201 bis 07, Fax: 0151-2523963, www.lallgarhpalace.com **Lage:** 3 km nordöstlich vom Stadtzentrum Bikaners, ausgedehntes Gelände um den Palast, weite Garten- und Rasenflächen. **Heritage:** Vom britischen Architekten Sir Jacob Swinton im Auftrag von *Maharaja* Ganga Singh 1902 errichtet. Rajasthanisch-neogotische Sandsteinarchitektur, reiche traditionelle Steinmetzdekoration. **Spezialität:** Kerzendinner im großen Hof, ethnischer Tanz und Musik. Auch Dinner in den Sanddünen.

- ca. 200 km
- 3 km
- NH 11 von Delhi
- 44, 10
- 2, rajasthanisch/multicuisine
- Hallenbad
- Tennis, Fitness
- Aromatherapie
- einige Zimmer
- Galadinner
- zu Pferd, Kamel, Jeep

10 BIKANER: THE LAXMI NIWAS PALACE (M)

Adresse: Dr. Karni Singh Road, Lallgarh Complex, Bikaner – 334001, Tel: 0151-202777 oder -521189, Fax: 0151-525219, www.laxminiwaspalace.com **Reservierung:** 0141-367473, Fax: 0141-363467, reservation@laxminiwaspalace.com **Lage:** Umgeben von Gartengelände und großen Rasenflächen, ca. 1 km vom Stadtzentrum entfernt. **Heritage:** Teil des großen Llalgarh-Palastgeländes, 1904 von Sir Jacob Swinton entworfen, als Wohnstatt der *Maharaja*-Familie besonders prächtig im Innern mit Malerei und Skulpturen ausgestattet. Viele königliche Hoheiten und internationale Berühmtheiten waren in den übergroßen Räumen zu Gast. Hotel seit 1999. **Spezialität:** Feuerwerk beim festlichen Dinner im Palasthof.

- ca. 200 km
- 3 km
- NH 11 von Delhi
- 60, 8
- 2, multicuisine/Caféteria
- Tennis, Golf, Fahrradverleih
- zu Pferd, Kamel
- Dinner und Camping in den Sanddünen, ethnisches Kulturprogramm
- Hotelshop und Stadt
- Altstadt, Deshnoke-Tempel

11 CHOMU: CHOMU PALACE SERENA HOTEL (M)

Adresse: Chomu – 303702, Jaipur, Tel: 01423-300300, Fax: 01423-300400, www.chomupalaceserena.com **Lage:** 35 km von Jaipur entfernt, abgelegen in Chomu. **Heritage:** Gut renoviertes Gebäude, Bar mit Siegeldekors, einige alte Wandmalereien.

- 43 km
- 345 km
- 58 AC
- moderne indische Küche
- Spa, Ayurveda

12 JAIPUR: ALSISAR HAVELI (M)

Adresse: Sansar Chandra Road, Jaipur – 302001, Tel: 0141-2368290, 2364685 Fax: 0141-2364652, www.alsisar.com **Lage:** In bequemer Fußgängerentfernung von der *Pink City*, durch einen Garten von der Straße abgeschirmt. **Heritage:** Stadtpalais der Shekawatifürsten 1892 gegründet, traditionelle feudale Einrichtung.

- 12 km
- 2,5 km
- NH 8 Delhi – Jaipur
- 23 AC, 24 AC
- 1, multicuisine
- in der Stadt
- ethnische Musik, Puppenspiel, Tanz

13 JAIPUR: BISSAU PALACE (M)

Adresse: Hotel Bissau Palace, außerhalb von Chandpol, Jaipur – 302016, Tel: 0141-2304371, 2304391, Fax: 0141-2304628, www.bissaupalace.com **Lage:** Sehr nahe der Altstadt in einem lebhaften Marktviertel, doch abgeschirmt durch einen sorgsam angelegten Garten. **Heritage:** Der Palast von 1787 wurde 1919 von *Thakur* Rawal Ragubir Singhj umgestaltet. In den reich ausgemalten Räumen finden sich Porträts, Silber- und Waffensammlung. Hotel seit 1970. **Spezialität:** Eine feudale Bibliothek.

- 15 km
- 2 km
- 51 AC
- 2, auf der Dachterrasse/multicuisine
- Fahrradverleih
- Besichtigungstouren zu Pferd, Kamel, Jeep

14 JAIPUR: CASTLE KANOTA (M)

Adresse: Castle Kanota, Kanota – 303012, Tel: 0141-2561291, Fax: 0141-2561045, www.hotelnarainniwas.com **Lage:** mittelalterliche Festungsanlage und ausgedehnter Park mit großem Obstgarten, 15 km außerhalb von Jaipur gelegen. **Heritage:** Der Palast wurde 1872 von *Thakur* Zorawa Singhji erbaut, einem langjährigen Vertrauten und Minister des *Maharaja*s von Jaipur. Hotel seit den 1980er Jahren. **Spezialität:** Bibliothek, Museum.

- 22 km
- 18 km
- direkt an dem NH 11
- 15 AC
- Fahrradverleih
- Ayurvedamassagen
- Galadinner mit Musik und Feuerwerk
- zu Pferd, Kamel, Jeep, Elefant

15 JAIPUR: CHIRMI PALACE (M)

Adresse: Dhuleshwar Garden, Jaipur – 302001, Tel: 01041-2365063, 2364462, Fax: 0141-2364462, www.chirmi.com **Lage:** Südwestlich der M. I. Road, zentrumsnah, doch ruhig. **Heritage:** Chirmi Palace ist etwa 150 Jahre alt und wird heute von der *Taj Group* als Hotel geführt.

- 11 km
- 20 AC, 4 AC
- 1 km
- 1
- Hotelladen
- südwestlich der M. I. Road
- Motorradralleys in Rajasthan
- Pferd-, Kamel- und Elefantenritte, Jeepsafaris

16 JAIPUR: DIGGI PALACE (M)

Adresse: Diggi House, Shivaji Marg, C-Scheme, Jaipur – 302004, Tel: 0141-2373091, 2366120, Fax: 0141-2370359, reservation@hoteldiggipalace.com, www.hoteldiggipalace.com **Lage:** Zehn Minuten zu Fuß westlich vom *Central Museum*, in großem, parkähnlichen Garten. **Heritage:** Palast der *Thakur* der Diggi-Thikane-Herrschaft im Garten außerhalb der Stadtmauer, um 1860 Baubeginn, u. a. große Durbar-Halle. Noch heute Familiensitz, seit 1990 auch Hotel. **Spezialität:** Gastgeber des mehrtägigen *Jaipur Literature Festival*

- ca. 15 km
- 50, auch Cottages
- Fitnessstudio, Fahrradverleih, Tennis
- Pferde-, Kamel- und Jeepsafaris
- 2 km
- 2, multicuisine
- Hallenbad
- Yoga, Ayurvedamassage, Akupressur
- von M. I. Road nach Süden
- Royal Gala Dinner, Kochkurse
- Hotelladen

17 JAIPUR: HARIMAHAL PALACE (M)

Adresse: Jacob Road, Civil Lines, Jaipur – 302006, Tel: 0141-2221399, 2226920, Fax: 0141-2226920, www.harimahalpalace.com **Lage:** Südwestlich der Altstadt, in den Civil Lines, mit Gartengrundstück **Heritage:** Palast der *Maharaja*-Familie von Amber, aus den 1930er Jahren, mit vielen Elementen der originalen Einrichtung, viel Britisches, einiges Rajputanisches. Große Räume zum Garten.

- 11 km
- von Norden die Sasar Patel Marg ins Civil-Lines-Viertel
- Puppenspiel, ethnische Tanzvorführungen, Gala Dinner
- 2 km
- 1, multicuisine
- Ayurveda/Aromatherapie
- Fitnessstudio
- Pferdewagen und Fahrradriksha in die *Pink City*, Pferdeausritte
- 30 AC, 11 AC
- Hallenbad und Freibad
- gegen Gebühr

18 JAIPUR: MADHUBAN

Adresse: Behari Marg, Bani Park, Jaipur – 302016, Tel: 0141-2200033, Fax: 0141-2202344, www.madhuban.net **Lage:** Die große, sehr gepflegte Villa liegt in einem ruhigen grünen Stadtviertel im Osten Jaipurs. **Heritage:** Besitzer des Hotels ist Rao Digvijay Singh aus dem alten Rajputenherrschergeschlecht von Patan, das zwischen Jaipur und Delhi liegt. Sehr freundliche, persönliche Gastfreundschaft der Familie, nach guter Rajputentradition.

- ca. 13 km
- 1, sehr gute rajasthanische Küche
- ca. 1 km
- Reiseberatung für Rajasthan, wenn gewünscht
- 20
- Musikdarbietungen lokaler Künstler

19 JAIPUR: MANDAWA HAVELI (M)

Adresse: Sansar Chandra Road, Jaipur – 302001, Tel: 0141-2364200, 2375219, Fax: 0141-5106082, www.mandawahotels.com **Lage:** Vor dem westlichen Tor der *Pink City*, ruhige Oase in einem belebten Stadtviertel. **Heritage:** Erbaut 1886, Stadtpalais einer sehr alten Shekawati-Herrscherfamilie, Architektur und Einrichtung im Jaipur-Stil. Seit 2000 Hotel. **Spezialität:** Kerzenlicht-Dinner auf der Dachterrasse.

- 15 km
- 37 AC, 4 AC
- Rasen
- Puppenspiele, Volkstänze
- 1,5 km
- 1, rajasthanische/europäische Küche
- in und um Jaipur
- NH 8 von Delhi
- besonders schön!
- Blick zum Nahargarh Fort

20 JAIPUR: NAILA BAGH PALACE (M)

Adresse: Doongri Road, Jaipur – 302004, Tel: 0141-2607492, Fax: 0141-2603777, www.nailabaghpalace.com **Lage:** *Bagh* heißt Garten – noch heute ist der Palast von weiten Gartenflächen umgeben. Südlich vom Sanganeri Gate, alle Sehenswürdigkeiten der Stadt sind schnell erreichbar. **Heritage:** Der Palast entstand im 18. Jh. als Wohnsitz eines Ex-Premiers von Jaipur. Das Innere ist geschmackvoll im Stil der Entstehungszeit gestaltet, mit Fresken, Bibliothek und Porträts. Seit 2008 familiengeführtes Hotel.

- 8 km
- vom Sanganeri Gate 1 km nach Süden
- Fahrräder auf Anfrage
- mit Jeep in Jaipur
- 4 km
- 1, multicuisine
- Candlelight-Dinners, Elefantenritte
- 3 AC, 11 AC
- Eröffnung angekündigt

21 JAIPUR: NARAIN NIWAS PALACE (M)

Adresse: Narain Singh Road, Kanota Bagh, Jaipur – 302004, Tel: 0141-2563448, 2561291, Fax: 0141-2561045, www.hotelnarainniwas.com **Lage:** Eine ruhige und staubfreie Oase. Alle Sehenswürdigkeiten sind mit Motorrikshas zu erreichen. **Heritage:** Der Palast wurde 1928 von einem historisch und literarisch interessierten General erbaut. Sorgfältig wurden Stil und Dekor des Palastes erhalten.

- 11 km
- über M.I. Road und Sawai Ramsingh Road
- Tanz- und Marionettenvorführungen
- 6 km
- Ayurvedamassagen, Spa
- Schmuck und Souvenirs
- 26 AC, 11 AC
- 2, multicuisine
- zu den Sehenswürdigkeiten

22 JAIPUR: RAMBAGH PALACE (TAJ HOTEL, SIEHE SEITE 228)

 Laxmi Niwas, Bikaner **2** Rambagh Palace, Jaipur **3** Bissau Palace, Jaipur **4** Chirmi Palace, Jaipur **5** Diggi Palace, Jaipur **6** Mandawa Haveli, Jaipur **7** Harimahal Palace, Jaipur

23 JAIPUR: SAMODE HAVELI (M)

Adresse: Gangapole, Jaipur – 3002002, Tel: 0141-2632407 oder 2632370, Fax: 0141-2631397, reservations@samode.com, www.samode.com **Lage:** Vor dem Ganga-Tor im Nordosten der *Pink City* im verkehrsärmeren Teil der Innenstadt gelegen, günstig für Stadtspaziergänger! **Heritage:** Viel Atmosphäre bei prächtiger traditioneller Ausstattung mit Säulen und Spiegeln. Über 150 Jahre alt, als Stadtpalast eines Premierministers erbaut.

- 17 km
- 6 km
- 29
- Günstig auf dem NH 8 gleich bei der Stadtmauer der *Pink City*
- 2, multicuisine
- Fitness
- im Hotel und in den Basaren
- Jacuzzi, Dampfbad, Ayurvedamassagen
- Touren zu Sehenswürdigkeiten
- allabendlich Puppenspiel und ethnischer Tanz

24 JAIPUR: SHAHPURA HOUSE (M)

Adresse: Devi Marg, Bani Park, Jaipur – 302016, Tel: 0141-2203392, www.shahpurahouse.com **Lage:** Im Villen-Stadtteil Bani Park, westlich der *Pink City*, nördlich vom Bahnhof. **Heritage:** Das alte Stadtpalais wurde 1956 restauriert, 1991 als Hotel eingerichtet. Gründung der Nachfahren der Shekawati-Fürsten. Überreiche Innendekoration indischen Stils, Wandmalereien, Möbel, Textilien.

- 13 km
- 1 km
- 20 AC, 5 AC
- westliche Fortsetzung der MI Road, vor der Railway Station Road nach Norden abbiegen
- 2 (Dach-und Innenrestaurant), ohne Alkohol, multicuisine
- zu Sehenswürdigkeiten
- Vorführung klassischer indischer Tanz, Marionetten

25 JAIPUR: SMS HERITAGE HOTEL (M)
(TAJ HOTEL, SIEHE SEITE 228)

26 JAIPUR: THE RAJ PALACE (M)

Adresse: Zorawer Singh Gate, Amber Road, Jaipur – 302102, Tel: 0141-2634077, Fax: 0141-2630489, www.rajpalace.com **Lage:** Innenstadt *Pink City* mit dem City Palace und Amber Fort gut zu Fuß zu erreichen. Ruhig in großen Gärten gelegen. **Heritage:** 1727 als erster Palast der Stadt für den *Maharaja* erbaut, als erstklassiges, hochpreisiges Hotel 1996 eröffnet. **Spezialität:** Superlative: Der größte Kronleuchter, das beste Heritage-Hotel, riesige Suiten, darunter die teuerste der Welt!

- 13 km
- 7 km
- 29
- an der Straße nach Amber nördlich der *Pink City*
- 3 (multicuisine/ europäisch Barbecue und Coffeeshop)
- 3
- Fitness
- Theater, Marionetten, Konzerte
- zu Pferd, Kamel, Jeep
- Ayurveda, Chinesische Therapie und anderes
- Princess Boutique

IN DER UMGEBUNG VON JAIPUR

27 JAIPUR UMGEBUNG: LAL MAHAL PALACE (M)

Adresse: Jamwa Ramgarh, Jaipur – 302016, Tel: 0992-8012002, Fax: 0992-8012003, www.lalmahalpalace.com **Lage:** Ca. 30 km nordöstlich von Jaipur, in ländlicher Landschaft, mit Blick aufs Arawalligebirge, das Ramgarh Fort und Hindu-Tempel. **Heritage:** Der historische Bau (18. Jh.) wurde mehrmals erweitert und in ein Hotel umgewandelt. Fassaden mit traditioneller roter Kalkfarbe gestrichen, weiß abgesetzt.

- 45 km
- 30 km
- Mietwagen oder Taxi
- 10 AC, 20 Zelte mit Bad
- Buffet
- Tennis, Squash, Golf, Reiten gegen Gebühr
- Hallen- und Freibad
- Jacuzzi
- Disco, Wandern
- zu Sehenswürdigkeiten

28 JAIPUR UMGEBUNG: RAJ MAHAL PALACE (M)

Adresse: Sardar Patel Marg, Jaipur – 302001, Tel: 0141-5105665, -66, -67, Fax: 0141-2221787, www.royalfamilyjaipur.com **Lage:** Im relativ ruhigen Südwesten der Innenstadt, westlich des Rambagh Palaces, umgeben von einer Grünanlage. **Heritage:** Von 1821 an war das Haus Wohnsitz (*Residency*) des Vertreters der britischen Krone, diente später als Gästehaus des *Maharaja*. Nachdem Sawai Man Singh 1958 sein Schloss Rambagh Palace zum Hotel umgewidmet hatte, wohnte er im Raj Mahal. Der Palast hat viele königliche Besucher beherbergt, unter ihnen Queen Elisabeth II. Seit 1979 Hotel. **Spezialität:** Bibliothek mit antiquarischen Büchern, Banquet Hall mit Tanzparkett.

- 12 km
- 2 km
- 23 AC, 6 AC
- 1, indische/ europäische Küche
- Fitness
- zu Sehenswürdigkeiten, auch Ritte zu Pferd/ Elefant
- Gala Dinners
- @ gegen Gebühr

29 JAIPUR UMGEBUNG: THE RAMGARH LODGE (M)

Adresse: Jamwa Ramgarh, Jaipur – 303109, Tel: 01426-252217 und 252078, Fax: 01426-252079 **Reservierung:** 0080045881825, www.tajhotels.com **Lage:** 35 km nordöstlich vom Stadtzentrum am *Ramgarh Lake* im *Jamwa Sanctuary* (300 km²), Vögel und Wild sind auch vom Boot aus zu beobachten. **Heritage:** Um 1938 als Jagdhaus des *Maharajas* von Jaipur am Seeufer erbaut. Seit 1986 *Taj Resort*, 2003 stilgerecht restauriert.

- 45 km
- 35 km
- Mietwagen oder Taxi
- 11
- 1, indisch und europäisch
- Tennis, Tischtennis, Squash, Billard

30 JAISALMER: SHRI GIRDAR/AMAR SAGAR (M)

Im Projektstadium, Tel: 02992-252111

---

1 Samode Haveli, Jaipur **2** Ramgarh Lodge, Jaipur **3** The Raj Palace, Jaipur **4 & 5** Mool Sagar, Jaisalmer **6** Jawahar Niwas Palace, Jaisalmer **7** Surajgarh Fort, Jhunjhunu

Der Westen

31 JAISALMER: JAWAHAR NIWAS PALACE (M)

Adresse: 1 Bada Bagh Road, Jaisalmer – 345001, Tel: 02992-252208, Fax: 02992-250175, www.jawaharniwaspalace.co.in **Lage:** Ca. 250 m westlich von der ummauerten Stadt. **Heritage:** Ein königlicher Palast, 1899 ließ ihn der regierende *Maharawal* von traditionalen Handwerkern errichten, die mit überlieferter Kunstfertigkeit das Haus mit *Jharokhas* und *Chhatris* schmücken. Vor rund zehn Jahren wurde es Hotel.

- 285 km
- 22
- im nahen Basar
- 1 km
- 1, nordindische Küche
- Themendinner
- Auf der Sam Road nach Norden in die Bada Bagh Road abbiegen
- in die nähere Umgebung

32 JAISALMER: MANDIR PALACE (M)

Adresse: Jaisalmer – 345001, Tel: 02992-252788, Fax: 02992-252951, www.welcomheritagehotels.com **Lage:** Am Gandhi Chowk in der ummauerten (Unter-) Stadt, gleich rechts, wenn man zum Amar Sagar Tor hereingekommen ist. **Heritage:** Reiches Sandsteinschnitzwerk überall am Palast, mit dem Pfau als wiederkehrendem Motiv. Indosarazenisch, Stilelemente aus Arabien und Persien durch Karawanenverkehr. Tempelpalast, denn im Lauf der Zeit wurden die Gebäude um zwei Tempel herum angelegt. Teile schon aus dem 19. Jh., meist aber vom Beginn des 20. Jhs. Die Familie des ehemaligen Herrschers wohnt heute noch hier. Ein Flügel ist seit 2002 Hotel. **Spezialität:** Der Turm Badal Vilas, Wahrzeichen der Stadt.

- 280 km
- 19 AC, 5 AC
- Kamelritte
- Blick auf das Fort
- 1 km
- 1, multicuisine
- NH 15 von Bikaner
- Jeepsafaris, Ausflüge zu Sehenswürdigkeiten

33 JAISALMER: MOOL SAGAR

Adresse: Sam-Dunes Road, Jaisalmer – 345001, Tel: 0291-2672321, Fax 0291-2571240, www.moolsagar.com **Lage:** 9 km westlich vom Jaisalmer Fort, eine von einer hohen Mauer umgebene Oase inmitten der Wüste. **Heritage:** Hinter der Mauer wächst ein Gartenparadies, das 1815 vom Maharawal Moolraj II. angelegt wurde, mit kleinem Schloss, Pavillons, Fontänen. Die Luxuszelte daneben sind neu und mit neuzeitlichem Komfort. **Spezialität:** Sternenreicher Wüsten-Nachthimmel über ruhigen Rastplätzen auf dem Dach.

- 100 km
- 18 Luxus-Zelte
- Kamelritte
- Lagerfeuer, Tanz und Musik, Picknicks
- 8 km
- 1
- alle üblichen
- 8 km
- per Jeep, zu Kamelritten und Sehenswürdigkeiten

34 JAISALMER: NACHANA HAVELI (M)

Adresse: Goverdhan Chowk, Jaisalmer – 345001, Tel: 02992-252110/255565, Fax: 02991-251910, www.nachanahaveli.com **Lage:** In der ummauerten Stadt beim Gandhi Chowk, dem Zentrum des Geschäftslebens. **Heritage:** Die Gründung eines der *Maharawals* von Jaisalmer, 200-jähriger Sandsteinbau mit monolithischen Säulen, Steinschnitzwerk, hohen Räumen und hübschen Höfen. Antike Einrichtung, seit 1996 Hotel.

- 280 km
- 11 AC, 2 AC
- angekündigt
- Galadinner
- Hotelladen
- 1 km
- 1, rajasthanisch/multicuisine
- Fitness angekündigt
- Kamelsafaris
- N 15 von Bikaner
- angekündigt
- therapeutische Massagen
- Fortblick von der Terrasse
- für Gästelaptops in Lobby

35 JAISALMER: NARAYAN NIWAS PALACE (M)

Adresse: Jaisalmer – 345001, Tel: 02992-2251901, Fax: 02992-252101, www.narayanniwas.com **Lage:** Am östlichen Rand der ummauerten Unterstadt, nur 500 m vom Zentrum entfernt. **Heritage:** Feudaler Palast aus dem Beginn des 19. Jhs. Steinmetzarbeiten im goldfarbenen Sandstein, traditionelle Struktur mit Innenhöfen, Arkaden, Dachgarten, Gewölben. **Spezialität:** Ein – wenn auch etwas düster wirkendes – Hallenschwimmbad.

- 43 AC
- Kamel- und Jeepsafari
- 3 km
- 2 Dachgärten, Innenrestaurant, multicuisine
- Sauna
- mehrere Hotelläden
- Beengte Zufahrten, kaum Parkplätze
- Fitness
- Dachgarten

36 JAITPUR: P.O. JAITPUR SAITPUR FORT (M)

Im Projektstadium, ca. 100 km südlich von Hanumangarh. Tel: 0141-2711461, gopaylsinghnaruka@rediffmail.com

37 JHUNJHUNU: SURAJGARH FORT (M)

Adresse: Surajgarh, Jhunjhunu – 333029, Tel: 01596-238370, Fax: 011-26745954, www.surajgarh.com **Lage:** Das Fort liegt im Shekawati-Gebiet Rajasthans, nahe der Grenze zu Haryana in ländlicher Umgebung. Jaipur ist 205 km entfernt, weiter als Delhi. **Heritage:** Das Fort aus dem 18. Jahrhundert wurde sorgfältig restauriert. Seit zwei Jahren von seinem Besitzer aus der uralten Familie der *Maharajas* von Kangra (Himachal Pradesh) als stilvolles Hotel geführt.

- 170 km
- 14 AC (davon 4 Deluxe)
- Ausflüge zu Sehenswürdigkeiten
- im Hotel
- 2 km
- hauptsächlich vegetarisch
- zu Pferd, Elefant, Jeep
- südlich von Loharu, nordöstlich von Jhunjhunu
- Fahrradverleih
- einige Suiten

Der Westen

38 JODHPUR: AJIT BHAWAN (M)

Adresse: Gegenüber Circuit House, Jodhpur – 342006, Tel: 0291-2513333, Fax: 0291-2510674, www.ajitbhawan.com **Lage:** Südöstlich der Altstadt, etwas zurückliegend an der Airport Road, mit Gartengelände. **Heritage:** Gebaut für den jüngeren Bruder des *Maharajas* Umaid Singh. Hauptgebäude antik, Bungalowdorf im Park sehr modern-komfortabel. Reich mit indischem Dekors ausgestattet.

- 7 km
- ca. 70 AC, 4 AC
- 3, multicuisine, auch Café, Gartenrestaurant
- Fitness
- 1,5 km
- von Delhi 597 km
- Ayurvedamassagen
- Jeepsafaris, Tour zu Sehenswürdigkeiten

39 JODHPUR: HAVELI INN PAL (M)

Adresse: Gegenüber Gulab Sagar, beim Clock Tower Basar, Jodhpur – 342001, Tel: 0291-2612519, Fax: 0291-5101401, www.haveliinnpal.com **Lage:** Knapp 200 m vom den Basar überragenden Uhrturm (Clock Tower) entfernt, zentral in der blauen Altstadt, am Sagar, einem großen Wasserbecken mit Fontänen. Straßenzufahrt verwinkelt und schmal. **Heritage:** Privatresidenz des 18. Jahrhunderts für Angehörige der Pal-Fürsten, heute noch teilweise als Familienwohnung genutzt. Wohnstil innen und außen antik. **Spezialität:** Fast sämtliche Sehenswürdigkeiten Jodhpurs leicht zu Fuß zu erreichen.

- 3,5 km
- 12 AC, 5 AC
- Dachgarten
- Jeepsafaris, zu Pferd/Kamel, Stadtführungen
- 1,5 km
- 2, Dach- und Innenrestaurant, rajasthanische Küche
- exzellenter Blick zum Merherangarh-Fort
- bis zum Clock Tower, dann keine Parkmöglichkeit
- Kerzenlicht-Dinner
- Hotelladen

40 JODHPUR: HOTEL KARNI BHAWAN (M)

Adresse: Palace Road, Jodhpur – 342002, Tel: 0291-2512101, Fax: 0291-2512105, www.karnihotels.com **Lage:** Südlich von Jodhpurs Innenstadt im Stadtteil Ratanada. **Heritage:** Erbaut im Stil eines kolonialen Bungalow-Hauses aus rotem Sandstein aus den frühen 1940er Jahren, unter sorgfältiger Berücksichtigung moderner Komfortwünsche 1986 zum Hotel umgestaltet. **Spezialität:** Gastlichkeit der Familie, international gefeierte Sodawas-Küche.

- 1,5 km
- 23 AC, 5 AC
- gegen Gebühr
- Fahrradverleih, Safari zu Pferd, Besuch von Polowettkämpfen (saisonabhängig)
- 3 km
- 2, Dhani (Hütten im Garten) und Shashee Kebabi Korma im Freien am Pool
- Dampfbad, Massagen
- Royal Picknick
- Hotelladen
- auf der Airport Road bis zum Stadtteil Ratanada, dann westlich halten
- Jeepsafari in die Dörfer Ausflug nach Osyan, Sehenswürdigkeiten-Tour

41 JODHPUR: KHAAS BAGH HOTEL (M)

Adresse: In der Nähe der Police Lines, Ratanada, Jodhpur – 324001, Tel: 0291-2510410, Fax: 0291-2510647, www.ajitbhawan.com

42 JODHPUR: MADHO NIWAS

Adresse: New Airport Road, Ratanada – 342011, Tel: 0291-512486, www.indiaoverland.com **Lage:** Im Südosten der Stadt, ruhige Wohnlage im Grünen, günstig auch zum Flughafen. **Heritage:** In den frühen 1940er Jahren erbaut, als Stadtresidenz des *Thakurs* Dalvir Singh von Bhenswara, dessen Nachkommen heute hier – und auch in Bhenswara – ihre Hotelgäste empfangen. Sehr freundliche Atmosphäre.

- ca. 3 km
- 16
- zu den Dörfern und Osian-Tempeln, Kamelsafaris
- ca. 2 km
- gute Küche, spezialisiert auf Marwari-Rezepte
- gute Fernstraßenverbindungen mit Bikaner, Jaipur, Udaipur

43 JODHPUR: PAL HAVELI (M)

Adresse: Gulab Sagar, Jodhpur – 342001, Tel: 0291-3293328, www.palhaveli.com **Lage:** Zentral in Jodhpurs Altstadt, nördlich vom Uhrturm (Clock Tower). Fort und andere Sehenswürdigkeiten sind zu Fuß zu erreichen. **Heritage:** 1847 erbautes stattliches *Haveli* mit Innenhof und Dachterrasse, Inneneinrichtung antik, zum Teil mit Balkendecken. Eingang mit mächtiger Rampe (gedacht zum Besteigen mit Pferden und Elefanten). Die adeligen Besitzer kümmern sich selber um die Gäste. **Spezialität:** Museum im Haus, Gemälde, Festkleidung, vergoldete Sänfte – Andenken an fürstliche Vergangenheit.

- 3,5 km
- 19 AC, 1 AC
- Dachgarten
- Dachterrasse mit Rundblick über Jodhpur
- 1,5 km
- 2, antiker Frühstücksraum Dachrestaurant mit Terrasse
- festliche Dinner
- bis zum Uhrturm, dann nur schmale Zufahrt nach Norden
- Safari zu den Dörfern, Stadtführungen

44 JODHPUR: HOTEL POLO HERITAGE (M)

Adresse: 12 Old Residency Road, Jodhpur – 342002, Tel: 0291-2433909, www.poloheritage.com **Lage:** Südlich der Innenstadt im Stadtteil Ratanada. **Heritage:** Dem Namen entsprechend ist das Haus seit drei Generationen im Besitz einer Familie von Polo-Champions, in den 1930ern gebaut vom Architekten H. W. Goldstraw mit guter Gestaltung der Art-déco-Moderne. Räume klar und sachlich, doch geräumig und wohnlich. **Spezialitäten:** Viele Informationen über Polo-Sport, reichhaltiges Arboretum im Garten.

- 2,5 km
- 5 AC, 14 AC
- Polo-Training, Reiten, Fitness, Fahrradverleih
- 2,5 km
- 1, multicuisine
- Reit-/Jeepsafaris in die Dörfer, Tour zu Sehenswürdigkeiten
- östlich der Innenstadt auf der Airport Road nach Süden bis Stadtteil Ratanada
- gegen Gebühr

45 JODHPUR: RAAS HAVELI (M)

Adresse: Makrana Mohalla, Umed Chowk Road, Jodhpur – 342001, www.raasjodhpur.com **Lage:** Mitten in der verwinkelten ummauerten Altstadt Jodhpurs, im nordöstlichen Viertel, unweit des Clock Towers. **Heritage:** Das Hotel besteht im Kern aus vier 150 Jahre alten Rotsandstein-Gebäuden und mehreren modernen Anbauten guter Designqualität. Nennt sich die besterhaltene urbane Stadtresidenz in Rajasthan und dazu das erste ökologische Boutiquehotel dort.

- 7 km
- 32 AC, 5 AC
- geheizt
- einige Zimmer
- Picknicks/Jeep/Kamelritte in der Wüste, Sightseeing in hoteleigenen Taxis
- 1,5 km
- 2, indisch/europäisch
- Spa mit verschiedenen Anwendungen, Dampfbad
- ausgezeichnete Sicht auf das mächtige Fort
- Bis zum Clock Tower, dann im Hotel fragen, ob es eine Auto-Zufahrt gibt
- Babysitter
- Hotelladen
- @ gegen Gebühr

46 JODHPUR: RANBANKA PALACE (M)

Adresse: Circuit House Road, Jodhpur – 342006, Tel: 0291-2512800, Fax: 0291-2512802, www.ranbankahotels.com **Lage:** Südöstlich der Altstadt, westlich vom Umaid Bhawan, gelegen in einem subtropischen Garten. **Heritage:** Palast aus den 1920er Jahren, heute Eigentum eines Enkels von Ajit Singh aus Jodhpurs königlicher Familie, reiche Ausstattung mit Memorabilien derselben, moderner Komfort, kolonialer Stil. Hotel seit 1979, renoviert 2000.

- 7 km
- 55 AC, 5 AC
- 2 km
- 1, multicuisine
- Ayurvedamassagen
- von Norden her östlich der Innenstadt über Circuit House Circle

47 JODHPUR: UMAID BHAWAN PALACE
(TAJ HOTEL, SIEHE SEITE 228)

IN DER UMGEBUNG VON JODHPUR

48 JODHPUR UMGEBUNG: BAL SAMAND LAKE PALACE (M)

Adresse: Bal Samand Lake Palace and Garden Retreat, Mandore Road, Jodhpur – 342026, Tel: 0291-2572321-26, Fax: -571240, www.jodhpurheritage.com, www.jodhpursafari.com **Lage:** Nur 8 km nördlich von Jodhpur City, unter hohen schattigen Bäumen, am See. **Heritage:** An einem künstlichen See erbauten die Rathore-Herrscher im 18. Jh. den Palast. Ende des 20. Jhs. wurde das Schloss restauriert. Komfort, Erholung am herrlichen Palastpark, doch stadtnah.

- ca. 14 km
- von Jodhpur 8 km Richtung Mandore
- ca. 9 km
- Ausblick auf den See, Monumente/Ruinen der einstigen Rathore-Hauptstadt, samt »Helden-Halle«.
- 35, 10 im Nebengebäude

49 JODHPUR UMGEBUNG: FORT CHANWA LUNI (M)

Adresse: 1, PWD Road, Jodhpur – 342001, Tel/Fax: 091291-2432460, info@fortchanwa.com, www.fortchanwa.com **Lage:** Beim Dorf Luni, 36 km südlich Jodhpur. **Heritage:** Erbaut 1895 von *Maharaja* Jaswand Singh II. in rajasthanischem Stil aus rötlichem Sandstein mit schönem steinernen Schnitzwerk, ein Komplex aus Palast, Höfen und Mauern. Das Fort wurde 1995 zum Hotel. **Spezialität:** Die Architektur des benachbarten Dorfes bietet Beispiele traditioneller Bauweise.

- 40 km
- Busstop von Jodhpur 1 km
- Spa, Ayurveda-behandlungen
- Aussicht vom Dach auf Jodhpur
- 1 km
- 1, rajasthanische Küche und multicuisine
- Fahrradverleih
- rajasthanische Tanzvorführungen
- 45 AC
- im Hotel, im Dorf
- zu Pferd, mit Kamelkarren oder Jeep, Dorfbesuche

50 JODHPUR UMGEBUNG: FORT KHEJARLA (M)

Adresse: Village Khejarla, Jodhpur – 342601, Tel: 02930-258485/-86, Fax: 02930-258485, www.jodhpurfortkhejarla.com **Lage:** 85 km östlich von Jodhpur, auf einem Granithügel, beim Dorf Khejarla. **Heritage:** Eine 1611 erbaute Festung mit hohen Umfassungsmauern und wulstigen, zinnenbekrönten Türmen. Innen mit elegantem indischen Komfort: hohen gewölbten Zimmern, kolonialen Möbeln, Himmelbetten, Vorhängen, Polstern, modernen Badezimmern. Der älteste Teil des Forts wird zu einem Spa umgebaut. **Spezialität:** Solarenergie zur Warmwasserbereitung.

- ca. 90 km
- 38 AC, 6 AC
- im Aufbau
- Aussicht von den Mauern auf das Fort
- 45 km
- 2, multicuisine
- Fahrradverleih
- Hotelladen
- von Jodhpur in östlicher Richtung via Bilara
- Spa im Aufbau
- Rundgang zu Dorftempeln, Jeepsafaris, Kamelritte
- @ gegen Gebühr

51 JODHPUR UMGEBUNG: JHALAMAND GARH (M)

Adresse: Jhalamand Garh, Post Jhalamand, Jodhpur – 342005, Tel: 0291-2720481, www.heritagehotelsofindia.com **Lage:** 8 km südlich von Jodhpur, inmitten des Dorfes Jhalawar. **Heritage:** Palast Ende des 18. Jhs. von einem Adeligen des Sisodia (Mewar)-Clans erbaut. Hotel seit 1986, familiengeführt, traditionelle Gastfreundschaft.

- 10 km
- 18
- ethnische Musik, Tanz
- 10 km
- rajasthanische Küche, festes Menü
- zu Pferd, Kamel, Jeep
- einige Zimmer
- schöner Blick von der Dachterrasse

---

1 Ajit Bhawan, Jodhpur 2 Haveli Inn Pal, Jodhpur 3 Bal Samand Lake, Jodhpur 4 Umaid Bhawan Palace, Jodhpur 5 Hotel Karni Bhawan, Jodhpur 6 Jhalamand Garh, Jodhpur 7 Fort Chanwa Luni, Jodhpur

52 KHIMSAR: FORT KHIMSAR (M)

Adresse: Fort Khimsar, Khimsar – 341025, Tel: 01585 –262345 bis 49, Fax: 01585-262228, www.welcomheritagehotels.com **Lage:** Direkt am Rande der Wüste, früher mittendrin, heute bewässerte grüne Äcker rundum. **Heritage:** Fort aus dem 16. Jh., Gründung eines der Söhne des Gründers von Jodhpur. Das Fort diente der Abwehr von Mogulangriffen, es ist heute noch in Familienbesitz. Sogar das Personal stammt großenteils aus jahrhundertelang ansässiger Bevölkerung! **Spezialität:** Klimatisierter Vorführraum für DVDs und DTS Digital Dolby System – erholsam!

- 100 km Jodhpur, 330 km Jaipur
- 100 km
- von Jodhpur NH 65/ NH 89, 40 km westlich von Nagaur
- 2, Terrasse/ alter Fortturm
- 46 AC
- beleuchteter Tennisplatz, Tischtennis, Krocket, Fußball-/Crickedfeld, Fitness, Golf, Reiten
- Ayuvedamassage, Yoga, Sauna, Meditation
- zu Pferd/Kamel/Jeep in Sanddünen und Wildschutzgebiet, in Dörfer zu Töpfern, Schmieden, Webern
- im Fort und im Dorf, Nila Moti Trust: Textilarbeiten
- Gala-Kerzenlichtdinner, Tanz-, Zauber- und Puppenspielschau
- von westlicher Mauer Sonnenuntergang in der Wüste

53 KISHANGARH: PHOOL MAHAL PALACE HOTEL (M)

Adresse: Kishangarh – 305802, Ajmer, Tel: 01463-247405, Fax: 01463-242001, www.royalkishangarh.com **Lage:** 30 km von Ajmer, an der Fernstraße Jaipur – Ajmer, weißes Schloss am See. **Heritage:** Schlossbau aus dem 19. Jahrhundert, Fresken, antike Möbel. **Spezialität:** Einzigartige Miniaturensammlung.

- 200 km
- 3 km
- 21 AC
- rajasthanische Küche
- rajasthanische Musik, Tanz
- Trekking in der Umgebung, Jogging, Fahrradverleih
- Massagen
- in Kishangarh
- zur Wildbeobachtung

54 KISHANGARH: ROOPANGARH FORT (M)

Adresse: Roopangarh – 305814, Tel: 01497-220217, Fax: 01463-24001, www.royalkishangarh.com **Lage:** 10 km nördlich von Kishangarh und der Straße Jaipur – Ajmer. **Heritage:** 350 Jahre altes Fort, dessen cremefarbener, neuer Teil ein Hotel ist. Romantisches, altes Fort-Gemäuer. Geräumige Zimmer und übergroßer Speisesaal.

- 200 km
- 12 km
- Besuch des alten Forts, Besuch bei den Dorfhandwerkern, Pferdesafaris, zur Wildbeobachtung an den Salzsee Sambhar zu den Flamingos
- siehe oben
- 20
- im Dorf und in Kishangarh

55 KUCHAMAN: KUCHAMAN FORT (M)

Adresse: Kuchaman – 341508, Nagaur, Tel: 01586-220882, thekuchamanfort@sify.com **Weitere Auskünfte unter** A-DDA janata Flats, Behind B-Block, Vasant Vihar, New Delhi – 110057, Tel: 011-42705271

56 MANDAWA: CASTLE MANDAWA (M)

Adresse: Mandawa, District Jhunjhunu – 333704, Tel: 01592-223124, 223432-33, Fax: -223171, reservation@castlemandawa.com, www.castlemandawa.com **Lage:** zentral in Mandawa, südlich vom *Main Basar*, südwestlich vom Busbahnhof und *Sonthalia Gate*. **Heritage:** Opulente Burg, Mitte des 18. Jhs. erbaut, mehrmals und bis heute immer wieder erweitert, historisches Mobiliar, jedes Zimmer anders als die anderen. **Spezialität:** Malerische morgendliche Versammlung im großen Hof zu den Pferde- und Kamelausritten.

- 170 km
- 14 km
- über den NH 11
- 75
- zu Pferd, Kamel, Jeep
- »Gemalter Saal« und Gartenrestaurant
- Billard, Fitnessstudio
- Spa, Ayurvedabehandlungen
- Tanzvorführungen und Puppentheater
- Hotelladen

57 MANDAWA: SINGHASAN HAVELI (M)

Adresse: Goenka Chowk, Mandawa Shekawati – 333704, Jhunjhunu, Tel/Fax: 01592-223137, **Reservierung:** Fax: 0141-2341551, www.singhasanhaveli.com **Lage:** Im Zentrum von Mandawa. **Heritage:** *Haveli* aus dem 18. Jh., kunstvoller Freskenschmuck innen und an der Fassade. Große Räume.

- ca. 180 km
- 50 km
- Galadiner in Sanddünen mit ethnischen Tanzdarbietungen, Fahrt im Kamelwagen, Feuerwerk
- von Jaipur den NH 11 bis Fatehpur, dann 25 km östlich bis Mandawa
- 20, 4
- 1, rajasthanische Küche und multicuisine
- im Basar Mandawas

58 NAWALGARH: KOOLWAL KOTHI (M)

Adresse: Govt. Hospital Road, Nawalgarh – 333042, Jhunjhunu, Tel: 01594-225817, Fax: 01594-225818, indralokhotels@hotmail.com

59 NAWALGARH: ROOP NIWAS KOTHI (M)

Adresse: Nawalgarh – 33042, District Jhunjhunu, Tel: 01594-222008, 224152 Fax: 01594-223388, www.roopniwaskothi.com **Lage:** 150 km nordwestlich von Jaipur, in umgebendem Park gelegen, 1 km von der Stadt entfernt. **Heritage:** Der über 200 Jahre alte stattliche Landsitz ist eine gelungene Vereinigung europäischen und rajputischen Stils. **Spezialität:** Züchter schöner, edler Marwari-Reitpferde.

- 160 km
- 6 km
- Von Jaipur über Sikar
- 22, 1
- 2, rajasthanisch, indisch, auch europäisch
- ethnische Tanz- und Musikdarbietungen
- zu Sehenswürdigkeiten im Shekawati-Gebiet, auch auf Kamelkarren
- gegen Gebühr
- Hotelladen
- Fahrradverleih

1 Khimsar Fort, Khimsar **2** Castle Mandawa, Mandawa **3** Ramgarh Lodge (Taj Hotel), Jaipur **4** Neemrana Fort Palace, Neemrana **5 & 6** Fort Pokaran, Pokaran **7** Sri Garh Fort, Rawatsar

Der Westen

60 NAWALGARH: ROOP VILAS PALACE HOTEL (M)

Adresse: Rawal Sab Ki Kothi, Nawalgarh – 333042, Jhunjhunu, Tel: 01594-224321, www.roopvilas.com **Lage:** Ca. 2 km außerhalb des Zentrums von Nawalgarh im Shekawati-Gebiet. **Heritage:** Ein alter Landpalast, erst 2008 komplett renoviert und im als Hotel eröffnet. Loggienbalkons, vier kleine Türme flankieren das flache Dach, wenige Zimmer, das stattliche Eingangstor mit – neuer – Architekturmalerei schön verziert. Intime Atmosphäre, erfreulicher Garten nahe der oft staubigen Stadt.

- 264 km
- 15, 3 Luxus-AC-Zelte
- Ayurvedamassagen, Mehendiwali
- Jeepsafari, geführte Ausritte (Pferd/Kamel), Besuch der Dörfer
- ca. 3 km
- multicuisine (nur biologisches Gemüse)
- Volkstänze, Puppentheater
- Pferde-Polo, Golf, Fahrradtour, Trekking
- in Nawalgarh
- an dem SH 8 zwischen Jhunjhunu und Sikar
- 8 ha Land bieten Raum Aktivitäten (Zelte, Shows)
- Sehenswürdigkeiten (diverse *Havelis*, das Fort, etc.) im nahen Stadtzentrum

61 NEEMRANA: NEEMRANA FORT-PALACE (M)

Adresse: Neemrana, District Alwar – 301705, Tel: 0941-4050068, -4050044, Fax: 01494-246005, www.neemranahotels.com **Lage:** Wenige Kilometer vor der Grenze zu Haryana, im Vorgebirge der Aravallikette, oberhalb des rasch wachsenden Dorfs Neemrana. **Heritage:** Mittelalterliches Fort um 1464 erbaut, seit 1986 Renovierung der ruinösen Bausubstanz, seit 1991 für Gäste geöffnet.

- 100 km
- 36, 15
- 1, mittags offen für Nicht-Hotelgäste
- Trekking, Kamelritte
- 65 km
- viele grüne Terrassen
- Fitness
- Shop mit vielfältigen Angebot, Schmuckläden im Dorf
- an dem NH Delhi – Jaipur gelegen
- Spa, Ayurvedabehandlungen, Yoga, Jacuzzi

62 PACHAR: CASTLE PACHAR (M)

Adresse: Pachar – 332729, Sikar, Tel: 01576-264611, www.castlepachar.com **Lage:** 9 km nördlich Kishangarh, 37 km westlich Chomu, im halbariden Wüstengebiet. **Heritage:** 1725 als Adelssitz erbaut, 1830 wohnlicher erweitert, 1994 Hotel. **Spezialität:** Ursprüngliche Lobby kolonialen Zuschnitts, Prachtdekors, Rundbögen, Pfeiler, Gemälde, gastlicher Aufenthalt.

- 85 km
- 7, 9
- 1
- 32 km
- nördlich NH 8
- Jeepsafaris, Ausflüge im Ochsen-/Kamelkarren Reiten (Pferd/Kamel)

63 PHALODI: HOTEL LAL NIWAS (M)

Adresse: Dadha Street, Phalodi – 342 301, Tel: 02925-223813, 222940, Fax: 02925-224886, www.lalniwas.com **Lage:** Nahe des NH 15 von Bikaner nach Pokaran, 155 km von Jaisalmer entfernt. **Heritage:** Das *Haveli* wurde 1750 von der Familie Dadha erbaut, aus rotem Sandstein mit kunstvollen *Jharokhas*. Restauriert mit Originalmaterial nach altem Vorbild. Seit 2001 Hotel. **Spezialität:** Im Haus Museum mit kulturhistorischen Kunst- und Gebrauchsgegenständen der Gegend.

- 135 km
- 19 AC, 7
- Ayurvedabehandlungen
- Hotelladen für Antiquitäten und Handwerkskunst
- 1 km
- 2, rajastanisch/international
- Fitness, Fahrradverleih
- bei Nachfrage ethnische Musik und Tanz
- 155 km östlich von Jaisalmer, NH 15
- Kamelritte, Jeep Safaris, zu Sehenswürdigkeiten
- gegen Gebühr

64 POKARAN: FORT POKARAN (M)

Adresse: Pokaran, District Jaisalmer – 345021; Head Office: Pokaran House, P.D.W. Road, Jodhpur – 342001, Tel/Fax: 0291-2432390, Fort: Tel: 02994-222274, www.fortpokaran.com **Lage:** Das Fort liegt am Zusammentreffen zweier wichtiger Verkehrsstraßen nach Jodhpur, nach Bikaner und Jaisalmer, in einem zur Stadt angewachsenen Dorf in der Wüste Thar. **Heritage:** Sehr beeindruckende Fortanlage aus dem 14. Jh. Gründung eines mächtigen Zweigs der edlen Rathores. Die Wohngebäude im rajputischen Stil mit Mo-guleinflüssen wurden in den letzten 20 Jahren zu einem Hotel im wahrhaft fürstlichen Stil umgebaut. **Spezialität:** Begehbare Dächer und Mauerkronen. Museum mit Antiquitäten.

- 175 km
- 9 (Erweiterung geplant)
- 10, z. T. riesige Zimmerfluchten und eigener Innenhof
- Rasen vor dem Haus
- ethnische Tanzführungen
- im Dorf
- 1 km
- 1, multicuisine
- Jacuzzi
- im Jeep zu dörflichen Handwerkern, Vogelbeobachtung, Kamelritt zu den Dünen
- von dem NH 114 nach Jodhpur in die Sardar Basar Road abbiegen nach Süden bis zum Fort
- Zimmer im Erdgeschoss
- Turmaussicht
- Billard

65 PUSHKAR: PUSHKAR PALACE (M)

Adresse: Hotel Pushkar Palace, Pushkar – 305022, Tel: 0145-2773001, Fax: 0145-2772952, www.hotelpushkarpalace.com **Lage:** Im heiligen Pilgerort Pushkar direkt am See. **Heritage:** Der alte weißglänzende Kishangarh Kunj-Palast ist ergänzt durch ein langgestrecktes modernes Hotelgebäude. **Spezialität:** Zum berühmten *Pushkar Fair*, dem rajasthanischen Viehmarkt und Fest (2010: 13-21. November) gilt die Preiskategorie 4.

- 145 km
- 25, 28
- Fahrradverleih
- Ayurvedamassage
- 13 km
- 1, multicuisine, vegetarisch
- Galadinner
- Sicht über den See auf Pushkar
- Delhi-Ajmer NH 8, dann 14 km nach Pushkar
- Besuch der Sehenswürdigkeiten, Ausflüge auf die Berge, Kamelsafaris

Der Westen

66 RAWATSAR: SRI GARH FORT (M)

Adresse: VPO Rawatsar Kunjla, District Churu – 331001 **Reservierung:** Noble House Palaces & Hotels Ltd, 106FF Windsor Plaza, Sansai Chandra Road, Jaipur – 302001, Tel: 0141-2362701, Fax: 0141-2361702, www.srigarh.in **Lage:** Im nördlichen Bereich des Shekawati-Gebiets, nordwestlich von Jaipur im Dorf Rawatsar, das im kärglichen trockenen Gebiet der Halbwüste liegt, nahe der Grenze zu Haryana. **Heritage:** 1856 bei einer neuen Ansiedlung gegründet, nach 1920 neoklassisch opulent renoviert. Königliche Gastfreundschaft angestrebt, seit 2008 ein Hotel.

- 190 km
- 43 km
- von Delhi auf dem NH 65 bis Rajgarh, dann südlich ins Shekawati-Gebiet
- 3, Ahwadi/multicuisine
- 36, davon 4 *Royal Suites*
- Fitness, Golf, Fahrradverleih, Billard, Bogenschießen
- Spa mit Ayurvedaanwendungen
- Jeep-Safaris, Ritte zu Pferd und zu Elefant
- zu Sehenswürdigkeiten im Hotel

67 SAMODE: SAMODE PALACE (M)

Adresse: Samode – 303806, Jaipur, Tel: 01423-240013, Fax: 01423-240215, www.samode.com **Lage:** 42 km nordwestlich von Jaipur, am Ende eines schmalen Tals. **Heritage:** Dekoriert wie eine Märchenkulisse: Fresken, Spiegel, buntes Glas – alles wirkt wie neu, ist jedoch 300 Jahre alt – außer der riesigen Freitreppe.

- 45 km
- 45 km
- siehe oben
- 40 AC
- romantisch wird im Hof diniert
- 3 km entfernter Schlossgarten mit 50 Luxuszelten (Samode Bagh)

68 UMAID: NAGAR FORT (M)

Adresse: Umaid Nagar, Tehsil Osian, Jodhpur – 342001, Tel: 0291-2616400, Fax: 0291-5103122, www.innseasonjodhpur.com **Lage:** Im Park. 20 km von Osian, 40 km von Jodhpur. **Heritage:** 1760 erbaut als Villa eines Ministers in Jodhpur. Immer gepflegt und ohne zerstörende Eingriffe bei der Modernisierung. 4 große Räume, auch als Privatvilla zu vermieten mit Butler, Koch und Personal.

- 260 km
- 40 km
- 4 AC
- 1
- mit Wasserfall
- rajasthanische Volksmusik und Tanz
- Reiten, Golf, Squash, Tennis, Billiard
- Massagen
- Safaris im Oldtimer-Militärjeep zu Dörfern der Ur-Stämme und in die wildreiche Landschaft, Besuch der Sehenswürdigkeiten von Jodhpur

1 & 2 Samode Palace, Samode (*Bild rechts*) In der Wüste genügt ein Luftzug, um den *Dhoti* zu trocknen. Ram-Devra-Pilger, bei Pokaran in der Wüste Thar.

69 BAMBORA: KARNI FORT BAMBORA (M)

Adresse: Bambora, Udaipur – 342006, Tel: 0291-25122101, Fax 0251-2105, www.karnihotels.com **Lage:** Ca. 40 km südöstlich von Udaipur, größtenteils über einfache Landstraßen, auf einem Hügel über der dörflichen Siedlung. **Heritage:** Vor 15 Jahren noch eine Ruine – die geschichtsbewussten Besitzer ließen die Burg durch ausgezeichnete Maurer und Steinmetze in alter Pracht wiederherstellen, das Innere mit Märchenschlossdekors ausstatten (Vergoldungen, Spiegel, buntes Glas, glänzende Stoffe). **Spezialität:** Kleines Museum des Wiederaufbaus.

- 50 km
- 32 AC
- sehr gemütlich
- unten am Hügel
- sehr guter Blick ins Land von der luftigen Terrasse im Mittelgeschoss
- 50 km
- 1, rajasthanisch
- am Fuß des Hügels
- Fitness
- Ethnische Musik und Tanz, Campfeuer
- Reit- und Jeepausflüge
- von Udaipur auf der Autobahn Richtung Chittorgarh 9 km östlich, dort nach Süden abbiegen auf kleine Straßen; PKW-Auffahrt seitlich zum Fort
- Jacuzzi

70 BHARATPUR: CHANDRA MAHAL HAVELI (M)

Adresse: Pehasar Nadbai, Bharatpur – 321001, Tel: 05643-264336, www.chandramahalhaveli.com **Lage:** An der Straße Jaipur – Agra, in einem Park, Entfernung vom Vogelschutzgebiet Bharatpur 25 km. **Heritage:** Erbaut 1850 von einem muslimischen Adeligen, Mogul-Architektur.

- 175 km
- 23, unterschiedliche Ausstattung
- Jeepsafaris, Bootsfahrten
- 25 km
- multicuisine, Thalis
- Hotelladen
- siehe oben
- rajasthanische Volksmusik

71 BHARATPUR: LAXMI VILAS PALACE (M)

Adresse: Kaka Ji Koti, Old Agra Road, Bharatpur – 321001, Tel: 05644-223523, Fax: 05644-225259, www.laxmivilas.com **Lage:** Fast 2 km außerhalb der Festungsmauer von Bharatpur, in angenehmem Garten gelegen. **Heritage:** 1887 erbaut für den jüngeren Bruder des Herrschers von Bharatpur. Der Stil ist typisch für das Land: rajputische und Mogularchitektur gemischt. Seit 1994 Hotel, Familienbetrieb, persönlicher Charakter.

- 55 km
- 14 AC, 16 AC
- Diaschau über das Vogelschutzgebiet
- 6 km
- 1, indische und europäische Küche
- Fahrradverleih
- Führungen ins Vogelschutzgebiet
- gegen Gebühr
- von Agra oder Jaipur auf dem NH 11
- Ayurvedamassage
- Buchladen im Haus

72 BUNDI: HAVELI BRAJ BHUSHANJEE

Adresse: Bundi – 323001, Tel: 0747-2442322, Fax: 0747-2442142, www.kiplingsbundi.com **Lage:** In einer engen Gasse von Bundis Altstadt, unterhalb des Palasts. **Heritage:** Die Besitzer sind zwei Brüder aus einer alten, sehr angesehenen Familie, sie halten sorgsame Balance zwischen Bewahrung alter Kultur und modernem Komfort. Wertvolle Wandgemälde, Textilien und Möbel.

- 205 km
- 25 AC
- Von Terrasse stimmungsvoller Blick auf Fort, abends beleuchtet
- 3 km
- 1, vegetarisch, kein Alkohol
- Sauna, Jacuzzi
- von Jaipur NH 12 über Kota
- Terrasse
- Touren zu Sehenswürdigkeiten, auch mit Picknick
- wertvolles Kunsthandwerk im Haus

73 BUNDI: ISHWARI NIWAS HERITAGE RESORT (M)

Adresse: 1, Civil Lines, Bundi – 323001, Tel: 0747-2442414, Fax 0747-2443541, www.ishwariniwas.com **Lage:** Südlich der ummauerten Altstadt an der Straße nach Kota. **Heritage:** Koloniale große Villa, etwas über 100 Jahre alt, seit 1992 Hotel. Säulenportal, Innenhof und Garten, angenehm altmodisch.

- 200 km
- 22, teilweise AC
- Safaris und Führungen auf Anmeldung
- 3 km
- 1, auch für Gäste von außerhalb
- angekündigt
- von Norden aus Jaipur auf dem NH 12, von Chittorgarh auf dem NH 76
- Fahrradverleih
- gegen Gebühr

IN DER UMGEBUNG VON CHITTORGARH

74 CHITTORGARH UMGEBUNG: BASSI FORT (M)

Adresse: Bassi, District Chittorgarh – 312022, Tel: 01472-225321, Fax: 01472-240811, www.bassifortpalace.com **Lage:** 20 km nordöstlich von Chittorgarh, 120 km von Udaipur, in ländlicher Umgebung, am Fuße eines Hügels mit Ruinen der alten Burg. **Heritage:** Das palastartige Fort hinter stolzen Mauern stammt aus dem 16. Jahrhundert, prachtvoll mit Türmen, Kuppeln, hohen Toren, Zinnen und *Jharokhas*. Die Besitzerfamilie, verwandt mit der Mewar-Dynastie, diente seit jeher als Krieger dem Land Mewar. Mit viel Feingefühl hat man die Gebäude restauriert, im indischen Dekor des 19. Jahrhunderts elegant eingerichtet. **Spezialität:** Wildschutzgebiete und sehr ursprüngliches Dorfleben sind zu entdecken.

- 115 km
- 4 AC, 14 AC
- im Bau
- Gala Dinner, ethnischer Tanz, königliche Hochzeitsfeiern
- gegen Gebühr
- 2 km
- 1, rajasthanische/indische Küche
- Fahrradverleih, Bootsfahrt auf dem Bassi Lake
- Safaris mit Pferden/Jeep, Sehenswürdigkeiten-Touren
- NH 79 von Ajmer, NH 76 von Udaipur
- Hotelladen

---

1 Karni Fort, Bambora **2** Bassi Fort, Chittorgarh **3** Laxmi Vialas Palace, Bharatpur **4** Castle Bijaipur, Chittorgarh **5** Devigarh, Delwara **6** Deogarh Mahal, Deogarh **7** Udai Bilas Palace, Dungarpur

Der Westen

75 CHITTORGARH UMGEBUNG: CASTLE BIJAIPUR (M)

Adresse: Bijaipur, District Chittorgarh – 312001, Tel: 01472-24009, Fax: 01472-241042, www.castlebijaipur.com **Lage:** Inmitten des Vindhyachal-Gebirgszugs, in einer Landschaft mit Wald, See und Wildreservat gelegen, doch Chittorgarh ist nur 35 km entfernt. **Heritage:** Ein Fort aus dem frühen 17. Jahrhundert, mit goldgelben Erkern, Säulen und Türmen. Abendliche Musik lässt die Vergangenheit aufleben. Seit 1990 Hotel.

- 140 km
- 23 AC
- Fitness, Fahrradverleih, Tennisplatz im Bau
- 35 km
- 1, multicuisine
- Spa, Kosmetik und Ayurvedamassagen, Yoga
- Kochkurse
- @ gegen Gebühr
- Autobahn Udaipur-Chittorgarh
- Safaris in die Umgebung, Ausritte, Besuch von Sehenswürdigkeiten

76 DAUSA: BHADRAWATI PALACE (M)

Adresse: Village Bhandaret, Dausa – 303303, Tel: 01427-283351, Fax: 0141-2372919, www.bhadrawatipalace.com **Lage:** Großes Fort mitten im Dorf, an dem NH 11 östlich der Kleinstadt Dausa, 76 km östlich Jaipur. **Heritage:** Fort im ländlichen Rajasthan, 300 Jahre alt, seit 1994 Hotel.

- 73 km
- 35 AC
- 13 km
- 1, multicuisine
- zu Pferd/Jeep, Besuch von Sehenswürdigkeiten
- auf NH 11 Jaipur-Agra östlich, nahe der Straße
- Fahrradverleih
- das Fort

77 DELWARA: DEVIGARH (M)

Adresse: Delwara – 3130202, District Rajsamand, Tel: 02953-289211, Fax: 02953-289357, www.devigarh.com **Lage:** Zwischen Aravallibergen, das Dorf überragend, nahe dem NH 8. **Heritage:** Das Palast-Fort wurde im 18. Jh. gebaut. Nach jahrelanger investiver Bemühung durch die Familie Poddar ist es, bei Bewahrung seiner rajasthanisch-herrschaftlichen Struktur, zu einem einzigartigen Suiten-Boutique-Hotel geworden. Mit sparsamem Dekor in modernem Design und exquisitem Komfort zählt es zu den besten Hotels der Welt. **Spezialität:** Ein Aufzug! Erspart viele Stufen bis zur Basis des Palastes.

- 36 km
- 36, jede mehr als 65 m²
- Bankette, Gala-Dinner, Hochzeiten, kulturelle Darbietungen
- 26 km
- chinesische, indische und europäische Küche
- Fitness
- @
- Ausritte, Kamelsafari, Besuch von Sehenswürdigkeiten
- direkt an der Straße Udaipur-Ajmer
- Dampfbad, Sauna, Jacuzzi, Schönheitssalon, Ayurvedatherapie
- Hotelladen

78 DEOGARH: DEOGARH MAHAL (M)

Adresse: Gokul Vilas, Deogarh – 313331, Tel: 02904-2527777, Fax: 02904-252555, www.deogarhmahal.com **Lage:** In einem alten Dorf mit enger Zufahrt. Landschaftlich schöne Umgebung, Hügel, Seen. Gute Verbindung in alle Richtungen. **Heritage:** Sitz eines einstmals mächtigen Herrschergeschlechts. Die Familie wohnt noch im Palast und kümmert sich um die Gäste. Mit aufwendigem traditionellen Design und modernem Komfort ausgestattete Räume. **Spezialität:** Wenige Kilometer entfernt: Fort Seengh Sagar, idyllisch am Wasser zur ungestörten Luxusbleibe ausgebaut.

- 135 km
- 22 AC, 28 AC
- Fitness, Badminton, Tischtennis, Snooker
- Tagesausflüge, Jeepsafaris ins Umland
- 1 km
- 1, auch auf der Terrasse
- Ayurvedamassagen, Jacuzzi
- im Dorf
- @ gegen Gebühr
- Unweit dem NH 8
- einige Räume
- Gala-Abende, ethnisches Kulturprogramm

79 DHOLPUR: RAJ NIWAS PALACE HOTEL (M)

Adresse: City Place, Dholpur – 328001, www.dholpurpalace.com **Lage:** 58 km südlich von Agra, beim Städtchen gleichen Namens. **Heritage:** Der Herrscherpalast eines kleinen, sehr angesehenen Fürstentums, Ende 19. Jhs. im Stil und Luxus der damaligen Zeit mit architektonischen Vorlieben der Erbauer (Kacheln!) errichtet. Die luxuriösen Räume werden durch das Angebot von Unterkunft in Zelten ergänzt.

- 58 km
- 18 cottages, 12
- zahlreiche Ausflugsziele in der Umgebung
- 58 km
- nahe in der Stadt
- westlich der Autobahn Delhi-Gwalior
- Billiard

80 DUNGARPUR: UDAI BILAS PALACE (M)

Adresse: Dungarpur – 314001, Tel: 02964-230808, Fax: 02964-231008, www.udaibilaspalace.com **Lage:** Dem schimmernden Gaibsagar See und einem Wald benachbart, nahe der freundlichen Kleinstadt. **Heritage:** Der Palast vereint schöne rajputanische Architektur mit Art-déco-Einrichtung, aus dem 19. und Anfang 20. Jh. Miniaturen, Wandgemälde, buntes Glas, Steinmetzarbeiten. **Spezialität:** Auf dem Berg darüber der alte, unbewohnte Palast Juna Mahal, ein Schatzhaus voller Wandgemälde in reinstem rajasthanischen Stil, farbig und bewegt, wert, als Weltkulturerbe anerkannt zu werden!

- 125 km
- 6 AC, 16 AC
- Massage, Jacuzzi
- Schöner Blick vom Pool über den See
- 3 km
- 1, indische Küche, auf Nachfrage europäisch/chinesisch
- Fahrradverleih, Tennis
- Hotelladen
- 21 km östlich dem NH 8 von Udaipur
- Bootsfahrten zur Vogelbeobachtung, Besuch von Sehenswürdigkeiten/des Juna Mahal

Der Westen

81 GHANERAO: ROYAL CASTLE (M)

Adresse: Ghanerao – 306704, District Pali, Tel: 02934-284035, Fax: 02934-7335, www.ghaneraoroyalcastle.com **Lage:** Ca. 20 km von den vielbesuchten Tempeln von Ranakpur entfernt, von Norden führt der NH 8 in diese waldige Gegend. **Heritage:** Das hoch gebaute Schloss von 1616 ist aus rotem Sandstein, seit 1995 Hotel, mit familiärer Betreuung der adeligen Besitzer. Mai/Juni geschlossen.

- 120 km
- 23, 2
- Fahrradverleih
- Jeepsafaris, zu den *Adivasis*
- 30 km
- 1, indisch
- Innenhof
- Hotelladen
- von Jodhpur NH 65/14, von Ajmer/Udaipur über NH 8

IN DER UMGEBUNG VON JALORE

82 JALORE UMGEBUNG: BHADRAJUN FORT (M)

Adresse: Bhadrajun, District Jalore – 307031, Tel: 02978-228201, bhadrajunfort@yahoo.co.in **Lage:** Ganz in ländlicher Umgebung, aber unweit des interessanten Orts Jalore, abwechslungsreiche Landschaft. **Heritage:** Das Fort ist aus dem 16. Jahrhundert. Sein Ursprung ist legendär mit Krishna verbunden. Ein hervorragendes Beispiel reicher künstlerischer Marwar-Architektur.

- 98 km
- 11
- Gala-Dinner, Volksmusik
- rajasthanisch
- 54 km
- an der Strecke Jodhpur-Mount Abu
- Dorfbesuche, Jeepsafaris, Wildbeobachtung, Wanderungen

83 JALORE UMGEBUNG: RAVLA BHENSWARA

Adresse: Ravla Bhenswara, District Jalore – 307029, Tel: 02978-222187, Fax: 02978-222080, ravlabhenswara@yahoo.co.in, zur **Reservierung:** madhoniwas@satyam.net.in, keine Webseite. **Lage:** Von Fort Jalore 16 km östlich, nahe dem Fluss Jawai, in einem hübschen Dorf. **Heritage:** Kleiner 200jähriger Rajputenpalast, der 1993 zu einem Hotel umgewandelt wurde. Schöne Wandgemälde, originelle wertvolle Möbel, z. B. Schaukeln als Sitzgelegenheiten, luftige Terrasse. **Spezialität:** Besuch von Bhil-Adivasidörfern und Rabari-Hirten.

- 125 km
- 20, 10
- Rasenflächen vor Palast
- Jeepsafaris, Wildbeobachtung, Dorfeinrichtungen und Bräuche
- 16 km
- 1, rajasthanisch/indisch
- im Umbau
- Hotelladen
- Fahrradverleih
- auf dem NH 65 von Jodhpur bis Rohet, dann auf Landstraße südwestlich bis Ahor/Jalore
- nur Visa

84 JALORE UMGEBUNG: DASPAN: HOTEL DURJAN NIWAS (M)

Adresse: Daspan – 343029, Jalore, Tel: 02969-273023, www.durjanniwas.com **Lage:** Ca. 60 km südöstlich von Jalore, Straßenverbindung Sandpiste (aktueller Zustand unbekannt) **Auskunft** über Daspan Vihar, Old Loco Shed road, Jodhpur – 342001, Tel: 0291-2649546

85 KARAULI: BHANWAR VILAS PALACE (M)

Adresse: Karauli – 322241, Tel: 07464-220024, www.karauli.com **Lage:** Inmitten eines Gartenparks liegt das Schlossgebäude. Der Ort Karauli liegt ca. 75 km südlich der Straße Jaipur–Agra ganz abgelegen am Ghumbir-Fluss. **Heritage:** In den 1930er Jahren baute sich der hiesige *Maharaja* einen neuen Palast, Kolonial- und Art-déco-Stil, seit den 1990er Jahren Hotel. Der alte Palast ist ein kostbares Denkmal mitten in der Stadt. **Spezialität:** Noch unverfälschte Umgebung, adelige Gastfreundschaft.

- 144 km
- 36 AC, 11 AC
- Fahrradverleih, Billard
- Basare der Stadt
- gegen Gebühr
- 30 km
- 1, indisch/europäisch
- Gala Abend, ethnische Musik, Hochzeitszeremonien
- Schmale Landstraßen, 4 Stunden Fahrt von Jaipur
- Pferd-, Kamel-/Jeepsafaris, Besuch von Sehenswürdigkeiten

IN DER UMGEBUNG VON KARAULI

86 KARAULI UMGEBUNG: RAMATHRA FORT (M)

Adresse: Ramathra, Sapotara – 322218, Karauli, Tel: 0765-215175 **Auskunft:** C/O Ambika Exports, Naila House, Moti Doongri Rd., Jaipur – 302004, brp@ambikaexportsindia.com

87 KESROLI: HILL FORT KESROLI (M)

Adresse: Kesroli, Alwar-Bahala – 301030, Tel./Fax: 01468-289352, www.neemranahotels.com **Lage:** 150 km von Delhi, günstig gelegen zum Besuch des Sariska National Parks, von Alwar und Mathura. **Heritage:** Ein Fort aus dem 14. Jahrhundert, restauriert von Neemrana Hotels Pvt. Ltd., teilweise antik möbliert. Seit Ende der 1990er Jahre Hotel.

- 160 km
- 10, 11
- Besuch von Sehenswürdigkeiten, Fahrt im Kamelkarren, Jeepsafaris
- 15 km
- 1, indische, französische, europäische Küche
- Spieleabende, Führung durch das Fort
- Hotelladen
- nach dem Abbiegen von dem NH 2 Richtung Agra nur schmale, langsame Straßen
- wunderbarer Blick vom Fort

88 KOTA: BRIJRAJ BHAWAN PALACE HOTEL (M)

Adresse: Civil Lines, Kota – 324001, Tel: 0744-2450529, brijraj@dil.in **Lage:** Über dem Hochufer des Chambal-Flusses, in schönen Gartenanlagen. **Heritage:** 1830 von der *British East India Company* errichtet, später Sitz des britischen Residenten, noch später Wohnung des *Maharaja*, dessen Familie heute noch in Teilen des Palastes lebt. Angenehme Innenräume im 1964 eröffneten Hotel.

- 5 km
- 7 AC, 3 AC
- Fahrradverleih, Tennis, Badminton
- 3 km
- 1, multicuisine
- Bootstouren, Jeepsafaris
- @ gegen Gebühr
- NH 12 von Jaipur

89 KOTA: PALKIYA HAVELI (M)

Adresse: Mokha-Para, nahe Suraj-Pol, Kota – 324006, Tel: 0744-2387497, Fax: 0744-2387075, palkiyahaveli@yahoo.com **Lage:** Am Rand der ummauerten Stadt südlich des Kishor-Sees vor dem Suraj-Tor. Ruhige Lage. **Heritage:** Im Besitz einer Rathore-Rajputenfamilie. Sehr gut erhalten, feine Steinmetzarbeiten, Wandgemälde, antike geschnitzte Möbel, offene Terrassen, Innenhöfe.

- 245 km
- 10 AC
- 3 km
- 1, indische Küche
- Tour durch Kota und Bundi
- Am Vivekanand Circle die Rampuria Road nehmen und in Höhe des Sees östlich abbiegen.

90 KOTA: SUKHDHAM KOTHI (M)

Adresse: Civil Lines, Kota – 324001, Tel: 0744-2332661, Fax: 0744-27781, www.sukhdhamkothi.com **Lage:** Nördlich von Altstadt und See, im alten Viertel der Kolonialangestellten. **Heritage:** Ein *Haveli* aus dem 19. Jh., Familienbetrieb, moderne Zimmer.

- 245 km
- 15 AC
- 3 km
- 1, indisch
- geplant
- @ gegen Gebühr
- Über den NH 76
- Bootstouren, Jeepsafaris, Besuch von Sehenswürdigkeiten

91 KOTA: UMED BHAWAN PALACE (M)

Adresse: Station Road, Kota – 324001, Tel: 0744-2325262, Fax: 0744-2451110, www.welcomheritagehotels.com **Lage:** Im Norden der Stadt, südwestlich des Bahnhofs, im eigenen Park. **Heritage:** Hier erlebt man das 19. Jahrhundert, wohlerhalten, jedenfalls im Mobiliar. Die Zimmer sind geräumig, manche etwas dunkel, die Gesellschaftsräume im »königlichen Stil«. **Spezialität:** Das Billardzimmer.

- 242 km
- 32 AC
- @ gegen Gebühr
- 2 km
- multicuisine
- Jogging, Fahrrad, Badminton
- NH 76 von Jaipur
- Bootouren, Besuch von Wildreservaten und Besuch von Bundi

92 MOUNT ABU: CAMA RAJPUTANA CLUB RESORT (M)

Adresse: Adhar Devi Road, nahe Circuit House, Mount Abu – 307501, Tel: 02974-238206, Fax: 02974-238412, camarajputana@sancharnet.in **Lage:** Das Hotel liegt in einem gepflegten Park in sanftem Hügelgelände. **Heritage:** 135 Jahre alt, jetzt in ein exzellentes Resort verwandelt, mit sympathischen Zügen der alten Zeit (Billardraum, Lobbylounge mit Kamin), aber freundlich-modern in den Gastzimmern.

- 185 km
- 44 AC, 2 AC
- Spielplatz, Raum für Spiele
- Ayurvedamassagen, Sauna
- Panoramablick
- 27 km
- 2, davon 1 im Freien
- Tennis, Squash, Tischtennis, Kricket, Jogging, Golf Fitnessraum
- Serpentinen-Bergstraße, Zufahrtszoll
- Besuch von Sehenswürdigkeiten
- Silber, Textilien im Ort

93 MOUNT ABU: CONNAUGHT HOUSE (M)

Adresse: Rajendra Marg, Mount Abu – 307501, Tel: 0274-235439, www.jodhpurheritage.com **Lage:** Auf einem Hügel in ca. 250 m Entfernung vom Zentrum, nahe dem Nakki-See. **Heritage:** War vor 1947 die Sommerresidenz des *Chief Minister* des Fürstentums Marwar, im Bungalow-Landhausstil gebaut. Viele Erinnerungsstücke an die Kolonialzeit.

- 185 km
- 13 AC
- Jeepsafari-Vermittlung
- @ gegen Gebühr
- 27 km
- 1, rajasthanisch/europäisch
- im Basar
- langsame Serpentinenfahrt auf den Berg, dort Zufahrtszoll

94 MOUNT ABU: THE JAIPUR HOUSE (M)

Adresse: Mount Abu – 307501, Tel: 02974-235001, Fax: 02974-235002, www.royalfamilyjaipur.com **Lage:** Auf der Spitze eines Hügels über dem Nakki-See. **Heritage:** 1897 vom *Maharaja* von Jaipur als Quartier während der heißen Saison gebaut, festlich-dominantes Gebäude mit hohem Turm. Die Nachfahren der Jaipur-*Maharajas* machten es zum ambitionierten Hotel.

- 185 km
- 23; Suiten im älteren, Zimmer im neuen Flügel
- Ausgezeichneter Blick auf den Nakki-See
- 27 km
- 1, rajasthanisch (Terrasse)
- 25 km Serpentinenstraße zum Mount Abu, Zufahrtszoll

95 MOUNT ABU: KESAR BHAWAN PALACE (M)

Adresse: Sunset Road, Mount Abu – 307501, Tel: 02974-235219, Fax: 02974-238551, www.kesarpalace.com **Lage:** Günstig auf einem Hügel mit Panoramablick. **Heritage:** Es soll das älteste Sommerhaus in Mount Abu sein, 1868 erbaut, im Stil der Entstehungszeit eingerichtet, renoviert und 2000 umweltfreundlich erweitert.

- 185 km
- 23 (5 davon AC), 2
- Besuch von Sehenswürdigkeiten
- 27 km
- 1, multicuisine
- enge Zufahrtsstraße, Zoll

1 Hill Fort Kesroli, Kesroli 2 Brijraj Bhawan Palace Hotel, Kota 3 Umed Bhawan Palace, Kota 4 Cama Rajputana Club Resort, Mount Abu 5 Kesar Bhawan Palace, Mount Abu

96 MOUNT ABU: KISHANGAR HOUSE (M)

Adresse: Rajendra Marg, Mount Abu – 307501, Tel: 0247-238092, www.royalkishangarh.com **Lage:** Mit Blick nach Südwesten auf einem Hang über dem Ort Mount Abu, Garten, hohe Bäume, in Laufweite zur Hauptstraße. **Heritage:** Erbaut 1894 als Sommerhaus des *Maharajas* von Kishangarh in sympathisch einfachem Stil. Neuerdings nebst einigen Cottages als Hotel umweltfreundlich eingerichtet.

- 185 km
- 6, 8 Cottages
- Ausritte auf Wunsch
- 27 km
- Besuch von Sehenswürdigkeiten
- schmale Bergstraße, Zufahrtszoll
- Spielplatz
- Panorama vom Haus aus

97 MOUNT ABU: PALACE HOTEL – BIKANER HOUSE (M)

Adresse: Delwara Road, Mount Abu – 307501, Tel: 02974-235121, Fax: 02974-238674, www.palacehotelbikanerhouse.com **Lage:** Auf einem Hügel über der Straße zu den Dilwaratempeln gelegen, 3 km vom Ortszentrum, im Parkgelände. **Heritage:** 1893 auf großem Waldgrundstück für den *Maharaja* von Bikaner als *Hill Station* erbaut, einer der besten Plätze in Mount Abu. Bestens geeignet um sich zu erholen oder berufliche Zusammenkünfte abzuhalten, während das übrige Rajasthan im Mai/Juni vor Hitze kocht – wie es zur Zeit der *Maharajas* auch schon geschah.

- 185 km
- 19 AC, 14 AC
- Tennis, Billard, Tischtennis
- 27 km
- 1, multicuisine
- zu Pferd
- schmale Bergstraße, Zufahrtszoll

98 MOUNT ABU: SUNRISE PALACE BHARATPUR KOTHI (M)

Adresse: Mount Abu – 307501, Tel: 02974-235573, Fax: 02974-238775, sunrisell@sancharnet.in

99 NARLAI: RAWLA NARLAI (M)

Adresse: Narlai, District Pali – 306703, Tel: 02934-260425, Fax: 02934-260596, www.ajitbhawan.com **Lage:** Touristisch günstig, 20 km westlich des NH 8, nördlich von Ranakpur und Kumbhalgarh. Im Dorf, bei einem See. **Heritage:** Einstiges Jagdschloss der Herrscher von Narlai aus dem 17. Jh. Im Dorf gelegen, Zimmer mit Wandgemälden, buntem Glas und antiken Möbeln, komfortabel und gepflegt.

- 140 km
- 25, dazu Luxuszelte
- ethnisches Kulturprogramm, Dinner im Stufenbrunnen
- 40 km
- 1, multicuisine
- Jeep-, Kamel-, Pferdesafaris, Trekking in den Aravallis, Besuch von Sehenswürdigkeiten, Dorfbesuche
- NH 8 Ajmer-Udaipur, östlich Richtung Ghanerao

100 PALI: NIMAJ PALACE (M)

Adresse: Nimaj, Tehsil Jaitaran, Pali – 829105, Tel: 02939-230022, Fax: 02939-230022, www.nimajpalace.com **Lage:** Ca. 40 km nordwestlich von Pali. **Heritage:** Weißes Traumschloss mit königlicher Würde, seit 1482 über Jahrhunderte entstanden und gepflegt renoviert. Festliche *Durbar Hall* und andere Gemeinschaftsräume.

- 222 km
- 30 AC
- Reiten auf Kamel/Pferd
- 92 km
- 1, Marwari-Küche, Thalis
- Jeep-/Reitersafaris, organisierte Ausflüge in die Umgebung, Dorfbesuche bei Bishnois, Kabelias und Hirten
- von der Straße Pali-Ajmer nach 30 km westlich abbiegen
- Galadinner, königliche Zeremonien, rajasthanischer Volkstanz

101 PACHEWAR: FORT PACHEWAR GARH (M)

Adresse: Pachewar, Tonk – 304502, Tel: 01437-228756, **Reservierung:** Tel: 0141-2601007, www.pachewargarh.com **Lage:** Östlich von Ajmer (ca. 90 km) und nordwestlich von Tonk (ca. 80 km), ohne dass direkte Straßen zu diesen größeren Orten existieren. Wenig Verkehr, gute Luft. **Heritage:** Das finster-mächtige Fort ist ca. 300 Jahre alt, seit 1997 Hotel.

- 105 km
- 20 AC, 5 AC
- 1, europäisch/rajasthanische Küche
- Rasenfläche
- Fahrradverleih
- Massage
- 90 km
- Kamelritte, Jeepsafaris, Besuch von Sehenswürdigkeiten und Dorfleben, Kochschau, Marionetten
- zeitweise
- von dem NH 8 (Jaipur-Ajmer) in Dudu Richtung Malpura 30 km nach Süden

102 PATAN: PATAN PALACE (M)

Heritage: Opulenter Palast, bei Redaktionsschluss stand die Eröffnung als Hotel bevor. Wegen der Lage unweit der Autobahn Delhi – Jaipur günstig auch für Zwischenhalt.

103 RAJSAMAND: SARDARGARH (M)

Adresse: Rajsamand, Sardargarh Village – 313330, Tel: 02908-264591/92/93, Fax: 02908-264593, www.sardargarh.in **Lage:** Im südlichen Rajasthan, südlich von Deogarh, 93 km nördlich von Udaipur. Das Fort überragt den gleichnamigen Ort. **Heritage:** 300 Jahre altes renoviertes Fort, seit 2006 als Hotel in Betrieb. Marmortore und 1.100 Marmorsäulen. Gastfreundlicher Familienbetrieb.

- 95 km
- 21 AC, Heizung
- Ayurvedamassagen
- einige Zimmer
- Fahrradverleih
- 1,5 km
- 2, multicuisine
- von dem NH 8 nach Osten abbiegen
- zu Pferd und Jeep
- Kochkurse

1 Palace Hotel – Bikaner House, Mount Abu 2 Nimaj Palace, Pali 3 & 4 Rohet Garh, Rohet 4 Sandar Samand Lake Palace, Sandar Samand 6 Shahpura Bagh, Shahpura

Der Westen

104 ROHET: ROHET GARH (M)

Adresse: Rohet, Pali – 306421, Tel: 02936-268231, Fax: 0291-2649368, www.rohetgarh.com **Lage:** In abwechslungsreicher Naturlandschaft, nahe einem See, Parkgelände, in der Mitte Rajasthans. **Heritage:** Der großzügige Landpalast aus dem 17. Jh. ist bis heute Familiensitz, seit 1990 auch Hotel mit persönlicher Zuwendung der Besitzer. Individuell gestaltete Räume mit antiken Möbeln, Komforteinrichtungen, noble Gemeinschaftsräume. **Spezialität:** Edle Pferde, ein Zimmer sogar mit Stalleinblick, aber gut geschützt hinter Glas.

- 40 km
- 30 AC, 4 AC
- Ausritte, Fahrradverleih, Fitness
- 40 km
- 1
- Jeep- und Pferdesafaris, Kamelritte, Ausflüge zu Sehenswürdigkeiten in der Umgebung, zur Wildtierbeobachtung
- im Hotelbüro
- 30 km von Pali, unweit dem NH 65 und NH 14
- Royal Picknick, Kochvorführungen
- 2 Hotelläden
- Spa, Massagen

105 SARDAR SAMAND: SARDAR SAMAND LAKE PALACE (M)

Adresse: Sardar Samand, Via Sojat City, Pali – 307104, Tel: 02960-245001, www.jodhpurheritage.com **Lage:** Südlich von Jodhpur, in der Natur an einem See gelegen. **Heritage:** Erbaut im großzügigen Art-déco-Stil 1933 als Jagdschloss, Inneneinrichtung entsprechend. Platz zur Vogel- und Wildbeobachtung.

- 55 km
- 18 AC
- 30 km
- 1, multicuisine
- Fahrradverleih, Squash
- schmale ländliche Straße
- Jeep- und Pferdesafaris, Bootsfahrten

106 SARISKA: THE SARISKA PALACE (M)

Adresse: Sariska – 301022, Alwar, Tel: 0144-2841323, Fax: 0144-254593, sales@thesariskapalace.co.in **Lage:** Inmitten des Trockendjungels, 36 km von Alwar, 180 km von Delhi, 150 km von Jaipur. **Heritage:** Großes Jagdschloss aus der Kolonialzeit, cremefarben, mehrstöckig mit vier Türmen an den Ecken und drei Flügeln mit Zimmern. Offenbar schwer in bestem Zustand zu halten. Besucht auch durch große Gruppen, die naturgemäß nicht lautlos feiern.

- 150 km
- 100
- geht in den Wald über
- Ayurvedamassagen
- 36 km
- im abgesenkten Erdgeschoss, multicuisine
- Fitness, Jogging, Tennis
- von Delhi 180 km
- Waldgänge, Wild- und Vogelbeobachtung

107 SAWAI MADHOPUR: SAWAI MADHOPUR LODGE (TAJ HOTEL, SIEHE SEITE 228)

108 SHAHPURA: SHAHPURA BAGH (M)

Adresse: Shahpura – 311404, Bhilwara, Tel: 01484-222013, Fax: 01484-222088, www.shahpurabagh.com **Lage:** 120 km entfernt von Ajmer, nahe dem NH 79, in einem Seengebiet. **Heritage:** Kleines Landschloss, zwei Gebäude, umgeben von Gärten, von der Besitzerfamilie bewohnt, die sich sehr um die Gäste kümmert. Einrichtungsstil von ca. 1880, charmant. **Spezialität:** Die verfeinerte rajasthanische Küche hat einen hervorragenden Ruf.

- 220 km
- 1
- Reiten, Fahrradverleih
- 50 km
- Musik der Bhil-Ureinwohner
- im Shapura-Basar
- 3, 5
- zu den Seen Khirsagar und Nagar Sagar

109 SODAWAS: HOTEL KARNI KOT (M)

Adresse: Karni Kot, Sodawas, Pali – 306503, Tel: 0291-2512101/2512102, Fax: 0291-2512105, www.karnihotels.com **Lage:** An der Straße Jodhpur-Udaipur, südlich von Pali, östlich der Straße. **Heritage:** Besitz eines Adeligen des Königtums von Jodhpur (Marwar), noch heute Familiensitz. In den 1940er Jahren im Art-déco-Stil erbaut, seit 1990 Hotel.

- 90 km
- 10
- 90 km
- 1, im Haus und im Garten
- zeremonieller Empfang im Dorf
- von Jodhpur erst NH 14 bis Pali, dann NH 8
- zu Tempeln und Handwerkern, nach Ranakpur

110 TONK: RAJMAHAL PALACE AND RESORT (M)

Adresse: V&P Rajmahal, Via Deoli, Disst. Tonk, Raj., Tel. 01434-234209, www.hotelnarainniwas.com

111 UDAIPUR: AMET-KI-HAVELI (M)

Adresse: Panchdewari Marg, Naga Nagri, Outside Chandpole, Udaipur – 313001, Tel: 02942-231589, Fax: 0294-25224474, amethaveli@sify.com **Lage:** Ausgezeichnet liegend am Nordufer des Pichola-Sees, mit Ausblick. **Heritage:** Ein altes *Haveli*, klein aber fein, elegant mit Marmor und buntem Glas.

- 27 km
- 6
- 4 km
- am Ufer, sehr beliebt!
- beim Chandpol über Brücke

Der Westen

112 UDAIPUR: FATEH PRAKASH PALACE HOTEL (M)

Adresse: City Palace complex, Udaipur – 313001, Tel: 0294-2528016, Fax: 0294-2528006, www.hrhindia.com **Lage:** Am Ufer des Lake Pichola, in Fußgängernähe zur Altstadt. **Heritage:** Der Palast mit der Pracht des 19. Jhs. wurde nach einem der bedeutendsten Mewarherrscher benannt. Bildbestimmend sind Türme, Kuppeln, kostbare Inneneinrichtungen. 2001/02 zertifiziert als Grand Heritage. **Spezialität:** Auf einer Galerie der Durbar-Halle die einzigartige Sammlung von Kristallgegenständen (Zusatzgebühr).

- 27 km
- 28 AC, 7
- Jogging, Fitness
- von den neuen Taubenschlag-Zimmern
- 4 km
- 2, Gallery-Spezialitätenrestaurant und Sunset View
- Aromatherapie, Ayurvedamassage
- südliche Einfahrt in den City-Palace-Bereich
- Bootsrundfahrten, Besuch von Sehenswürdigkeiten

113 UDAIPUR: JAGAT NIWAS PALACE (M)

Adresse: 23-25 Lalgat, Udaipur – 313001, Tel: 0294-2422860, Fax: 0294-2418512, www.jagatniwaspalace.com **Lage:** In der Altstadt, unweit vom Lake Pichola, hat Zimmer mit Seeblick. **Heritage:** Das Hotel besteht aus zwei *Havelis* mit Innenhof, sympathisch eingerichtet mit antiken Möbeln. **Spezialität:** Wunderbares Dachrestaurant, Kerzenlicht!

- 25 km
- 29 AC
- Küche hat guten Ruf
- 4 km
- sehr guter Blick auf See und Lake Palace
- durch die Altstadt in engen Gassen

114 UDAIPUR: KANKARWA HAVELI (M)

Adresse: 26 Lal Ghat, Udaipur – 313001, Tel: 01294-2411457, Fax: 0294-2521403, www.indianheritagehotels.com **Lage:** Nahe Lake Pichola, teils mit Seeblick. **Heritage:** *Haveli*, 175 Jahre alt, Innenhof, Dachterrasse.

- 26 km
- 15
- Fahrradverleih
- ahrradv
- 4 km
- Dachrestaurant
- Ausritte
- vom Chand Pol aus über enge Gassen
- vor der Tür

115 UDAIPUR: LAKE PALACE (TAJ HOTEL, SIEHE SEITE 228)

Adresse: Udaipur – 313001, Tel: 0294-242880, Fax: 0294-2528700

116 UDAIPUR: LAKE PICHOLA HOTEL

Adresse: Outside Chandpol, Udaipur – 313001, Tel: 0294-2431197, Fax: 0294-2430575, www.lakepicholahotel.com **Lage:** Am See gegenüber dem Gangaur Ghat. **Heritage:** Bau des 19. Jhs. im alten Palast-Stil. In neuerer Zeit wieder sorgfältig hergestellt, zum Teil mit antiken Möbeln.

- 26 km
- 29 mit Balkon, 2
- hoteleigenes Boot zu festlichen Rundfahrten auf dem See
- 4 km
- rajasthanischer Volkstanz
- über die Brücke beim Chand-Pol, Parkplätze beim Hotel
- von den Zimmern/dem Restaurant sehr schöner Blick auf Udaipur

117 UDAIPUR: THE LALIT LAXMI VILAS PALACE HOTEL (M)

Adresse: Direkt am Fateh Sagar (See), Udaipur – 313001, Tel: 0294-2529711, Fax: 02194-2526273, www.thelalit.com **Lage:** Außerhalb der turbulenten Innenstadt, aber nicht im Abseits, hoch über dem See und Umgebung. 4 km von der Altstadt. **Heritage:** 1911 erbaut, in neuerer Zeit gründlich wiederhergestellt und elegant eingerichtet. **Spezialität:** Märchenhafter Ausblick gegen Westen über den See und ins Gebirge.

- 27 km
- verschiedene Angebote
- 5 km
- multicuisine
- Fitness
- 55
- Spa

118 UDAIPUR: RANG NIWAS PALACE HOTEL (M)

Adresse: Lake Palace Road, Udaipur – 313001, Tel: 0294-252389091, Fax: 0294- 2427797, www.rangniwaspalace.com **Lage:** Südöstlich des City Palace, ruhig. **Heritage:** Erbaut 1874-84. Hotel seit 1975.

- 25 km
- 17
- Safaris zu Pferde, Besuch von Sehenswürdigkeiten
- 4 km
- 1, indisch/europäisch
- Airport Road – RMV Road
- Ayurvedamassage
- in der Rezeption

119 UDAIPUR: SHIV NIWAS PALACE (M)

Adresse: City Palace Complex, Udaipur – 313001, Tel: 0294-2528016, Fax: 0294-2528006, www.hrhindia.com **Lage:** Teil von Udaipurs City Palace, halbmondförmiger Trakt mit Wölbung zum Süden, aus der Vogelperspektive entsteht der Eindruck eines riesigen Schiffes. **Heritage:** Anfang des 20. Jhs, schon damals als opulentes Quartier für fürstliche Gäste erbaut. Ausstattung vom Feinsten mit edel-indischem Gesicht. **Spezialität:** Auf umweltfreundliches Wirtschaften wird geachtet.

- 22 km
- 0,3 km
- In Udaipur über City Station Road von Süden durch das Kishan-Pol
- 19 AC, 14 AC
- 3, multicuisine, europäisch und kleine Mahlzeiten und Snacks am Pool
- Fitness, Squash
- Aromatherapie, Ayurvedabehandlung, Schönheitssalon
- Feierlichkeiten, Life-Musik, Banquette
- Bootsfahrten auf dem Lake Pichola, Vermittlung von Touren
- @ auch auf dem Zimmer

IN DER UMGEBUNG VON UDAIPUR

120 UDAIPUR UMGEBUNG: DARYAWAD FORT (M)

Adresse: Daryawad, Udaipur – 300301, Tel: 02950-270050, Fax: 02950-270062, fortdaryawad@yahoo.com

121 UDAIPUR UMGEBUNG: SHIKARBADI HOTEL (M)

Adresse: Goverdan Vilas, Udaipur – 313001, Tel: 0294-2583200, Fax: 0294-2584841, www.hrhindia.com **Lage:** 4 km südlich der Stadt an der Straße nach Ahmedabad. **Heritage:** Entstand Anfang der 1930er als königliche Jagd-Station. **Spezialität:** Maßnahmen zum Schutz der Umwelt auf den Gebieten Wasser und Energie.

- 26 km
- 4 km
- Abzweig von der Landstraße ausgeschildert
- 21 AC, 4 AC
- 2 (eines im Freien), multicuisine
- Jogging
- Spa
- Besuch von Sehenswürdigkeiten, Ausritte, Wildpark, Polopferde
- rajasthanischer Tanz, Musik

GUJARAT

122 ADPUR PALITANA: VIJAY VILAS PALACE AND RESORTS

Adresse: Adpur, Palitana – 364265, Tel: 0284-828237, 09427-182809, www.heritagehotelsofindia.com **Lage:** Ca. 100 m vom Tempel im Dorf Adpur, wo der steilere und kürzere Weg nach Palitana beginnt. Mitten im Landschaftsgrün. **Heritage:** 1906 als königliche *Lodge* erbaut, in den letzten Jahren allmähliche Umwandlung zum Hotel, mit der Ausstattung des frühen 20. Jhs.

- 50 km
- 4 km
- 55 km südwestlich von Bhavnagar
- ca. 12, 7 Cottages
- eleganter *Dining Room*, hoch gelobte Küche
- Pilgerberg Palitana mit der Fülle seiner *Jain*-Tempel!
- Tennis
- großes Gelände

123 AHMEDABAD: THE HOUSE OF MG (M)

Adresse: Gegenüber der Sidi Sayet Moschee, Lal Darwaja, Ahmedabad – 380001, Tel: 079-25506946, www.houseofmg.com **Lage:** Im geschäftigen Viertel nah dem Sabarmati-Fluss, der Touristeninformation und der Altstadt. **Heritage:** Erbaut 1924, mehrere Erweiterungsbauten brachten die heutige Größe. Seit 2003 Wandel zum Hotel. Umweltfreundlich: Solarheizung, Plastik mit Verfallsdatum. **Spezialität:** Der Gast kann jedes Möbelstück aus seinem Zimmer im House of MG erwerben – dank dem »Inhouse Design Team«, das auch die historischen Stile neu produziert.

- 7 km
- 2 km
- Zentral in Ahmedabad
- 12, 2
- 3, Gujarati Thali, europäisch, indisch-vegetarisch
- Ahmedabad hat einen eigenen Geschichtspfad durch die Altstadt; das House of MG ein Kunsthandwerkerzentrum/Café
- Fitness
- großer Wirtsgarten
- 2 Zimmer
- feines, kleines Hallenbad »Lotus Pool«
- @

124 BALASINOR: GARDEN PALACE HOTEL (PREIS BITTE ERFRAGEN)

Adresse: Balasinor, Kheda/Gujarat – 388265, Tel: 098253-15382, www.gardenpalacebalasinor.blogspot.com **Lage:** Nördlich von Vadodara, südöstlich von Ahmedabad. Altstadt mit vielen *Havelis*. Ein See in der Nachbarschaft. **Heritage:** Erbaut 1883 vom muslimischen Herrscher Balasinors, afghanischer Herkunft, aus Familie der *Babis*, die einst Mohammed diente. Seit Ende des 20. Jhs. Hotel.

- 86 km
- 45 km
- drittgrößte Sammlung der Welt von Dinosaurier-Fossilien in Rayjoli ca. 15 Minuten Fahrt, Platz auf UNESCO Weltkulturerbeliste angestrebt
- 8
- 1
- Kochkurse

---

1 Fateh Prakash Palace Hotel, Udaipur **2** Jagat Niwas Palace, Udaipur **3** Rang Niwas Palace Hotel, Udaipur **4** Lake Palace Hotel, Udaipur **5** Shiv Niwas Palace, Udaipur **6** Shikarbadi Hotel, Udaipur **7** The House of MG, Ahmedabad

125 AMRITSAR: RANJIT'S SVAASA (WELCOMHERITAGE)

Adresse: 47-A The Mall, Amritsar – 143001, Tel: 0183-2566618, www.svaasa.com
Lage: An einer Hauptstraße der Millionenstadt Amritsar gelegen, doch etwas zurückgesetzt. Es ist nicht laut im Haus, schon gar nicht in den hinteren Zimmern. **Heritage:** Historisch das Haus einer Adelsfamilie, auch von britischem Militär genutzt, etwa 250 Jahre alt, restauriert samt Innenhof, dicht umgrünt von alten Bäumen. Öko-freundlich!

- 11 km
- 10, 11
- Ayurveda, Yoga, Meditation
- 3 km
- mehrere, auch Café
- auf Wunsch Fahrradverleih
- sehr viele in der Umgebung
- zentral gelegen, gut zu erreichen
- Chauffeurservice, Führungen, auch zum täglichen Flaggenwechsel an pakistanischer Grenze

126 CHAIL: THE PALACE HOTEL CHAIL

Adresse: The Palace, Chail, Solan – 173217, Tel: 01792-248141, www.hptdc.nic.in
Lage: Ca. 60 km südlich von Shimla, in großartiger Gebirgslage. 300.000 m² Areal. **Heritage:** Ehemalige Residenz der Patiala-Dynastie, ab 1891 von *Maharaja* Bhupinder Singh erbaut, 1972 von der *Himachal Pradesh Development Corporation* übernommen.

- 63 km
- mehrere Zimmer Cottages und Suiten
- 65 km
- multicuisine
- Tennis, Billard
- über den NH 88 oder NH 22 zu erreichen

127 DELHI (NEW DELHI): THE IMPERIAL

Adresse: Janpath, Delhi – 110001, Tel: 011-23341234, www.theimperialindia.com
Lage: Optimal zentral. **Heritage:** 1934 Entwurf von Blomfield, erbaut von S. B. S. Ranjit Singh, eröffnet 1936 von Lord Willingdon, dem britischen Vizekönig. Klassizismus und Art-déco koexistieren mit kühler Festlichkeit.

- ca. 15 km
- 190, 43
- »1911«, im Art-déco-Stil
- 3 km
- mehrere, weltberühmt: »The Spice Route«
- Sicht aus oberen Etagen
- zentral nahe Connaught Place gelegen
- Edelläden zur Auswahl

128 GARHMUKTESHWAR: UNCHAGAON FORT (M)

Adresse: Unchagaon, bei Garhmukteshwar – 202398 **Lage:** Nah bei der Ganga, ca. 100 km südlich von Corbett National Park und Nainital, ca. 60 km östlich von Delhi. **Heritage:** Am Ort einer alten Königsstadt. Ein weitverzweigtes Fort, dessen einer Teil noch von Raja Surendra Pal Singh und seiner Familie bewohnt wird, während der andere vor drei Jahren als Hotel gestaltet wurde, mit den heute zeitgemäßen Einrichtungen, aber ohne TV. Umso reicher breiten sich die Dokumente der Vergangenheit aus. In Vorbereitung: Dorf-Tourismus.

- 60 km
- Badminton, Billard, Reiten Bootsfahrten, Cricket
- 1 km
- »Mughlai Food«, Rezepte der Mogul-Köche
- über den NH 24 von Delhi
- 7

129 JAMMU TAWI: HARI NIWAS PALACE HOTEL (M)

Adresse: Palace Road, Jammu – 180002, Tel: 0191-2543303, www.hariniwaspalace.com
Lage: Oberhalb vom Fluss Tawi mit Blick zu den Tricula Hills. **Heritage:** Im frühen 20. Jh. erbaut im Art-déco-Stil vom *Maharaja* Hari Singh. Seit 1990 Hotel, das von seinem Enkel und dessen Gattin geführt wird. Sehenswertes Museum im großen Palastareal. Einziges Luxus-Heritage Hotel in Jammu und Kaschmir.

- 3 km
- 40
- Sauna, Jacuzzi, Spa
- 2 km
- 2, indisch/orientalisch; europäisch; Coffee Shop
- vom Punjab auf NH 1A, weiter nach Srinagar

130 KUCHESAR: MUD FORT KUCHESAR (NEEMRANA) (M)

Adresse: VPO Kuchesar, Bulandshar – 245402, Tel: 05736-273038, www.mudfortkuchesar.com **Lage:** Inmitten weiter Mango- und Zuckerrohrpflanzungen, in der Nähe des Upper-Ganga-Kanals, weiter östlich die Ganga. **Heritage:** Bau des 18. Jhs., Hauptpalast auf den Bastionen aufgesetzt, heute wie ein weißes Urlaubsschiff. Im 18./19. Jh. Festung gegen die Briten. Ruine: Nachbau des Hayuses von Robert Clive in Calcutta.

- 60 km
- 10
- 21 km
- multicuisine
- Pferdereiten, auch Donkey Carts, Badminton
- 60 km östlich von Delhi
- gute Picknickplätze im Umkreis (z. B. Brijghat Bans)

131 MUSSOORIE: HOTEL KASMANDA PALACE (WELCOMHERITAGE) (M)

Adresse: The Mall Road, Mussoorie – 248179, Tel: 0135-2632424, www.indianheritagehotels.com **Lage:** Oberhalb der *Mall* (kurzer steiler Anstieg!), ca. 1 km östlich vom Bus-Stand. **Heritage:** Für britischen Offizier 1836 erbaut, ab 1915 Sommerpalast der *Maharaja*-Familie von Kasmanda, unlängst zum Hotel umgewandelt.

- 55 km
- 15
- Himalajablick
- 30 km
- indisch, chinesisch, europäisch
- Über den NH 72 und 72A
- schöner, ruhiger Garten

132 NAINITAL: BELVEDERE PALACE (WELCOMHERITAGE) (M)

Adresse: Nainital, Uttaranchal – 263001, Tel: 05942-237434, www.welcomheritage.com
Lage: Im Stadtbereich Mallital, mit weitem Ausblick. **Heritage:** Ursprünglich Sommerpalast der *Rajas* von Awagarh, erbaut 1897. Jagdtrophäen und historische Grafiken erinnern an die Welt von Gestern.

- 330 km
- 19
- 25 km
- Golf
- über den NH 87
- viele Seen in der Umgebung

---

1 Ranjit's Svaasa, Amritsar **2** Hari Niwas Palace Hotel, Jammu Tawi **3** Hotel Kasmanda Palace, Mussoorie **4** The Imperial, Delhi **5** The Judge's Court, Pragpur. **6** The Chapslee, Shimla **7** Woodville Palace, Shimla

Der Norden

133 NAINITAL: CHEVRON FAIRHAVENS (M)

Adresse: Beim Hauptpostamt *Mallital*, Nainital – 263001, Tel: 05942-236057, Fax: 05942-236604, www.chevronhotels.com **Lage:** Zehn Minuten Fußweg von der *Mall* entfernt, nördlich vom See gelegen. **Heritage:** Zweistöckiges Hotel, solide aus Stein und Holz im Kolonialstil um 1920 erbaut.

- 330 km
- 40 km
- über den NH 87
- 30, darunter auch Cottages

134 NALAGARH: NALAGARH FORT (M)

Adresse: Nalagarh Fort, Nalagarh – 173205, www.heritagehotelsofindia.com **Lage:** In den waldigen Ausläufern des Himalaja, auf einem Hügel abseits der Stadt. **Heritage:** Soll im Mittelalter im Besitz der Chandela-Dynastie gewesen sein. Mehrere Bauphasen seit drei Jahrhunderten. In dem geräumigen ummauerten Areal trifft man immer wieder auf Formen der Mogul-Architektur.

- 60 km
- 25 km
- an dem NH 21A
- 22
- Wald und Obstgärten
- Tennis, Tischtennis, Badminton, Croquet, Trekking
- Ayurveda

135 PRAGPUR: THE JUDGE'S COURT (M)

Adresse: Jai Bhawan, Pragpur – 177107, Tel: 01970-245035, www.judgescourt.com **Lage:** Bietet Landhausvorzüge wie große Rasenflächen und einen schönen Baumbestand. Indiens erstes Heritage-Dorf gleich nebenan. **Heritage:** Erbaut um 1918, vom Vater des hochangesehenen Richters für eben diesen. Außerdem ein ca. 300 Jahre altes *Cottage* der Familie. Große Spiegel, prächtige Kamine. Öko-freundlich!

- 170 km
- 30 km
- durch's Kangra-Tal von Nawalgarh oder Chandigarh
- 10, 3
- Silberschmiede und Weber im Dorf
- Dharamsala, dem Asyl des Dalai Lama
- Kangra Fort, Beas-Flußlandschaft

136 SHIMLA: THE CHAPSLEE (M)

Adresse: Lakkar Basar, Shimla – 171001, Tel: 0177-2658663, www.chapslee.com **Lage:** Nördlich der *Mall*, zwischen Lakkar Bazaar und Long Wood, nah der Auckland House Senior School. Spaziergang ins Grüne und weiter hinaus in die Landschaft möglich. **Heritage:** Exklusive Sommerresidenz, erbaut 1835; von Kanwar Ranjit Singh, dem Nachkommen des Honorable Raja Charanjit Singh of Kalpurthala, mit Sachverstand und aller Sorgfalt erhalten. **Spezialität:** Im Restaurant wird nach Rezepten der *Maharajas Royal Indian Cuisine* und *Anglo Indian Cuisine of the Raj* gekocht.

- ca. 20 km
- 2 km (mit dem *Toy Train*)/ 90 km (normale Züge)
- über den NH 22 oder NH 88
- 6
- nach Anmeldung auch für auswärtige Gäste
- schöner Landschaftsausblick
- Tennis und Krocket

137 SHIMLA: THE CLARKE'S HOTEL

Adresse: The Mall, Shimla – 171001, Tel: 0177-2651010, clarkes@sancharnet.in **Lage:** Südlich vom Lift zur Unterstadt, günstig zum Einkaufen. **Heritage:** Im frühen 20. Jh. erbaut. Mohan Singh Oberoi, später Gründer der zweitgrößten Hotelkette Indiens, arbeitete hier als junger Mann mit dem Besitzer Herr Clarke zusammen und kaufte das Hotel 1934 nach dessen Pensionierung.

- ca. 20 km
- 2 km (mit dem *Toy Train*)/ 90 km (normale Züge)
- über den NH 22 oder NH 88
- Tischtennis, Basketball, Badminton, Trekking und Golf
- 39
- multicuisine

138 SHIMLA: WOODVILLE PALACE (WELCOMHERITAGE) (M)

Adresse: Raj Bhawan, Shimla – 171002, Tel: 0177-2623919, www.welcomheritagehotels.com **Lage:** Im Waldgrün, ein gutes Stück abseits vom Stadtgetriebe, aber zu Fuß erreichbar. **Heritage:** 1865 von einem britischem Armeechef erbaut, 1938 umgebaut, 1977 öffnete Raj Kumar Udai Singh einen Teil als Gästehaus. An den Wänden eindrucks- und stimmungsvolle Vielzahl alter Stiche und Fotografien.

- ca. 20 km
- 2 km (mit dem *Toy Train*)/ 90 km (normale Züge)
- über den NH 22 oder NH 88
- 31
- indisch-regional/ europäisch
- Stadtführungen
- Fahrradverleih

Der Norden

139 SIDDHARTHNAGAR: THE ROYAL RETREAT SHIVPATI NAGAR (M)

Adresse: Siddhartnagar – 272269, www.heritagehotelsofindia.com **Lage:** In der Nachbarschaft der buddhistischen Erinnerungsstätten, auf nepalesischem Boden, der erste Ort hinter der Grenze. Das ganze Jahr von buddhistischen Pilgern besucht. Etwa 90 km nördlich von Gorakhpur. **Heritage:** Ein stattlicher zweistöckiger Bau des 18. Jhs., mit umlaufendem Säulenvorbau.

- 325 km
- 15, 6
- Elefanten-Safaris
- 80 km
- zu den Buddha-Stätten von Kapilvastu, Lumbini und Kushinagar
- NH 28, NH 29
- multicuisine

140 TARAGARH: TARAGARH PALACE (M)

Adresse: Taragarh – 176081, Tel/Fax: 011-24643046 oder 24692317, www.taragarh.com **Lage:** Bestlage im Kangra-Tal vor dem Anstieg der Dhauladhar-Gebirgskette am Himalaja. Die Kleinstadt Taragarh in der Nähe, auch Tibeterdorf mit Kunsthandwerk (*block printing*). **Heritage:** 1937 erbaut mit großer Säulenveranda. 1951 von der Dogra-Maharaja-Familie von Jammu und Kaschmir als Sommerresidenz erworben, seit 1971 Heritage-Hotel.

- 250 km
- 16
- großartige Landschaftserlebnisse!
- 125 km
- *Dining Hall* (nur für Gäste)
- im Umland Paragliding
- Ayurvedamassagen
- an dem NH 20, durch eine schöne Landschaft!
- Tennis, Badminton, Tischtennis

141 VARANASI: PALLAVI INTERNATIONAL (M)

Adresse: Hathwa Place, Chetganj Marg, Varanasi – 221010, Tel: 0542-2393012, Fax: 0542-2392943, www.pallavinternationalhotel.com **Lage:** Etwa 6 km nordwestlich vom *Clock Tower*. **Heritage:** Ursprünglich einer der zahlreichen Bauten in Ganga-Nähe, die die Fürsten Indiens für sich und ihre Familien für ihre Besuche im heiligen Varanasi unterhielten. Seit dem Tod von *Maharaja* Gopeshwar Pratap Sahi von der Familie zum Hotel umgewandelt.

- 22 km
- 44
- Folkloretänze, andere Kulturveranstaltungen
- 1,5 km
- multicuisine
- Health Club
- zentral in der Stadt
- ruhige Rasenfläche
- Shopping Arcade

1 & 2 Taragarh Palace, Taragarh (*Bild rechts*) Gerste- und Erbsenfelder im Zanskar-Tal bei Padum aus luftiger Höhe vom Kloster Tongde aus gesehen.

Der Osten

142 DARJEELING: THE ELGIN HOTEL (M)

Adresse: 18, HD Lama Road, Darjeeling – 734101, Tel: 0354-2254114, Fax: 0354-2254267, www.elginhotels.com **Lage:** Nahe der »Tourist Reception Centre«, in einem schönen Garten. **Heritage:** Gepflegt altmodisch, etwas britisch, große komfortable Räume, darin Kamine und Sitzgruppen.

- 90 km
- 25
- 95 km
- multicuisine, auch nepalesische Küche
- oft nur mit dem Bus oder Jeep möglich

143 DARJEELING: GLENBURN TEA ESTATE

Adresse: Glenburn Tea Estate, Darjeeling – 734101, www.glenburnteaestate.com **Lage:** Höchster Punkt der Besitzung: 3.700 m, 1 Stunde Fahrt von Darjeeling entfernt. Das Hotel liegt inmitten von privatem Wald und Teepflanzungen, auf einer Anhöhe eines Tals. **Heritage:** 150 Jahre alter Bungalow eines Pflanzers, mit traditioneller, offener Veranda, innen im englischen Stil. **Spezialität:** Unvergleichliche Lage. Einführung in Teepflanzung und -produktion.

- 65 km
- 8, davon 4 im neuen Bungalow
- Blick vor dem Haus auf den Kanchenjunga (8.598 m)
- 63 km
- nur mit dem hauseigenen Allradantrieb
- Wildwasserrafting im Runjeet-Fluss und im Testa-Fluss
- Speisesaal
- Wanderungen in der Umgebung hinunter zum Fluss, am Ende des Aufenthalts sachkundige Führung durch Kolkata möglich

144 DARJEELING: WINDAMERE HOTEL (M)

Adresse: Observatory Hill, Darjeeling – 734101, Tel: 0354-2254041, Fax: 0354-2254043, www.windamerehotel.com **Lage:** Im Norden von Darjeeling auf einer Anhöhe. **Heritage:** Nostalgische Sehnsucht hat schon Gäste hierhergeführt, wo früher die Berühmtheiten weilten. Alles wie zur Zeit des *Raj*, sogar die weißen Handschuhe des Servierpersonals, auch die Wärmflasche bei sehr kaltem Wetter.

- 90 km
- 36
- Reiten
- 2 km (*Toy Train*)
- multicuisine
- Beratung
- zeitweise eingeschränkt, Jeep oder Bus
- Kinderbetreuung

145 DIBRUGARH: PURVI RESORTS (M)
(**Preiskategorie unterschiedlich je nach Programm**)

Adresse: Purvi Resorts, Jalannagar, Dibrugarh – 786005, Tel: 0373-3201120, Fax: 0373-2301944, www.purviweb.com **Lage:** In der Teeregion Assam gelegen. **Heritage:** Die Reise-Organisation »Purvi Discovery«, hat ehemalige britische »Chang-Plantagen-Bungalows« restauriert, in denen ihre Gäste auf verschiedenen Touren innerhalb Assams wohnen (Touren zu Pferd, zur Teekultivation, Wildbeobachtung, Stammeskultur uvm.). Die Bungalows stehen auf Stelzen, dadurch sind sie von unten angenehm belüftet. Sie haben Klimaanlagen und fließendes warmes und kaltes Wasser. (wenn nicht der Strom ausfällt, was in Assam oft geschieht …)

- 17 km
- je nach Programm
- 1 km
- meist Teeplantagen
- über den NH 37
- vielfältiges Angebot, zu erfragen

146 GANGTOK: NOR-KHILL-HOTEL (M)

Adresse: Paljar Stadium Road, Gangtok – 737101, Sikkim, Tel: 03592-205637, Fax: 03592-205639, www.elginhotels.com **Lage:** Nahe am Sportstadion im Norden von Gangtok. Für die Einreise nach Sikkim benötigt man eine Erlaubnis. **Heritage:** Aus den 1930er Jahren, ehemaliges Gästehaus des Königs von Sikkim. Im Stil der Entstehungszeit, großzügig, mit Andenken und antiken Möbeln.

- 115 km
- 25
- Hotelladen
- 110 km
- multicuisine, auch sikkimesische Küche
- schöne, aber kurvenreiche Straße

147 KOLKATA: OBEROI GRAND

Adresse: Jawharlal Nehru Road, Kolkata – 700013, Tel: 033-22492323, www.oberoihotels.com **Lage:** Zentral beim Chowringhee-Viertel, nördlich vom *Indian Museum* und *New Market*. **Heritage:** Über 125 Jahre alt, in den 1930er Jahren gründlich renoviert, die Fassade wurde nach altem Muster neoklassizistisch erneuert. Ein Juwel eleganter Perfektion!

- 22 km
- 213
- im geräumigen Innenhof um den großzügig angelegten Pool
- rundum im Geschäftsviertel
- 6 km
- 2, vor allem indische/ thailändische Küche
- luxuriöses Spa, Massagen
- Kolkata-Rundfahrten
- im Business-Zentrum
- in der Nehru Road an der Ecke Shakespeare Sarani
- Fitness
- gepflegte Live-Musik

(*Bild links*) Gewürzmarkt unter der Howrah-Bridge, Kolkata. **1** Elgin Hotel, Darjeeling **2** Glenburn Tea Estate, Darjeeling **3** Oberoi Grand, Kolkata

Die Mitte

148 BHOPAL: JEHAN NUMA PALACE (M)

Adresse: 157, Shamla Hill, Bhopal – 462013, Tel: 0755-2661100, www.hoteljehanumapalace.com **Lage:** Erhöht über dem *Upper Lake* erbaut, oberhalb der Schiffsanlegestelle (*Jetty*) **Heritage:** Ein Bau des 19. und 20. Jhs. mit Anklängen an Art-déco, seit 1963 Hotel, mit üppig begrüntem Innenhof, vielen Terrassen und Balkons. Ausstattung der Räume gepflegt modern.

- 12 km
- 101
- 2
- 5 km
- 6, multicuisine
- 4 km vom Stadtzentrum entfernt
- ca. 50 km südöstlich der vielbewunderten Buddha-Stupa von Sanchi

149 BHOPAL: NOOR-US-SABAH PALACE (WELCOMHERITAGE) (M)

Adresse: V.I.P. Road, Kohe-Fiza, Bhopal – 462 001, Tel: 0755-5223333, www.noorussabahpalace.com, www.welcomheritage.com **Lage:** Im großen Ufergelände an der Nordseite des Sees, mit bestem Blick. **Heritage:** Ursprünglich Palast der Herrscherfamilie, um 1920 in königlichen Dimensionen erbaut, architektonisch in einigen Details an Mogul-Architektur erinnernd (Arkadenwölbungen, überdachte Balkons).

- 5 km
- 3
- 9 km
- große Weinkarte
- Fitness
- gute Anbindung, 7 km vom Stadtzentrum

150 DHAR: JHIRA BAGH PALACE (M)

Adresse: Mandu Road, Dhar – 454001, Tel: 07292-232850, Buchung über: BG 147, Vijay Nagar, Indore – 452001, Fax: 0731-2556183, www.jhirapalace.co.in **Lage:** In weiträumiger ländlicher Gegend. **Heritage:** 1860 als Gästehaus des Dhar-Staates im viktorianischen Stil erbaut, 1943 restauriert mit markantem Vierkantturm, Art-déco- und Bauhauselementen. Elegant weiße Architektur im weiten Grün der Felder und Palmen. **Spezialität:** Sehr umweltbewusstes Denken, mit Solarenergie, Regenwasseraufbereitung und biologisch angebautem Gemüse.

- 60 km
- indisch, chinesisch, und kontinental
- Kutschfahrten
- 60 km
- weite Spaziergänge, Billard
- Fernstraßen in alle Himmelsrichtungen
- Musiker

151 GWALIOR: USHA KIRAN PALACE (TAJ HOTEL, SIEHE SEITE 228)

152 KHILCHIPUR: THE PALACE (M)

Dieser Palast steht auf halber Strecke zwischen den *Wildlife Sanctuaries* von Bhensroadgarh (Rajasthan) und Narsingharh (Madhya Pradesh) Tel: 07370-277682 und 277825. In der IHHA derzeit noch als im *Project and Planning Stage* geführt.

153 MAHESHWAR: AHILYA FORT (M)

Adresse: Ahilya Wada, Maheshwar – 451224, Buchungsbüro: Tel: 011-41551575, Fax: 011-41551055, www.ahilyafort.com, **Adresse der Zentrale:** Ahilya Hospitality and Travel Pvt Ltd., A-178, Saini Bhawan, First Floor, Sukhdev Market, Bhisma Pitamah Marg, Kotla Mubarkpur, New Delhi – 110003 **Lage:** Imposant hoch über dem hier breit strömenden Narmada-Fluss, ein Gartenidyll in der ehemaligen Burg. **Heritage:** Richard Holkar rettete den fast 250 Jahre alten Stammsitz seiner Vorfahren vor dem Verfall, unter Erhalt der historischen Struktur entstand ein musterhaftes Wohlfühl-Landhotel.

- ca. 90 km
- leicht von Indore aus zu erreichen
- ca. 40 km
- indisch/europäisch
- 10 (dazu 2 Zelte), 1
- zum Dhar-Fort, zu den Omkareshwar-Tempeln, zu der alten Feste Mandu mit ihren Seen und Teichen uvm.

154 MUMBAI-COLABA: BENTLEY'S HOTEL

Adresse: 17, Oliver Road, Mumbai-Colaba – 400005, Tel: 022-22841474, www.bentleyshotel.com **Lage:** Wenige Straßenkreuzungen südlich vom Taj Mahal Palace. **Heritage:** Mehrere Wohnhäuser des 19. und frühen 20. Jhs. wurden zu Hoteletagen zusammengefasst. Teils im Kolonialstil möbliert. Auch in der Henry Road, aber weniger einladend. Nr. 21 und 31 mit Gartenblick.

- ca. 25 km
- 37
- einiges in Fußgängernähe
- ca. 4 km
- Ausblick von mehreren Zimmern
- zentral, gut erreichbar
- Colaba ist sehenswert

155 MUMBAI: THE TAJ MAHAL PALACE & TOWER (TAJ HOTEL, SIEHE SEITE 228)

1 2 3

156 ORCHHA: SHEESH MAHAL (MADHYA PRADESH TOURISM)

Adresse: Jehangir Mahal Road, Orchha – 472246, Tel: 07680-252624, hsmorcha@sancharnet.in **Lage:** Hoch über dem kleinen Ort im Palast des Burggeländes. **Heritage:** Seit über 200 Jahren nicht mehr Residenz, doch eindrucksstarke Architektur. Achtung, steile Treppen!

- 130 km
- 7, 2
- Rafting auf dem Betwa-Fluss
- 18 km
- über den NH 26 oder NH 76
- nach Jhansi und nach Shivpuri, lohnt sich!

157 PUNE: HOTEL MADHUBAN (M)

Zu den Hotels, die von der *Talera Group* in Pune geführt werden (darunter auch das »Sunderban«), soll das Heritage-Hotel Madhuban hinzukommen. War im Sommer 2009 noch im Planungs- und Projektstadium. Homepage der Gruppe: www.tghotels.com

158 PUNE: JADHAV GADH (M)

Adresse: Fort Jadhavgadh, Jadhav Wadi, Pune – 412301, Tel: 02115-238475, www.fortjadhavgadh.com **Lage:** In welliger Hügellandschaft gelegen. **Heritage:** Das Fort wurde 1710 erbaut, ein schönes Beispiel des örtlichen Handwerkskunst mit riesigen Außenmauern und modern eingerichteten Zimmern.

- ca. 35 km
- 34 (dazu 12 Zelte), 4
- großzügige Rasenflächen
- Babysitting
- Volkstanzvorführungen
- ca. 25 km
- Coffee-Shop; Restaurant am Fuße des Forts
- Badminton, Krocket, Volleyball, Trekking
- an der alten Straße Pune – Satara gelegen
- Spa
- @

159 PUNE: SUNDERBAN HOTEL (M)

Adresse: 19, Koregaon Park, Pune – 411001, Tel: 020-26124949, www.tghotels.com **Lage:** Zwischen Queens Park und Golfplatz, nahe der »Osho Commune International«. **Heritage:** Der einstige »Grand Palace« wurde zum Hotel, so erfolgreich, dass dem Sunderban der *National Tourism Award for Excellence in Hospitality* vier Jahre hintereinander verliehen wurde.

- ca. 100 km
- 19, 16
- große Grünflächen!
- @
- 3 km
- vegetarisch, *Coffee Shop*
- *Shopping Arcade*
- über den NH von Mumbai aus gut zu erreichen

---

1 Jehan Numa Palace, Bhopal **2** Usha Kiran Palace, Gwalior **3** Noor-Us-Sabah Palace, Bhopal **4 & 5** Ahilya Fort, Maheshwar **6** Sheesh Mahal, Orchha **7** The Taj Mahal Palace & Tower, Mumbai

160 ALAPPUZHA (ALEPPEY): EMERALD ISLE HERITAGE VILLA

Adresse: Kanjooparambil Manimalathara, Chathurthyakary P.O., Alapphuza – 688511, Tel: 0477-2703899, www.emeraldislekerala.com **Lage:** Westlich vom Vembanad-See, nahe dem Pamba-Fluss, Landmarke noch weiter westlich: Nazareth-Kirche. **Heritage:** Etwa 150 Jahre altes »Country House« auf einer Insel in den *Backwaters*, in ca. 28.000 m² großes Privatareal, tropischer Wald und Felder. Sehr freundliche Atmosphäre. **Spezialität:** Inselleben mit Kochkursen und Kajak fahren.

- 80 km
- ca. 12 km
- über den NH 47 auf der Changanacherry Road über Nazareth Junction, Richtung Ortschaft Chaturthyakary. Zur Bootsüberfahrt anmelden!
- Regionalküche, alle Mahlzeiten in der *Dining Hall*
- Bootsfahrten in den *Backwaters*, Radfahren
- Ayurvedamassagen
- 1.000-jährige Saint Mary's Church, Bhagawati-Tempel
- ins nahe Dorf, zu Kirchen und Tempeln

161 ALAPPUZHA (ALEPPEY): KAYALORAM LAKE RESORT (M)

Adresse: Punnamada, Avalukunnu P.O., Alappuzha – 688006, Tel: 0484-2352744, Fax: 0484-2352755, www.kayaloram.com **Lage:** Am Ufer des Vembanad-Sees, auf baumbestandenem Grundstück. **Heritage:** Bungalows aus edlem dunklem Holz, ein Heritage-Gebäude im Zentrum.

- ca. 80 km
- ca. 50 km
- von Ernakulam die Küstenstraße nach Süden
- verschiedene Bungalows
- mit See- oder Poolblick
- Ayurveda
- *Backwater*-Bootstouren

162 ALAPPUZHA (ALEPPEY): RAHEEM RESIDENCY (M)

Adresse: Beach Road, Alappuzha – 688012, Tel: 0477-2239767, Fax: -2230767, www.raheemresidency.com **Lage:** Am Meeresufer der kanaldurchzogenen Stadt Alappuzha. **Heritage:** Ein stattliches Haus von 1868, das lange von einer hochangesehenen Familie Alappuzhas bewohnt wurde. 2003 restauriert, große Räume, hohe Betten, antike feine Möbel, Bibliothek.

- ca. 80 km
- ca. 50 km
- von Fort Cochin/Ernakulam 10 km nach Süden auf der Küstenstraße
- Yoga, Ayurvedatherapien
- *Backwater*-Touren

163 BANGALORE: JAYAMAHAL PALACE (M)

Adresse: No.1, Jayamahal Road, Bangalore – 560046, Tel: 080-23331321, Fax: 080-23542797, www.jayamahalpalacehotel.com **Lage:** Stadthotel, aber in einem gepflegten Park, weite Rasenflächen, Bäume – kein Staub, kein Lärm. **Heritage:** Gründung des Rajputenfürsten von Gondal, im Besitz eines der Nachkommen. Das Haus in Gujarati-Architektur ist über 100 Jahre alt, seit 1976 Hotel.

- 10 km
- 5 km
- im zentralen Geschäftsbereich von Bangalore
- 37
- multicuisine
- Babysitting
- Besuch der Sehenswürdigkeiten
- Fitness
- Hotelladen

164 BANGALORE: TAJ WEST END (TAJ HOTEL, SIEHE SEITE 228)

165 FORT COCHIN: KODER HOUSE (M)

Adresse: Tower Road, Fort Cochin – 682001, District Ernaculam, Tel: 0484-2218485, www.koderhouse.com **Lage:** Zwischen dem Meer mit den chinesischen Fischernetzen und der Altstadt. **Heritage:** Anfang des 20. Jhs. soll der Bau aus einer älteren portugiesischen Villa nach Plänen der jüdischen Familie Koder entstanden sein. Giebel, Fenster und andere Architekturelemente wurden aus Europa importiert. Das Haus wurde ein kultureller und politischer Treffpunkt der Gesellschaft.

- ca. 42 km
- ca. 11 km
- NH 17 von Norden, NH 47 von Nordosten und Süden
- 6
- indische/kontinentale Küche, viel Meeresfrüchte
- Wein- und Bierlounge
- Spa, Jacuzzi
- im nächsten Viertel der Altstadt
- in allen Richtungen verlockende Angebote

166 FORT COCHIN: MALABAR HOUSE (M)

Adresse: Parade Ground, Fort Cochin – 682001, Tel: 0484-2216666, www.malabarhouse.com **Lage:** Im Herzen von Fort Cochin, 5 Minuten zu Fuß zur Küste, auf der anderen Seite des Parade Grounds ist die Kirche St. Francis. **Heritage:** Stattlich breites Kolonial-Handelshaus des 17. Jhs., das vom Besitzer als Ruine gekauft und behutsam als Hotel wieder hergestellt wurde. Vielfach ausgezeichnet, auch als erstes Haus in Indien Mitglied der »Relais et Châteaux« und als *Heritage classic* klassifiziert.

- ca. 30 km
- ca. 12 km
- über die Dammbrücke mit Geduld und Gebührenentrichtung vom Festland nach Fort Cochin
- 11, 6
- Gourmet, multicuisine
- gepflegtes Tropengrün
- Tänzerinnen, Sänger und Musiker
- Modernes Wohnschiff »Discovery« auf *Backwaters*-Entdeckungsfahrten
- für Erkundungen in Fort Cochin eigenes Infoheft

167 FORT COCHIN: OLD HARBOUR HOUSE (M)

Adresse: 1/328 Tower Road, Fort Cochin, Tel: 0484-2218006, www.oldharbourhotel.com **Lage:** Bei den berühmten chinesischen Fischernetzen. **Heritage:** Elegantes Boutique-Hotel in einem alten holländischen Haus mit Innenhöfen und portugiesischen Stilelementen. Nach Jahren der Vernachlässigung vor einiger Zeit sorgsam restauriert und modernisiert. Die hohen Räume sind mit antiken Möbeln und Kunstwerken eingerichtet.

- ca. 50 km
- ca. 10 km
- vom Ernakulam kommend über zwei Brücken, viele Engstellen
- 13, 1 (und Cottages im Garten)
- multicuisine
- Bühne im Garten
- Vermittlung
- Chinesische Fischernetze
- rundum in Fort Cochin

1 Emerald Isle Heritage Villa, Alappuzha **2** Taj West End, Bangalore **3** Kayaloram Lake Resort, Alappuzha **4** Raheem Residency, Alappuzha **5** Malabar House, Fort Cochin **6** Old Harbour House, Fort Cochin **7** Serenity, Kanam

Der Süden

168 IDUKKI: CHINNAR PLANTATION BUNGALOW (M)

Adresse: Semnivalley Estate, Elappara, Idukki – 685602, Tel: 0486-9242224, Fax: 0484-2667653, www.chinnarheritage.co.in **Lage:** Weit weg in den Cardamom-Hills. Der NH 220 verbindet die Gegend mit der Küste. Viele Ausblicke über Täler mit Tee- und Kaffeeplantagen. Das Klima ist wegen der Höhe mild, nicht heiß. **Heritage:** Der Bungalow aus der Kolonialzeit ist im Stil teils keralesisch, teils kolonial, mit großzügigen Räumen, die außer im Bungalow auch in einem Nebengebäude liegen.

- ca. 140 km
- 5, 2
- an vielen Orten des Estates
- ca. 80 km
- Wandern
- über Kottayam
- in die Umgebung

169 KANAM: SERENITY AT KANAM ESTATE (M)

Adresse: Kanam Estate (zwischen Kottayam und Thekkadi), Kontakt über www.malabarhouse.com **Lage:** In der Plantagengegend, zwischen Gummibaum- und Gewürzpflanzungen. Palmen und andere tropische Bäume bestimmen das Bild. **Heritage:** Ein Bungalow von 1920, die Umgebung ist ursprünglich und unverändert – bis auf das sorgfältige Design im Innern, für das das Malabar House in Fort Cochin inzwischen schon berühmt ist. Südindische Kunst und Kultur wohin man blickt, dabei komfortabel und gepflegt, geeignet, im Gemüt des Gasts das Gefühl »Serenity« (Heiterkeit) hervorzurufen. **Spezialität:** Ein Tag mit dem Elefanten. Die gutmütige Elefantendame Lakshmi trägt den Gast gemächlich durch die Pflanzungen zu Kakao-, Kaffee- und Bananenbäumen, lässt sich gerne mit Bananen füttern und am Ende des Tages ins Bad führen. Unvergessliche Bekanntschaft mit einem großen Lebewesen.

- 130 km
- mediterrane und keralesische Gourmetküche
- Von der Küste kommend über Kottayam Richtung Periyar
- Fahrradtouren
- 6
- im Ochsenkarren, Wanderungen in den Plantagen, Gewürze entdecken

170 KARAIKUDI: THE BANGALA (M)

Adresse: Devakottai Road, Senjai-Karaikudi – 630001, Tel: 04565-220221, Fax: 04565-250221, www.thebangala.com **Lage:** Karaikudi liegt in touristisch noch wenig bekannten Gegend Chettinad, einer Region Tamil Nadus, die in Indien für ihre sprichwörtlich delikate Esskultur bekannt ist. »The Bangala« findet man am ruhigen, fast dörflichen Stadtrand. **Heritage:** Der Name des Hauses ist das tamilische Wort für »Bungalow«, es ist ein säulenumstandener Kolonialbau mit heimeliger Atmosphäre und allgegenwärtiger Aufmerksamkeit. In der Umgebung entdeckt der Reisende überall reiche Palastbauten, diese stehen größtenteils leider zugleich an der Schwelle des Verfalls! Reiche Kaufleute bauten sie vor allem an der Wende vom 19. zum 20. Jh.

- ca. 90 km
- ca. 2 km
- 13
- freundliche kleine Anlage zum Verweilen, Lesen, ...
- viel gerühmte Küche, für auswärtige Gäste nach Anmeldung
- viele Ausflüge ins Chettinad-Land
- ca. 100 km nördlich von Rameshwaram, etwas über 100 km von Thanjavur

171 KARAIKUDI: VISALAM (CGHEARTH)

Adresse: Kanadukatha **Reservierung:** cghEarth, Casino Building, Willingdon Island, Kochi – 682003, Tel: 0484-2668221, www.cghEarth.com **Lage:** Zentral im kleinen Ort. **Heritage:** Das etwa 80 Jahre alte Haus wurde von der cghEarth-Gruppe bei sorgfältiger Bewahrung der Bausubstanz zu einem Boutique-Heritage-Hotel umgestaltet – sehr klar und überzeugend gelungen.

- 90 km
- 15
- einladende Tische und Bänke
- 2 km
- die Hauptattraktion des noch jungen Hotels!
- Chettinad entdecken!
- an dem NH 210, nördlich von Karaikudi

172 KOCHI: BOLGATTY PALACE (KTDC) (M)

Adresse: Bolgatty Island, Mulavukad, Cochin – 682504, Tel: 0484-2750500, www.bolgattypalacekochi.com **Lage:** Die Insel, seit einigen Jahren mit Brücken zum Festland, hat beste Ausblicke auf das Hafenbecken, die Ausfahrt zum Meer und den *Marine Drive* – gerühmt als schönster Naturhafen Indiens. **Heritage:** 1744 erbaut, gilt der *Bolgatty Palace* als der älteste holländische *Mansion* dieser Art außerhalb der Niederlande. Lange Zeit Sitz des britischen Residenten.

- 38 km
- herrliche alte Bäume!
- am und um den *Marine Drive* sehr günstige Textil-Kaufhäuser, Buchhandlungen, *shopping malls*
- Ca. 2 km vom Bahnhof zur *Highcourt Jetty*, dort mit der Fähre in ca. 10 Minuten oder über die Goshree-Brücke zum Bolgatty Palace (Freifahrt auf der Fähre, auf Anruf Tel: 0484-2750500)
- Regionalspezifisches
- schönster Naturhafen Indiens

173 KOLLENGODE: KALARI KOVILAKOM/THE PALACE OF AYURVEDA

Adresse: Kollengode – 678505, Pallakad, Tel: 04923-263920, Buchung über: cghEarth, Casino Building, Willingdon Island, Kochi – 682003, Tel: 0484-2668221, www.cghEarth.com **Lage:** In ländlich ruhiger Umgebung, reich an Bananenstauden und Mangobäumen, am Rande eines kleinen Dorfes. Das Gebirge der Western Ghats fern im Blick. **Heritage:** Der rund hundertjährige Palast ist Hauptgebäude der parkgroßen Anlage, mit zahlreichen Nebengebäuden traditionellen Stils. Weder als reines Hotel noch als ein Krankenhaus betrieben, sondern zur geistigen, seelischen und physischen Erneuerung.

- 105 km
- 18
- erholsam schön
- ca. 25 km
- Gepflegter Speisesaal mit ayurvedischer Küche, mit jeweils medizinischer Verordnung
- schnellste Verbindung über den NH 47
- auf Wunsch Schulung im Kalari-Kampfsport
- Musik, andere kulturelle Vorstellungen

Der Süden

174 KOZHIKODE: BEACH HOTEL (M)

Adresse: Beach Road, Kozhikode – 673032, Tel: 0495-2762055, Fax: 0495-2365363, www.beachheritage.com **Lage:** Am Strand auf der Höhe der RC Road. **Heritage:** 1890 als Haus für den britischen *Malabar Club* gebaut. Heute ist es ein hübsches adrettes Hotel, günstig mit Blick auf das Meer. Zimmer mit Veranden, ansehnlich möbliert.

- 30 km
- 3 km
- an der Küstenstraße
- 10

175 KOZHIKODE: HARIVIHAR HERITAGE HOME (M)

Adresse: Harivihar Ayurvedic Heritage Home, Bilathikulam, Calicut – 673006, Tel: 0495-2765865, www.harivihar.com **Lage:** In ruhigem Villenquartier, nicht weit vom Bilathikulam-Tempel, nördlich der Bahnstation. Strand jenseits der küstenparallelen Durchgangsstraße, nahe dem Taj-Hotel. **Heritage:** Gut proportioniertes Haus aus der ersten Hälfte des 20. Jhs., damals von der »Kanathanadu-Royal-Familie« bewohnt, heute mit großen Fenstern unter den Balken an den Decken, Ayurvedabehandlungsräume. Auch für nicht an Behandlungen interessierte Gäste ein sehr schöner Ort.

- ca. 30 km
- ca. 5 km
- hervorragende Küche
- Gartengelände mit gemauertem Schwimmbecken
- hochqualifizierte Ayurveda-Ärzte im Team
- vielfältiges Angebot an Zielen der Kultur und Natur

176 KUMARAKOM: COCONUT LAGOON (M)

Adresse: Kumarakom, Kottayam – 686563, Tel. 0484-2668221, www.cghearth.com **Lage:** Ohne Festlandverbindung, mitten in den *Backwaters*. Vom östlichen Ufer des Vembanad-Sees aus mit Fähre zu erreichen, Linienverbindung von der Puthenangadi-Jetty (bei Tageslicht, anmelden und nach hoteleigener Verbindung fragen). Kürzeste Hotel-Bootsverbindung von Kavanatinkara. **Heritage:** *Tharawads* (traditionelle Kerala-Holzhäuser) und auch andere größere historische Objekte wurden hier zusammengetragen und geschickt umfunktioniert. Die Gruppe cghEarth versteht Heritage auch als Bewahrung der Natur durch umweltschonende Praxis.

- 35 km
- 45 km
- von Kottayam aus nach dem Weg fragen!
- 20 Cottages, 18
- *Kathakali*-Vorführungen (keralesischer, dramatischer Tanz) Kochkurse, Führung durch die ökologischen Einrichtungen
- in die *Backwaters*, zum Kavanar-Vogelschutzgebiet, in die Dörfer
- Laden
- Kanufahrten und andere Angebote
- Ayurveda

177 KUMARAKOM: LAKE RESORT (M)

Adresse: Kumarakom North Post, Kottayam – 686566, Tel: 0481-2524900, Fax: 0481-2524987, www.klresort.com **Lage:** 3 km vom Ort Kumarakom entfernt, direkt am Ufer. **Heritage:** Zwei 300-jährige Paläste am Originalstandort, dazu viele hierher transportierte alte Kerala-Holzhäuser (Cottages) mit allem Luxus-Komfort. Badezimmer mit offenem Dach!

- ca. 70 km
- 18 km
- Stichstraße von Vaikam nach Süden
- multicuisine und Spezialitäten
- Spa, Ayurveda
- auf Anfrage
- eigenen Poolzugang von den Villen aus

178 KUMBAKONAM: ANANDHAM SWAMIMALAI (M)

Reservierung: Über Indeco Hotels, 56, 4th Street, Abiramapuram, Chennai – 600018, Tel: 044-24998121 **Lage:** Am Rand des Dorfes Swamimalai. **Heritage:** Hundertjähriges, regionaltypisches Anwesen (1896 erbaut), wurde Zentrum eines Heritage-Dorfs. **Spezialitäten:** Uralte Bronzegusstradition vor Ort.

- 270 km
- 7 km
- 30, 1
- Tanzvorführungen, Musiker
- Dorfbesuche und die Tempelstätten im Delta des Kaveri-Flusses
- Ayurveda

179 PANAJI (PANJIM): PANJIM INN (M)

Adresse: E-212, 31. Januar-Str., Fontainhas, Panaji – 403001, Tel: 0832-2221122, Fax: 0832-2435220, www.panjiminn.com **Lage:** In Fontainhas, dem alten portugiesisch-kolonialen Viertel von Panjim. **Heritage:** Wunderbarer alter portugiesischer Bau, rot-weiß abgesetzt, mit Veranden und schmiedeeisernen Gittern auf den Balkonen, innen mit dunklen Kolonialmöbeln aus Burma-Teak in weißen Zimmern. Zu dem Panjim Inn gehören noch das »Pousada«, ein über 200-jähriges Hindu-Stadthaus ähnlicher Ausstattung und in einer erholsam ruhigen Seitenstraße das »Peoples« direkt beim Panjim Inn. **Spezialität:** Im Erdgeschoss des Peoples stellt die Kunstgalerie Gitanjali Werke zeitgenössischer indischer Kunst aus, ihre Objekte sind auch in den Gemeinschaftsräumen der drei Häuser zu sehen.

- 29 km
- 12 km
- Besuch von Sehenswürdigkeiten, Schnorcheln, Angeln, Bootsfahrten, Delfinbeobachtung
- über den NH 44
- in Panjim

180 PERIYAR NATIONAL PARK: LAKE PALACE (KTDC)

Adresse: Kumili – 685536, Tel: 04869-222023, www.ktdc.com **Lage:** Auf einer Halbinsel im Periyar Lake, mit guten Chancen zur Wildbeobachtung. Da offiziell die Zufahrt nur per Boot möglich ist, wirkt die Halbinsel wie eine Insel. **Heritage:** 1889 vom *Maharaja* von Travancore als Sommerresidenz erbaut, heute ein elitärer Aufenthalt mit nur vier Zimmern.

- ca. 250 km
- 4
- ruhig und schön
- ca. 200 km
- Schiffsfahrten im Park, Wildbeobachtung
- gute Straßen von Madurai und vom Meer
- ehrgeizige Küche

181 PONDICHERRY (PUDUCHERRY): CALVE HOTEL (M)

Adresse: Old No. 36, Vysial Street, Pondicherry – 605001, Tel: 0413-2223738, Fax: 0413-2222613, www.calve.in **Lage:** Zentral in der regelmäßig angelegten Stadt. **Heritage:** Das 150-jährige Haus im Kolonialstil wurde im Sinne des französisch-tamilischen Erbes restauriert, mit traditionellen lokalen Bautechniken aus der Chettinad-Gegend. Die Zimmer haben antikes Mobiliar.

- 170 km
- Französische, tamilische und kreolische Küche
- 1 km
- zu Sehenswürdigkeiten der Umgebung, Stadt-Themenführungen
- 162 km auf der Küstenstraße von Chennai
- Fahrradverleih

182 PONDICHERRY (PUDUCHERRY): HOTEL DE L'ORIENT

Adresse: 17, rue Romain Rolland, Pondicherry – 605001, Tel: 0413-2343067, www.neemranahotels.com **Lage:** Nahe der Innenstadt und küstennah, trotzdem ruhig. **Heritage:** Eine erfolgreiche Wiederbelebung des französischen 18. Jhs. in Übersee, lange vor Gauguins Pazifikreisen. Kulturell und gastronomisch auf der Höhe, ohne zu schick aufzutreten.

- ca. 160 km
- 10
- französisch-kreolisch im schönen Innenhof
- nur Nebenlinie (Schmalspurbahn) Pondicherry
- gemütliche, landschaftlich schöne Küstenroute oder über den NH 45

183 PULINKUDI: SURYA SAMUDRA BEACH GARDEN (M)

Adresse: Mullur PO, Pulinkudi, Thiruvananthapuram – 695521, Tel: 0471-2267333, Fax: 0471-2267124, www.suryasamudra.com **Lage:** Südlich der Hauptstadt Thiruvananthapuram (früher verkürzt Trivandrum genannt) dehnen sich die beliebten Strände, sie sind reich bestückt mit schönen Resort-Hotels. **Heritage:** Ein risikofreudiger Deutscher begann an der Steilküste einen Garten zu pflanzen und wertvolle alte keralesische Holzhäuser dort in Hotelunterkünfte zu verwandeln, Nachfolger erweiterten das Ganze. Ergebnis: Ein Traumgarten mit Blick aufs Meer.

- 18 km
- 23 Cottages
- Ayurveda
- herrlicher Meerblick
- 23 km
- Yoga
- 8 km südlich von Kovalam
- mit Blick auf das Meer

184 SIOLIM: SIOLIM HOUSE (M)

Adresse: Siolim House, Wadi, Siolim – 403517, Tel: 0832-2272138, 09822-584560, www.siolimhouse.com. **Lage:** In einer Villengegend, die an den Kirchplatz grenzt, abseits vom Getriebe um den Strand. **Heritage:** Ein 350 Jahre altes Haus wurde von einem weitgereisten jungen Mann 1996 vor dem Ruin bewahrt, drei Jahre lang restauriert und zu einem exquisiten Boutique-Hotel gestaltet. Hier residierte vor einigen Zeiten schon der Gouverneur von Macau. **Spezialität:** Große Sammlung von DVDs und Büchern.

- 50 km
- von dem NH 17 Richtung Küste
- 7, mit sehr großen Badezimmern
- 30 km
- kreuz und quer durch Goa, einschließlich der restaurierten Kirchen Old Goas – alles in Reichweite

185 TIRACOL: FORT TIRACOL (M)

Adresse: Tiracol – 403524, Tel: 02366-227631, www.nilaya.com/tiracol.htm **Lage:** Im äußersten Norden der goanischen Küste, auf baumgrüner Anhöhe oberhalb eines kleinen Dorfes, dessen Bewohner auch die katholische Kirche im Innenhof des Hotelbezirks besuchen. **Heritage:** Auf älteren Resten im 18. Jh. von Marathen errichtete Festung, die aber bald von den in Goa herrschenden Portugiesen eingenommen wurde. Die Gründer und Eigner des eleganten »Nilaya Hermitage-Hotels« bei Arporea verwandelten das bis dahin dürftige Hotel im Tiracol Fort in ein Design-Schmuckstück: einfach schön.

- 40 km
- zwanglos unter freiem Himmel, guter Service
- Blick über die Küste und ihre Palmen
- 40 km
- Waldlandschaft mit erholsamen Winkeln
- 5, 2
- mit dem hauseigenen Speedboot aufs Meer hinaus, Delfine beobachten

---

1 Harivihar, Kozhikode 2 Panjim Inn, Panaji 3 Surya Samudra Beach Garden, Pulinkudi 4 Fort Tirakol, Tirakol 5 Hotel de L'Orient, Pondicherry 6 Siolim House, Siolim 7 Anandham Swamimalai, Kumbakonam

ABC

Adivasi	indischer Ureinwohner, kastenlos
Apsara	göttliches Mädchenbild an Tempeln
Ashram	Haus religiöser Belehrung
Ayurveda	Indiens alte Heilkunde, wörtlich: »Weisheit vom Leben«
Backwaters	verzweigtes Wasserstraßennetz im Hinterland der Malabarküste im Bundesstaat Kerala
Bagh	Garten
Bakshish	Trinkgeld, Bestechung
Banyan	großer Feigenbaum, heilig, mit zahlreichen Luftwurzeln
Basar/Bazar	Markt- und Geschäftsviertel
Bhang	mildes, legales Rauschmittel, haschischartig; für Neulinge oft unverträglich
Bhagavad Gita	ethisches Lehrgedicht der Hindus, wichtiger Teil der Mahabharata-Dichtung
Bhavan/Bhawan	Haus
Bhil	Stamm der Ureinwohner
Bishnoi	alteingesessene Gemeinschaft in Rajasthan
Brahmane	Angehöriger der höchsten Kaste, Hindupriester
British East India Company	einflussreiche Handelsgesellschaft britischer Kaufleute, bestand zwischen 1600 - 1858
Bungalow	einstöckiges Haus
Burj Turm	Turm
Chandra	Mond
Chhatri	wörtlich: Schirm; als Pavillon Architekturbestandteil; auch Totengedenkstätte, jedoch kein Grab
Chauhan	Dynastie aus Nordwestindien
Chowk	Marktstraße, Geschäftsviertel
Civil Lines	Stadtviertel von Jaipur
Clan	Großfamilie
Crore	häufiges Zahlwort: 10 Millionen

DEF

Dabba	Lunchgefäß oder -paket; Garküche an der Straße
Dalit	Kastenloser
Deva/i	Gott/Göttin, auch Eigenname
Dharamsala	Pilgerunterkunft
Dhoti	traditionelles Beinkleid der Männer
Drawidisch	zur südindischen Kultur gehörig
Durbar	Versammlung der Fürsten, Festhalle im Palast

GHI

Ganj	Markt
Ghat	Ufer; Treppenanlage am Wasser; Steilhang vom Hochland zur Küste
Guru	Lehrer, weiser Man
Gurudwara	Tempel der Sikhs
Harijan	Kinder Gottes; Gandhis Bezeichnung für die ehemaligen »Unberührbaren«
Haveli	Stadthaus mit Innenhöfen, oft mit reichem architektonischem Schmuck
Heritage	kulturelles Erbe
Hill Station	Sommerfrische in den kühleren Bergen, früher bei den Briten eingeführt, heute allgemein sehr beliebt
Hinduismus	vielschichtige Religion von ca. 85 % der Inder
Howdah	Elefantensattel, oft reich verzierter Sitz
indosarazenisch	Stilmischung aus indischer und muslimischer Architektur

JKL

Jami Masjid	Hauptmoschee, Freitagsmoschee
Jali	durchbrochenes Steingitter
Jharoka	Balkon- oder erkerartiger Anbau an der Fassade, oft reich verziert
Jat	Fürstengeschlecht in Bharatpur
Jati	Unterkaste, Berufsgruppe
-Ji	an den Namen angehängt; Zeichen der Verehrung (z. B. Gandiji)
Jain/Jina	zeigt Zugehörigkeit zu einer gewaltlosen, vegetarischen Religion an
Kachchwaha	Herrscherdynastie
Kailash	Berg im Himalaja, Götterthron und Weltmittelpunkt
Karma	gute und schlechte Taten, die eine Wiedergeburt bestimmen
Kaste	angeborener sozialer und religiöser Stand
Kenotaph	Erinnerungsstätte an einen Verstorbenen, kein Grab
Khan	Ehrentitel der Muslime
Kot	Fort
Krishna	hindustanischer Gott, oft auf Wandbildern dargestellt
Kund	Tempelteich; Wasserreservoir
Lakh	Zahlwort für 100.000
Laxmi/Lakshmi	Göttin des Reichtums, oft an *Havelis* dargestellt
Lingam	Phallussymbol des Gottes Shiva

MNO

Maha-	groß
Mahal	Haus, auch Palast
Mahalla	Stadtviertel
Maharaja	großer Herrscher
Maharana	großer König
Maharani	große Königin
Mahatma	große Seele (Ehrentitel Gandhis)
Mahout	Elefantenführer
Maidan	öffentlicher, oft grüner Platz in einer Stadt
Mandapa	Tempelhalle
Mandir	Tempel
Marg	breite Straße
Marathen	kriegerische Gegner der Mogulen aus dem Hochland
Marwar	Gebiet um Jodhpur
Marwari	reiche Kaufleute, besonders im Shekawati-Gebiet
Masjid	Moschee
Mewar	Gebiet um Udaipur
Moguln	muslimische Herrscher in Indien 16. bis 19. Jh.
Monsun	Regenzeit
Mudra	Handgesten beim Tanz und in der Skulptur
Mutiny	Aufstand gegen die britische Kolonialherrschaft
Nawab	islamischer Fürst

Glossar

PQR

Pachisi	beliebtes Brettspiel, wie Mensch-Ärger-dich-nicht
Padma	Seerose, Symbol der Reinheit
Panchayat	Dorfrat
Pink City	Bezeichnung der Altstadt von Jaipur; bezieht sich auf die rosa Farbe der Gebäude
Pipal	Feigenbaum; als heilig verehrt
Pol	Tor
Pranayama	Teil des Yoga; bewusste Regulierung und Vertiefung der Atmung
Punkah	Großer, handbetriebener Ventilator, der an der Zimmerdecke hängt
Raj	Herrschaft, oft auf die britische Kolonialherrschaft bezogen
Raja	König
Rakmata	Witwe eines Maharajas
Rajputen	Hindu-Herrscher, die zu der Kaste der Kshatryas gehören
Rangoli	Muster aus Reispulver, das vor Häusern und Tempeln den Boden ziert
Rani	Frau eines Fürsten
Rawal	Fürst
Resort	Ferienanlage
Riksha	Personenfahrzeug, durch Fahrradantrieb oder Motor bewegt, siehe Threewheeler
Rupie	indische Währungseinheit

STU

Saddhu/Sadhu	religiöser Asket, bedürfnislos, oft mit extremen Bußpraktiken
Safari	Exkursion
Sagar	See
Sanctuary	(Tier-)Schutzgebiet
Sanskrit	Sprache der Veden, mit vielen europäischen verwandt
Sarangi	Streichinstrument
Sari	indische Frauenkleidung
Sati	rituelle Witwenverbrennung
Scheduled Castes	offizielle Bezeichnung für Kastenlose, Unterprivilegierte
Schlacht von Haldighati	Schlacht im Jahr 1576 zwischen Mogul Akbar und Maharana Pratap, dem Herrscher Mewars.
Semiarid	Bezeichnung für trockenes Land mit sehr wenig Pflanzenwuchs
Shikara	Tempelturm
Sikh-Religion	im 15. Jh. entstanden, zählt der Sikhismus zu den jüngsten monotheistischen Religionen
Sitar	Saiteninstrument
Swastika	Hakenkreuz, in Indien sehr altes Glückssymbol, oft auf Häusern und Gegenständen
Sweeper	jemand, der unreine Arbeit verrichtet
Tandoor	Lehmofen
Tank	Wasserbecken
Thakur	adeliger Landbesitzer
Thakurani	Frau eines Thakurs
Thar	indische Wüste in Rajasthan
Thali	Tablett mit Vertiefungen für verschiedenen Speisen, auch Name für das darauf servierte Menü
Tharawad	Holzhaus aus Kerala
Tirthankaras	Furtbereiter
Threewheeler	dreirädriges Kleintaxi; auch Motorriksha, Autoriksha

V-Z

Veden	heilige Schriften des Hinduismus
Vilas	Haus (oft Namensbestandteil)
Zenana	Flügel eines Hauses, in dem früher die Frauen abgesondert lebten

Literaturempfehlungen

ROMANE

Amitav Gosh:
Der Glaspalast, Blessing Verlag 1998 – Historischer Roman mit Einblicken in indisches und burmesisches Leben zur Zeit der britischen Herrschaft.

Rudyard Kipling:
Kim, dtv Verlag 1999 – Immer noch ein Klassiker, trotz der kulturellen Arroganz des indienbegeisterten Autors.

Jhumpa Lahiri:
Der Namensvetter, btb Verlag 2007 – Nach einem tragischen Unfall ändert ein indischer Auswanderer sein bisheriges Lebensprinzip.

Gita Mehta:
Die Maharani, Suhrkamp 2007 – Eine traditionell erzogene Frau macht in ihrer arrangierten Ehe mit einem Maharaja Bekanntschaft mit westlicher Lebensweise.

Kiran Nagarkar:
Ravan und Eddie, List Verlag 2006 – Der Autor lässt ein facettenreiches Bild indischen Alltagslebens in Bombay entstehen. Indische Gesellschaft mit schwarzem Humor beschrieben.

Arundhati Roy:
Der Gott der kleinen Dinge, Goldmann Verlag, btb Taschenbuch 1999 – Wie das Kastendenken im tiefem Süden Indiens sich sogar in der christlichen Minderheit grausam auswirkt.

Salman Rushdie:
Mitternachtskinder, Kindler Verlag 1981 – Geschichte eines Mannes, der, in der Stunde der Unabhängigkeit geboren, das Schicksal der Republik Indiens mit seinem verwoben fühlt.

Salman Rushdie:
Des Mauren letzter Seufzer, Knaur Verlag 1998 – Unglaublich farbig fabulierte Geschichte aus den bewegten Zeiten des 20. Jahrhunderts, die in Kerala und Mumbai spielt.

Salman Rushdie:
Shalimar der Narr, Rowohlt Verlag 2007 – Das Entstehen mörderischer Wut wegen Unverständnis und politischer Rücksichtslosigkeit.

Vikram Seth:
Eine gute Partie, S. Fischer Verlag 2006 – Indischer Gesellschaftskosmos und seine Prägung durch arrangierte Eheschließung.

Vikas Swarup:
Rupien, Rupien. Kiepenheuer und Witsch Verlag 2008 – Witzig, voll schwarzem Humor. Ein armer Waisenjunge gewinnt zufällig viel Geld in einem Quiz, was ihn in einer Gesellschaft in Schwierigkeiten bringt, in der die Armen auf ihrem Platz zu bleiben haben. Vorlage für den preisgekrönten Film "Slumdog Millionaire".

Shashi Tharoor:
Der große Roman Indiens, Suhrkamp Verlag 1998 – Des hochrangigen keralesischen UN-Vertreters großartige Darstellung der neuen Geschichte Indiens im Gewand der altehrwürdigen Mahabharata-Mythologie.

Shashi Tharoor:
Bollywood, Suhrkamp Verlag 2007 – Harsche Satire mit Einblick, wie Bollywood funktioniert.

GESCHICHTE

Hier empfehlen wir auch Werke in englischer Sprache, das Angebot auf dem deutschen Buchmarkt ist sehr eingeschränkt.

William Dalrymple:
The last Mughal, Penguin Books 2006 – Spannend, tragisch, grausam. Zahlreiche Zeitzeugen!

Hermann Kulke/Dietmar Rothermund:
Geschichte Indiens, Beck 2006 – Informativ und gut lesbar.

Gayatri Devi:
A Princess Remembers, Rupa & Co 2006 – Eine persönliche Darstellung der Maharani von Jaipur – wurde nach der Unabhängigkeit Politikerin – mit Einblicken in das Leben in Jaipur und Rajasthan ab den 1930er Jahren.

Shashi Tharoor:
Die Erfindung Indiens – Das Leben des Pandit Nehru, Insel 2006 – Die Wurzeln der indischen Parteiengeschichte und der politischen Gandhi-Dynastie.

Shashi Tharoor:
Eine kleine Geschichte Indiens, Suhrkamp 2005 – Knappe Darstellung, von dem berühmten UN-Politiker geschickt präsentiert.

RELIGION

Anneliese und Peter Keilhauer:
Die Bildsprache des Hinduismus, Dumont 1983 – Was bedeutet diese Götterfigur, zum Beispiel die mit dem Elefantenkopf? Hier bekommt der Leser schnell Antwort.

Heinrich Zimmer:
Philosophie und Religion Indiens. Suhrkamp 2001. Eine gute Zusammenfassung für den Anfang – das Thema ist unerschöpflich.

GESELLSCHAFT UND LANDESKUNDE

Dietmar Rothermund (Hg.):
Indien. Ein Handbuch, C.H. Beck 1995 – Hervorragende Kenntnis des Landes, das so oft falsch eingeschätzt wird, hat dies Buch entstehen lassen. Kultur, Geschichte, Wirtschaft und Umwelt sind die Hauptthemen, unentbehrlich für den Indienliebhaber.

Friedrich Stang:
Indien, Wissenschaftliche Buchgesellschaft 2002 – Keine Indienschwärmerei, sondern eine sachliche Landeskunde, die viele Fragen über Bevölkerung, Wirtschaft, Ressourcen und Strukturen beantwortet.

KULTUR/ARCHITEKTUR

Ebba Koch:
The complete Taj Mahal and the Riverfront Gardens of Agra, Thames & Hudson 2006 – Bildband auf jüngstem Forschungsstand der Wiener Professorin für Kunstgeschichte und Beraterin des »Taj Mahal Conservation Collaborative«. Enthält vielschichtige Informationen über das Taj Mahal vom ästhetischen, künstlerischen, kunsthandwerklichen und historischen Blickwinkel aus.

Antonio Marinelli, George Michell:
Palaces of Rajasthan, Francis Lincoln 2004 – Meisterhafte Detailfotos von der beinahe unwirklichen Pracht dieser Paläste. Für jeden, der sie angesehen hat und meint, er könne unmöglich später noch so viel Schönheit im Gedächtnis behalten, ein Buch, das die Erinnerung auffrischt.

Aman Nath/Francis Wacziarg:
Arts and Crafts of Rajasthan, Mapin Publishing 1994 – Die Kostbarkeiten Rajasthans stammen nicht nur von den Maharajas. Hier wird die große Vielfalt der Handwerks- und Volkskunst gezeigt, Textilien, Juwelen, Metallarbeiten, Malerei, Keramik, Skulptur und noch vieles mehr.

REISEN

William Dalrymple:
City of Djinns – A year in Delhi, Harper Collins 1994 – Mehr als nur ein Reisebericht, Dalrymple bringt die Steine Delhis zum Sprechen.

Khushwant Singh:
Delhi. A Novel. Penguin 2000 – Romanhaft, das ist die große Stadt Delhi, und der Reisende wird, wenn er bei Kushwant Singh nachliest, merken, dass er in einem Roman umhergegangen ist.

India Road Atlas. Eicher 2007 – Der erste gute Autoatlas Indiens – unentbehrlich für die Reise! Handlich, klar im Kartenbild, übersichtlich gegliedert, mit Bezeichnung der Fernstraßen, Eisenbahnlinien, Nebenstraßen und vielen Innenstadtplänen.

Olaf Krüger:
Die lange Nacht des großen Shiva – Geschichten aus Indien, Kahl-Verlag 2008 – Zwölf kurzweilige und spannende Reportagen. Eine Hommage an die Vielfalt Indiens und die Lebensfreude seiner Bewohner.

NATURFÜHRER

Bikram Grewal/Bill Harvey/Otto Pfister:
A Photographic Guide to the Birds of India, Helm Edition 2002 – Zahlreiche Fotos von den Vögeln, die man in den Vogelschutzgebieten beobachten kann, und genaue Beschreibung von deren Lebensweise, Stimmen, Aussehen und Besonderheiten.

Pradip Krishen:
Trees of Delhi, Dorling Kindersley 2005. Fesselnde, genau beobachtete Darstellung der Baumarten und ihrer Standorte in der Megacity. Darüber hinaus in ganz Nordindien nützlich. Eine Freude, die im Frühling so reich blühenden Bäume bestimmen zu können.

KÜCHE

Atul Kochhar:
Die neue indische Küche, Christian Verlag 2005 – Der Autor ist Sternekoch in London. Gute Einführung in die raffinierte Küche Indiens.

In Verantwortung

FÜR VERGANGENHEIT UND ZUKUNFT

Es ist eine nostalgische Vorstellung, dass die Vergangenheit besser war als die Gegenwart. Sie hat mich immer irritiert. Zugleich liebe ich leidenschaftlich Kunst und historische Architektur, sehe ich die unendliche menschliche Arbeit und bewundere die Kunstfertigkeit, die über viele Generationen unsere globale Kulturvielfalt hervorbrachte. Für mich ist dieses Füllhorn menschlicher Kreativität ein nicht endendes Wunder.

Indien, insbesondere Kerala im tropischen Südwesten Indiens, wurde zum Fokus und Ort meiner Leidenschaft. Vor fast zwei Jahrzehnten hatten meine Frau Txuku Iriarte und ich die Idee, hier eine kleine Designmanufaktur zu gründen, die die Fähigkeiten der Handwerker bewahrt und zugleich weiterentwickelt.

Die Idee war einfach: Nutze das Können und ererbte Wissen der traditionellen Kunsthandwerker für die Herstellung von Objekten von funktioneller Schönheit. Für den Anfang suchten wir nach einem Haus zum Leben und fanden das »Malabar House«, ein herrschaftliches Kolonialanwesen in Fort Cochin. Es war zu groß für uns, um nur darin zu leben. Das änderte alle unsere Pläne. Das Malabar House wurde ein Heritage-Hotel. Statt Objekte zu entwickeln, nutzten wir das Talent und über Generationen ererbtes Wissen von Handwerkern zur Gestaltung eines Hotels, das die lokale Geschichte spürbar macht und zugleich gegenwärtig ist. Wir brachten unsere eigenen Gestaltungsideen ein, um ein Boutiquehotel in einem historischen Umfeld zu entwickeln und nutzten hierzu ein handwerkliches, lokal verankertes und zugleich kontemporäres Designvokabular.

Sobald wir das Hotel eröffnet hatten, wurden wir Teil der Heritage-Hotel-Bewegung mit ihrer prägenden Vielfalt: Paläste, Festungen, Boutiquehotels in Kolonialbauten wie wir, einfachen Pensionen – viele Facetten einer Bewegung vereint im Wunsch, historische Architektur in Indien zu erhalten und sie mit neuem Leben zu füllen. Ich wurde ein aktives Mitglied der »Indian Heritage Hotel Association«. Mir wurde immer klarer, dass wir mit unseren Häusern eine kulturbewusste Zukunft mitgestalten und Traditionsbewusstsein lokal schützen können. Heritage-Hotels schützen nicht nur historische Gebäude vor Verfall und Abriss, sie sind praktizierte Nachhaltigkeit: Sie verbinden Wertschöpfung früherer Generationen mit der Sicherung der Zukunft für nachfolgende Generationen. Heritage-Hotels helfen der Erhaltung und Weiterentwicklung von lokalem Handwerk und regionaler Kunst, sie schaffen lokale Arbeitsplätze und stimulieren die lokale Wirtschaft. Zusammen mit der ökologischen Verantwortung, die mehr und mehr zur Norm wird, praktizieren sie verantwortlichen Tourismus im wahrsten Sinne: Die Erfahrungen der Gäste und der Nutzen für die örtlichen Beteiligten stehen im Wechselspiel miteinander.

Indien ist ein großes und vielfältiges Land, angetrieben von wirtschaftlicher Entwicklung. Es ist die Heimat vieler Ethnien, Religionen und Kulturen, die diese Entwicklung teilen und gestalten. Wir als Heritage-Hotel-Bewegung sind Teil dieses Prozesses und entwickeln das Verständnis und die Erscheinungsformen von Heritage-Hotels weiter. Nach meiner Überzeugung müssen auch historische Industriebauten wie Teefabriken oder alte Lagehäuser, Art-déco-Gebäude der 1940er und 1950er Jahre Aufnahme in die Liste von Gebäuden finden, die Anspruch haben als Heritage-Hotels klassifiziert zu werden. Und ich will weitergehen: Was ist mit Heritage-Dörfern, in denen individuelle Häuser gemeinsam ein in die Dorfstruktur integriertes „Hotel" bilden?

Indische Hotels sind arbeitsintensiv. Das gilt insbesondere für Heritage-Hotels mit ihrem großen Erhaltungsaufwand. Sie fördern die lokale Beschäftigung und liefern einen wichtigen Beitrag zur Regionalentwicklung. Zugleich öffnen sie dem Gast das Tor zu neuen Erfahrungen: Er besucht nicht einfach ein weiteres historisches Monument, sondern er erlebt lebendige Geschichte und wird ein Teil davon. Ohne sein Zutun können Heritage-Hotels nicht existieren. Die Gäste werden so zu Koproduzenten der Heritage-Hotel-Bewegung und unterstützen den Erhalt von Geschichte und menschlicher Kultur und verhelfen lokalen Entwicklungen zu neuer Prosperität – kulturell, sozial, ökonomisch und ökologisch. Dafür steht der Begriff der Nachhaltigkeit, wenn man ihn ernst nimmt.

JÖRG DRECHSEL

Das Heritage-Team

PROJEKTLEITUNG: JÖRG DRECHSEL UND MICHAEL NEUMANN-ADRIAN

Anfang der 1950er Jahre reist Jörg Drechsel im Alter von fünf Jahren mit seinen Eltern das erste Mal an die französische Riviera, der Beginn einer lebenslangen Reiseleidenschaft. 1970 kommt er das erste Mal nach Kerala. Nach unzähligen Reisen und einer Karriere als Ausstellungsfachmann zieht er 1995 mit seiner Frau Txuku Iriarte Solana nach Cochin. Sie begründeten, entwickelten und führen gemeinsam das Malabar House in Fort Cochin, eines der imposantesten indoeuropäischen Herrenhäuser, damals eine desolate Ruine. Das Malabar House gewann mehrere Staatspreise und den Nationalpreis für Tourismus und wird weltweit als eines der besten Hotels klassifiziert. Eine Kette von kleinen Villahotels an den schönsten Plätzen Keralas folgte. Intensiv ist Jörg Drechsel auch in der *Indian Heritage Hotels Association* aktiv. Vor zwei Jahren lud er den von Indien ähnlich faszinierten Autor Michael Neumann-Adrian ein, gemeinsam den ersten umfassenden Band über Indiens Heritage-Hotels zu schaffen.

DIE AUTOREN: EDDA UND MICHAEL NEUMANN-ADRIAN

Die erste Indienreise des damals jungen Kultur-Redakteurs Michael Neumann führte 1966 binnen zwei Wochen durch fast ganz Indien. Das war deutlich zu kurz und zu hastig. Längere Reisen folgten, und seit den 1990er Jahren sind Edda und Michael Neumann-Adrian fast jedes Jahr zumindest zwei Monate in Indien unterwegs. Beide sind Historiker und Publizisten, schreiben über Europa und den Nahen Osten in Sachbüchern, Reiseführern, Bildbänden, auch in GEO, Merian, Abenteuer & Reisen. Mit den Bildern Olaf Krügers erschienen zuletzt »Zeit für Indien« und »Zeit für Kerala« sowie »Reisegast in Indien«. Ihre Schreibtische haben sie am Starnberger See in München.

DER FOTOGRAF: OLAF KRÜGER

Olaf Krüger studierte Kunstgeschichte und Germanistik. Seine große Leidenschaft für das Reisen führte den Fotojournalisten und Buchautor rund um den Globus, ehe er 1990 erstmals nach Indien reiste. Seither folgten zwanzig ausgedehnte Reisen in ein Land, das er gerne als »Lebensaufgabe« bezeichnet. Seine Bilder und Reportagen wurden vielfach veröffentlicht u. a. in GEO, Abenteuer und Reisen, Die Zeit, Tours und beim Weingarten-Kalenderverlag.

Seit Jahren präsentiert Olaf Krüger seine Multivisions-Vorträge live einem begeisterten Publikum in Deutschland, Österreich und der Schweiz. Vertreten wird er durch die Veranstaltungsagentur **grenzgang** in Köln. Olaf Krüger ist berufenes Mitglied der Gesellschaft für Bild und Vortrag (GBV) und Initiator der Vortragsreihe **Traum und Abenteuer** in Stuttgart.

www.olafkrueger.com

Seite 266/267: Pilger in der Wüste Thar bei Bikaner auf dem Weg zum Ram-Devra-Fest. Seite 269: Schmökern in Heritage-Ambiente: Die Bibliothek des Chapslee in Shimla steht auch den Gästen offen. 1 Hirtengott Krishna gibt sich die Ehre in einem der alten keralischen Landhäuser in Privacy am Vembanad-See in Kerala. 2 Formvollendet: Lotusblüte in Privacy. 3 Schnitzereien an einem keralischen Haus, Privacy am Vembanad-See.
Nachfolgende Seite: 1 Was wäre Indien ohne den Elefant? Hier als Steinskulptur am Pool im Udai Bilas Palace in Dungarpur. 2 Der Umaid Bhawan Palace in Jodhpur als Schattenriss vom Mehangarh Fort aus gesehen. 3 Einstimmung auf fernöstliche Genüsse: Buddha begrüßt die Gäste im Restaurant »Baan Thai« im Oberoi Grand in Kolkata.

© 2009 Neuer Umschau Buchverlag GmbH, Neustadt an der Weinstraße

Alle Rechte der Verbreitung in deutscher Sprache, auch durch Film, Funk, Fernsehen, fotomechanische Wiedergabe, Tonträger jeder Art, auszugsweisen Nachdruck oder Einspeicherung und Rückgewinnung in Datenverarbeitungsanlagen aller Art, sind vorbehalten.

PROJEKTLEITUNG:
Jörg Drechsel, Fort Cochin (Indien) und
Michael Neumann-Adrian, Tutzing

TEXTE:
Edda Neumann-Adrian,
Michael Neumann-Adrian, Tutzing

FOTOGRAFIE:
Olaf Krüger, Stuttgart (www.olafkrueger.com)
Mit Ausnahme nachfolgender Bilder: S. 6 (His Highness Maharaja Gaj Singh of Jodhpur); S. 30, S. 31 unten, S. 32 mitte (Samode Palace and Haveli); S. 101 – 103 (Shahpura Bagh); S. 140 – 143 (Glenburn Tea Estate); S. 244, S. 245, S. 246 (2+3), S. 247, S. 248 (2+3), S. 249 (5+6), S. 250 (2+3), S. 252 (1), S. 255 (1+2), S. 256 (1+3), S. 258 (3), S. 259 (4+6) (Indian Heritage Hotel Association); S. 258 (1) (Juliane Krüger).

LEKTORAT:
Heidrun Wirzinger, Neustadt an der Weinstraße

GRAFISCHE GESTALTUNG UND SATZ:
Juliane Krüger, Zürich (www.designhexe.com)

GESTALTUNG DER KARTEN UND SYMBOLE:
Tina Defaux/Janine Becker,
Neustadt an der Weinstraße

HERSTELLUNG:
Hans-Jürgen Fug-Möller/Janine Becker,
Neustadt an der Weinstraße

DRUCK UND VERARBEITUNG:
NINO Druck GmbH, Neustadt an der Weinstraße

PRINTED IN GERMANY
ISBN: 978-3-86528-678-9

Die Angaben und Hinweise in diesem Buch sind von den Autoren und dem Verlag sorgfältig erwogen und geprüft, dennoch kann eine Garantie nicht übernommen werden. Eine Haftung der Autoren und des Verlages für Personen-, Sach- und Vermögensschäden ist ausgeschlossen. Abweichungen und Änderungen sind vorbehalten, Stand der Recherche: Sommer 2009.

Besuchen Sie uns im Internet
www.umschau-buchverlag.de

OLAF KRÜGER DANKT:
Jörg Drechsel
Hans-Jörg Hussong
Manisha und Milind Joshi
Chhaya Krüger
Juliane Krüger
Giraj Singh Kushwaha
Kerstin Langenberger
Meenakshi Meyyappan
Markus Puppato
Christine Rau
Alexander Rembold
Gabi Reminder-Schray
Thakur Sunder Singh
Thakur Param Vijay Singh
sowie Mahesh und allen anderen Fahrern, die mich sicher durch Indien chauffiert haben!

Ein ganz besonderes Dankeschön geht an Kulpreet und BPS Walia in New Delhi.

EDDA UND MICHAEL NEUMANN-ADRIAN:
Viele waren sehr freundlich und hilfreich auf unseren zwei jeweils monatelangen Indien-Recherchen! Ohne sie wäre dieses Buch erst zwei Jahre später erschienen oder vielleicht nie. Ohne alle nennen zu können, danken wir ihnen allen. Besonderen Dank an die IHHA, die Indian Heritage Hotels Association, und an ihren Generalsekretär in Jaipur, Thakur Randhir Vikram Singh. Und herzlich Dank an Thakur Sunder Singh und seiner Gattin in Jodhpur! Last not least Dank unserem jüngsten Sohn Gabriel Neumann sowie unserem Freund Ashwani Bazaz – sein *Metropol Tourist Service* in Delhi (www.metrovista.co.in) sorgt mit seinen erlesenen Fahrern nun bereits seit zwanzig Jahren für unsere unfallfreien Reisen durch Indien!

Der Verlag möchte sich herzlich für die freundliche Unterstützung bei der Realisierung des Buches bei den folgenden Partnern bedanken:

India Tourism Frankfurt
Baseler Straße 48
60329 Frankfurt/ Main
Tel: 069/242949-0
Fax: 069/242977
www.india-tourism.com

Kerala Tourism
Park View
Thiruvananthapuram
Kerala – 695033
Indien
Tel: +91/471/2321132
Fax: +91/471/2322279
www.keralatoursim.org